초원족석복국

정치과외
제1교시

정치과외 제1교시

초판 1쇄 발행 2012년 9월 24일
초판 12쇄 발행 2017년 7월 14일

지 은 이 이동형
펴 낸 이 변선옥
펴 낸 곳 왕의서재
편   집 이지연
마 케 팅 변창욱, 신은혜, 김소영
교정 교열 신현대
디 자 인 꼼지락

출판등록 2008년 7월 25일 제313-2008-120호
주   소 서울특별시 양천구 목동서로 186(목동 919) 성우네트빌 1411호
전   화 02-3142-8004
팩   스 02-3142-8011
이 메 일 latentman75@gmail.com
블 로 그 blog.naver.com/kinglib

ISBN 978-89-93949-53-7 03340

책값은 표지 뒤쪽에 있습니다.
파본은 구입하신 서점에서 교환해드립니다.

한국 남성 30~50대가 제일 재미있어하는 몇 가지 비공식 역사

정치과외
제1교시

이동형 지음

과연 정봉주와 안철수가 알게 된 정치판 공부는 무엇이었을까?

'원 포인트 레슨, 이른바 족집게 과외를 4~5시간 집중적으로 받았다. 당시 정치 상황, 선거운동 방식을 이해하는 데 큰 도움이 되었다. 참으로 고마웠다.'

정치 토론회에 출연하면 말로 상대편을 녹다운 시킨다는 정치계 최고 입담꾼 정봉주 전 의원이 그의 책 『달려라 정봉주』에서 한 말이다.

또 안철수는 한 예능 프로그램에서 사회자로부터 "대권출마를 위해 정치 과외까지 받는다는 소문이 있는데……"라는 의미심장한 질문에 "주위 전문가들과 의견을 교류하긴 한다"는 모호한 답변으로 정치 과외를 애써 부인한 적이 있다.

유명하거나 유력한 정치인은 정치 과외라는 특별한 수업을 받는 게 아닌지 또 그런 것이 있다면 어떤 내용인지 궁금증이 인다. 필자는 차근차근 이 과외의 본질을 파헤치고 싶어졌다. 진보를 자처하는 사람들로부터 '정치판 미네르바'라는 말까지 들어본 장본인으로 '정치 과외란 이런 것입니다'라고 이 땅의 독자들에게 알리고 싶어진 것이다.

이 '정치 과외'란 말 속에는 의미심장한 뜻이 함축되어 있다. 치명적인 재미, 즉 우스갯소리지만 정치판에 적용하면 마치 적의 '아킬레스건'을 잡는 것과 비슷한 효과가 숨어 있기 때문이다. 털어서 먼지 안 나오는 사람 없지만, 워낙 한국 정치 역사가 불법과 비리, 그리고 음모의 온상이었기에 한 사람을 나락으로 떨어뜨릴 수 있을 정도의 폭탄 뇌관들이 산재한 탓이다. 미국 뉴욕한인회 회장 출신인 민주통합당 박 모 의원을 함부로 못 건드린다는 말도 알고 보면 회장 시절 알게 된 오프더레코드급 정보들이 많기 때문이란 소문도 있지 않은가?

이 책은 정치 과외 중에서도 1교시 정도에 해당하는 내용을 담고 있다. 한국 사람들, 그중에서도 한국 남성 30~50대가 제일 재미있어하는 뒷담화 또는 야사 들이다. 그러나 함부로 얕봐서는 안 될 이야기들이다. 필자가 밝히는 이야기는 당시엔 그야말로 금기 사항이었다. 아마 입만 뻥긋해도 남산 대공분실에 끌려가 고문을 받을 만큼의 폭발력이었다고 할까? 그래도 시대는 바뀌었다. 이제 이런 이야기들도 할 수 있는 민주주의 사회 아닌가.

첫 번째 화두는 박정희 신화에 깃든 명암이다. 우선 조강지처 육영수 여사 사망 후 슬픔에 잠겨 주색에 빠지게 됐다는 불쌍한 남자 동정론이 거짓이었음을 밝히는 정설과 풍문을 집대성했다.

첫 한일회담 성사, 88서울올림픽 개최, 최초의 대기업 탄생 등 칭송 받는 업적 뒤에 개입된 일본 막후 세력과의 추잡한 커넥션을 조명했다. 어떻게 기시 노부스케, 세지마 류조, 고다마 요시오라는 3인방이 한국 정치와 경제를 쥐고 흔들었는지를 살펴봄으로써, 결국 오늘날에도 일본의 그늘에서 벗어나지 못하는 한국 정치의 병폐를 들여다볼 수 있다.

간첩들을 죄다 잡아들여 국민들이 두 발 뻗고 편히 잘 수 있도록 한 정부의 노고 뒤엔 상식적으로 설명할 수 없는 음모들이 늘 있어 왔다. KAL기 테러 사건을 비롯해 한국의 마타 하리라 불린 여간첩 김수임 사건, 수지 김 사건, 황태성 사건은 레드 콤플렉스에 민감하면 판단력을 상실할 수 있다는 위험을 보여 준다.

1천만 관중을 기대하는 국민 스포츠 야구가 괴벨스의 선전·선동 전략만큼 치밀한 전두환의 우민화 전략이었다는 이야기는 이제 너무 유명한가?

두 번째, 재벌 신화를 다룬다. 2008년, 2011년 전 세계를 강타한 경제 위기로 기업의 탐욕이 도마 위에 올랐다. 한국도 예외는 아니어서 경제민주화가 핵심 쟁점이다.

재미있는 건 젊은이들이 선망하는 재벌기업이 박정희·전두환 시대를 거쳐 정치권력과 외세의 온갖 혜택을 먹고 자란 기형적 형태로 시작됐다는 점이다. 밀실 거래로 국민에게 돌아갔어야 할 돈이 기업에 흘러들어 큰 이윤을 남기고, 분배 없는 고속 성장으로 99%에 해당하는 경제 소외 계층이 생긴 것이다.

삼성, 롯데, 현대, 대우 등 재벌기업들 사정은 얽히고설킨 가정사와 정권과의 밀실 협약 등으로 공부하는 게 가장 쉽고 재미있다. 왜 작고하신 현대그룹 회장님에게 그렇게나 처와 자식들이 많다는 소문이 돌았는지 그때로 돌아가 본다. 대통령 각하에 밉보여 잘나가던 그룹이 해체된 기구한 사연도 엿볼 수 있다.

세 번째는 끊임없이 구설수에 오르는 배꼽 아래 이야기다. 당시 뭇사람들 입에 오르내렸던 연예인들과 정·관계 인사들이 펼쳤던 파란만장한 섹스 스캔들의 진실을 알아본다.

쓸 이야기들이 더 많은데 지면에 한계로 버린 내용들이 많다. 아무쪼록 2교시, 3교시 정치 과외편이 나와 대한민국 모든 독자들이 정치9단이 됐으면 하는 야무진 꿈을 꿔본다. 마지막으로 필자가 구밀복검하며 출간에 덧붙이고 싶은 말을 고 김대중 전 대통령의 입을 빌려 갈음하려 한다. 배경은 1992년 대선, 3당 합당에 성공한 김영삼이 레드 콤플렉스를 조장하며 대통령에 당선되고 김대중이 낙마한 후 가슴 치며 한 말이다.

"숱한 비도덕적 행위들이 지속적으로 반복되는 것은 국민이

기억하지도 따지지도 않기 때문입니다. 그리고 무엇보다도 사회의 목탁이 되어 권력과 강자들의 비리를 폭로, 심판해야 할 언론들이 그 임무를 태만히 하기 때문입니다.

국민이 잘나야 합니다. 국민이 현명해야 합니다. 국민이 무서워야 합니다. 그래야만 우리는 민족 정통성, 민주 정통성, 정의 사회, 양심 사회를 구현할 수 있습니다. 사람이 제값을 가지고 사는 사회를 만들 수 있습니다. 민주주의라는 나무는 시시비비를 먹고 자랍니다."

| 차례 |

8   머리말 과연 정봉주와 안철수가 알게 된 정치판 공부는 무엇이었을까?

정치
부패, 음모, 그리고 밀실의 정치사

22   박정희까지 격노한 여당 국회의원 성추문 사건

28   박정희의 여자들 1 : 김호남, 이현란

34   박정희의 여자들 2 : 육영수

40   박정희의 여자들 3 : 풍문으로 떠돌던 그녀들

48   박정희 각하와 일본의 검은 커넥션 : 기시 노부스케

54   전두환 각하와 일본의 검은 커넥션 : 세지마 류조

62   야쿠자와 한국의 검은 커넥션 : 고다마 요시오

68   코리아게이트, 박동선 사건

75   박근혜의 남자

86   MBC가 공영방송이 된 이유

90   김구 암살은 한국 최초의 테러단체 소행

레드콤플렉스의 탄생 **102**

최강 미스터리 간첩사건 1 : 밀사인가? 간첩인가? 황태성 사건 **111**

최강 미스터리 간첩사건 2 : 한국의 마타 하리, 여간첩 김수임 사건 **120**

최강 미스터리 간첩사건 3 : 억울한 죽음, 여간첩 수지 김 사건 **130**

최강 미스터리 간첩사건 4 : 대동강 로열패밀리, 이한영 총격 암살사건 **139**

대국민 바보 만들기, 전두환의 3S **145**

'김의 전쟁' 권희로 사건 1 : 영웅 신화 **157**

'김의 전쟁' 권희로 사건 2 : 거짓과 진실 사이 **165**

천하의 DJ도 꼼짝 못 한 선거판의 책사, 엄창록 **173**

한나라당 제갈량, 윤여준 **179**

경제

권력 유착 재벌의 탄생

192 롯데그룹, 신격호, 그리고 부동산

202 롯데그룹 형제의 난

211 롯데, 돈과 권력의 호형호제

220 YH사건

225 대한전선 창업주 설경동 X파일

232 삼성의 사카린 밀수사건 내막

245 김대중이 김우중과 대우그룹을 공중분해한 까닭

255 현대건설 압구정동 아파트 특혜분양사건

259 정주영의 자식들

268 삼성가家의 혼맥

276 괘씸죄, 국제그룹 해체사건

연예

돈과 섹스의 영원불멸한 밀월 관계

90년, 세상을 떠들썩하게 만든 연예인과 재벌들의 마약파티 **288**

최악의 재벌2세 엽색 행각, 박동명 사건 **293**

한밤의 총소리, 방성자 사건 **298**

신상옥, 최은희 납치사건 **305**

정치과외
제 1교시

정치

부패, 음모, 그리고 밀실의 정치사

1.
2.
3.
4.

호사가들이 이야기하기 좋아하고 책이나 영화로 만들기만 하면 '중박' 이상을 치는 게 '음모론'에 관한 이야기다. 음모론자들과 그 추종자들에게 이 떡밥은 영원불멸하다.

음모론은 왜 활개를 치게 되었을까? 두말할 것도 없이 정부 탓이다. 자신들의 치부를 감추려고, 혹은 정권의 정당성과 정권의 연장을 위해 정보를 숨기고 감추고 국민들을 기만했기 때문에 음모론이 생기는 것이다. 모든 정보를 오픈하고 국민에게 숨김없이 상황을 설명하고 이해를 구한다면 음모론은 설 자리가 없다.

그러나 대한민국 사회와 국가를 움직이는 1%도 안 되는 기득권, 특권층은 그렇게 할 수가 없다. 자신들만이 가지고 누린 정보 덕분에 나라의 특권층이 되었는데 그것을 어찌 포기하겠는가? 국민들이 몰라야 부정부패로 더 많은 부를 쌓아올릴 텐데 그것이 알려지면 되겠는가?

국민으로부터 깨닫고 배우는 정치가 아닌, 국민을 교화의 대상으로 삼고 억압하고 통제하고 때로는 사탕을 건네며 어르고 달래는 상대로 인식하고 있으니 커튼 뒤에서 밀실의 정치를 하고 있는 것이다. 이러니 국민이 '천안함 사건'을 믿지 못하는 것이며, KAL기를 폭파했다는 김현희를 가짜로 여기게 되는 것이다.

국민이 납득할 수 있는, 상식에 맞는 정부 발표라면 믿지 말라고 해고 믿지 않을 수가 없다. 그런데 수사는 온통 부실로 하고 정보는 모두 감추고 일부 보수언론을 이용하여 "정부 발표니 믿어라. 그렇지 않으면 빨갱이다"로 몰아붙이니 어떻게 정부를 믿을 수 있겠는가?

국회의원이 여고생을 성추행하고, 대통령은 대학생부터 간호장교, 연예인, 심지어 유부녀까지 밀실로 불러들여 온갖 요상한 짓을 행했다. 최고급 정보를 취급하던 정보부의 수장들은 없는 간첩사건을 조작하고 그로 인해 피해 입은 국민들은 나 몰라라 했다. 대통령과 국회의원들이 국민의 세금을 이용해 외국 기업으로부터 부당하게 로비 돈을 받아도 그들을 위해 박수를 친 우리 국민들 이었다. 이뿐인가? 커튼 뒤에서 일본과 밀실야합을 하고, 일본 정치인들에게 코치를 받아 정치를 하면서도 뻔뻔히 다시 표를 구걸하던 것이 우리 정치권이 었다.

그런데 그로부터 몇 십 년이 지난 지금, 그런 사정들이 바뀌었나? 우리의 어두 웠던 과거는 과거에 버리고 온 것인가? 천만에. 천안함은 고작 몇 년 전에 일어 난 사건이며, 얼마 전 우리 정부는 일본과 '한일군사정보보호협정'을 백주대낮 에 밀실에서 처리하려고 했다. 또한 '상왕'이라 불리던 대통령의 형과 '왕의 남 자'라 불리던 여당의 실세는 콩밥을 먹는 신세가 되었다. 역사는 돌고 돈다는 말 이 어찌 이렇게 들어맞는지……

"역사를 아는 자는 결코 무너지는 담장 아래 서지 않는다"고 했다. 우리도 역사 에서 제발 좀 교훈을 찾자. 몇몇 위정자들의 어리석은 판단과 사리사욕으로 다 시 나라 잃은 슬픔을 느껴서야 되겠는가 말이다.

박정희까지 격노한
여당 국회의원 성추문 사건

"헤소노 시타니 진가꾸가 아루까?"

한국말로 직역하면 "배꼽 밑에 인격이 있는가?"이다. 박정희 치하에서 중앙정보부는 정치인부터 언론인, 재계인사 들까지 온갖 개인 파일을 만들어 그들의 치부를 관리하고 이를 빌미로 정국의 주도권을 잡고 흔들었다. 그러나 딱 한 가지는 예외를 두었으니 바로 여성 편력에 관한 문제였다.

자신이 여색을 탐닉해서 그랬는지는 모르겠으나 박정희는 여자 문제를 빌미로 삼는 것을 대단히 싫어했다. "배꼽 밑의 이야기는 문제 삼지 않는다"고 못 박은 것이다. 그러나 그것도 사회 정서상 도저히 용납할 수 없는 수준이 있기 마련인데 '성낙현 사건'이 여기 해당된다.

1978년 7월 28일, 공화당 국회의원 성낙현은 의원직 사퇴서를 국회에 제출하고 공화당을 탈당한다. 그런데 성낙현의 의원직 사퇴를 많은 사람들이 의아한 눈으로 바라봤다. 성낙현이 아무 이유 없이 자진 사퇴할 사람이 아니었기 때문이다.

성낙현은 유진산의 조카와 결혼한 인연으로 제7대 국회의원 선거에서 신민당 공천을 받아 경남 창녕에 출마했다. 신민당은 경남 지역 15개 선거구 중 14개 선거구에서 공화당에 참패를 맛보는데, 딱 한 곳에서 승리를 하니 바로 성낙현의 창녕 선거구였다. 창녕 성씨 문중의 힘이 주요했다.

그런데 이렇게 힘들게 국회로 진출한 성낙현이 갑자기 공화당으로 당적을 바꾼다. 이유는 이렇다. 1969년 박정희는 3선 개헌을 밀어붙인다. 즉, 한 번 더 대통령을 해야 하겠는데 우리 헌법이 대통령의 3선을 인정하지 않고 있으니 헌법을 뜯어고치려고 맘을 먹었던 것이다. 헌데 독재를 위한 3선 개헌에 정작 여당인 공화당 의원들까지도 반발을 했으니 박정희로서는 국회에서 법안 통과가 쉽지 않다고 여겼다.

박정희는 김형욱이 수장인 중앙정보부를 동원하여 정치인 공작에 들어간다. 돈으로 회유하고 사생활로 협박하는 등 여러 방법을 활용하는데, 그 타깃 중 하나가 성낙현이었던 것이다. 성낙현이 신민당을 떠나 공화당에 입당해 박정희의 3선 개헌에 찬성표를 던지자, 신민당 의원들의 배신감과 분노는 이루 말할 수 없었다. 성낙현의 의원직을 뺏기 위해 스스로 당을 해체할 만큼 신민당 의원들의 분노는 엄청났다. 그러나 의원직을 잃은 성낙현은 보궐선거에 출마해 다시 당선이 됐다.

이런 뻔뻔한 이력을 가진 작자가 의원직을 스스로 내놓다니 말도 안 되는 일이었다. 언론과 야당이 속사정을 파헤쳐 보니 기가 막힌 내막이 숨어 있었다. 55세 국회의원과 18세 여고생의 충격적인 섹스 스캔들이라는……. 그 내막을 한번 들여다보자.

1977년 6월, 여의도는 학도호군단 창단기념식 준비로 한창이었다. 보통 이런 행사에는 학생들이 동원되는 게 예사였고, 여의도는 교통이 좋지 않아 행사에 참여한 학생들이 집으로 돌아갈 때 애를 먹기 일쑤였다. 그래서 많은 학생들이 지나가는 차를 얻어 타고 시내로 들어가고는 했다.

여의도 모 여자고등학교에 다니던 문제의 여학생 세 명도 이날 행사를 마치고 귀가하던 중 지나가던 차를 얻어 타게 된다. 바로 성낙현의 차였다. 차를 타고 가면서 성낙현과 발랑 까진 여학생들은 이런저런 이야기를 하며 웃음꽃을 피웠고, 당시 한창 유행하던 고고춤과 고고장 얘기가 나오자 성낙현이 "행사 끝나면 언제 한번 고고장에 같이 가자"고 제안을 한다. 이에 얼씨구나

한 여학생들은 연락처를 달라고 부탁했고, 성낙현은 사업가인 일본인 친구 연락처를 주었다.

시간이 지나 여학생들은 성낙현이 건넨 전화번호로 연락을 했고 그때부터 성낙현과 일본인 친구는 여학생들과 고고장, 술집 등을 무시로 출입하고 일본인 친구가 거주하는 아파트에서 성관계까지 가지게 된 것이다.

그러던 어느 날, 발랑 까진 여학생 중에 한 명이 말도 없이 수업을 땡땡이치는 일이 자주 발생하자, 선생이 여학생의 가방을 검사하기에 이르렀다. 가방에서는 놀라 자빠질 물건들이 쏟아져 나왔다. 가발(고고장 갈 때 착용. 당시 여학생들은 전부 짧은 단발머리였기에 준비 없이 고고장에 갔다간 바로 적발), 사복에 심지어 피임용품까지 들어 있었던 것이다. 학교가 발칵 뒤집히고, 즉시 함께 어울린 학생들을 잡아와 조사하니 한 여학생 주머니에서 수표가 튀어나왔다. 생각해 보라. "엄마, 100원만. 엄마 100원만" 하던 시절이다. 그 시절에 수표라니……. 학교 측은 즉각 심문에 들어가고, 사건의 전모가 밝혀지자 여학생 세 명을 퇴학 조치한다.

놀라 자빠진 학부모들은 즉시 딸들이 성관계를 자주 가졌던 성낙현의 일본인 친구 아파트에 들이닥쳤다. 그러나 일본인은 본국으로 이미 돌아간 상태. 미치고 팔짝 뛴 부모들은 발품을 팔았고, 마침내 성낙현도 사건에 연루됐다는 정황을 포착한다. 성낙현에게 일생일대의 위기가 찾아온 것이다.

이 상태에서 성낙현이 할 수 있는 일이 있었겠나? 스캔들이
세상에 알려지는 것은 상상조차 하기 싫었을 것이다. 성낙현은
즉시 학부모들과 타협에 들어갔다. 학부모들에게는 거액의 위로
금을 지급하고, 학생들은 퇴학이 아닌 전학 정도로 마무리하고,
원하면 유학을 보내주겠다며 무마를 시도했다. 그런데 그중 한
학부모가 합의를 거부하고 학교에 성낙현도 연관돼 있다는 걸
알렸으니!

국회의원이 사건에 연루된 사실을 까맣게 몰랐던 학교는 절
대로 그냥 넘겨서는 안 되겠다고 판단, 관계 당국에 진정서를 넣
는다. 그리고 높은 곳까지 진정서가 올라가자 발끈한 정부 당국
은 성낙현에게 국회의원 자진 사퇴서를 받게 된 것이다.

국회의원직을 내놓은 성낙현은 여론이 계속 악화 일로를 걷
자 결국 구속이 됐다. 그의 일본인 친구도 한국으로 소환돼 구
속됐다. 일본인은 자신이 가지고 있던 아파트를 팔아 피해 여학
생들에게 위자료로 건네고 최초 3년형을 선고받았다가 나중에
집행유예로 풀려났다. 반면 성낙현은 검찰이 구속수사를 감행
하자 완전 만신창이 신세로 전락했다. 언론은 그의 과거 행적을
캐기 시작했고 "원래부터 여자관계가 복잡했다", "주위에 여자
가 많다고 자랑을 하고 다녔다", "이권에 개입했다", "뇌물을 받
았다"는 주장들이 봇물처럼 쏟아진 것이다. 법정에서 성낙현은
3년 형을 선고받았다. 그러나 역시 이 땅은 자랑스러운 대한민

국……. 성낙현은 한 달도 안 돼 구속집행정지로 풀려났다.

아무리 배꼽 밑의 이야기는 하지 않는다는 한국 정치계의 불문율이 있다고 해도 미성년자와 관계를 맺은 국회의원이 있었다니 참으로 기가 막힌 일이다.

그러나 국회의원 성추문 사건은 21세기에 들어서도 여전히 없어지지 않았다. 그 대표 주자가 한나라당 출신 최연희와 새누리당의 김형태인데, 이들은 사건이 불거진 이후에도 국회의원에 당선되었으니 대한민국 유권자의 의식 수준이 이 정도다.

"모든 민주주의에서 국민은 그들의 수준에 맞는 정부를 가진다"고 했던 프랑스 철학자 알렉시 드 토크빌의 명언이 다시금 떠오르는 순간이다.

박정희의 여자들 1 :
김호남, 이현란

한때는 언급이 금기시됐던 박정희 각하의 여성 편력. 평소 "배꼽 밑의 얘기는 하는 게 아니다"는 소신을 갖고 있던 각하께서는 그 때문인지, 없는 사실을 만들어 정적을 제거하는 수법은 즐겨 써도 사생활 문제로 정적을 제거한 일은 없었다. 그렇기 때문에 자신의 여성 편력에 대해서도 대단히 관대하신 분이었다.

많은 분들이 박정희의 여성 편력에 대해 조강지처인 육영수 여사가 사망하자 그 괴로움과 외로움을 이기지 못해 하는 수 없이 그랬다고 항변하지만, 실은 육 여사 사망 전에도 여자 문제로 청와대는 시끄러웠다. 항간에는 육 여사가 박정희에게 여자 문제를 따지다가 재떨이로 얻어맞았다는 이야기도 있다.

박정희의 조강지처라고 하면 육영수를 떠올릴 텐데, 이는 명백한 거짓이다. 조강지처는 한자 그대로 어려울 때 함께한 부인을 뜻한다. 그럼, 박정희의 조강지처는 누구인가? 바로 김호남이라는 여인이다.

김호남은 나이 열일곱에 박정희에게 시집을 왔다. 애초에 박정희는 장가들 마음이 없었으나 아버지의 강권에 어쩔 수 없이 김호남과 결혼을 했다. 김호남은 키가 박정희보다 더 컸다고 전해지며 얼굴도 나름 예뻤다고 하지만, 박정희가 그의 집안과 학력을 싫어했다고 한다.

박정희는 결혼을 하고서도 김호남을 시댁에 내버려 두고 혼자 문경에서 선생질을 하며 월급도 10원 한 푼 갖다 주지 않았다. 나중에 이들 사이에서 박재옥이라는 장녀가 태어났는데도(박근혜가 장녀가 아니고, 박재옥이 장녀다) 박정희는 가정에 관심이 없었다. 어쩌다 방학 때 고향에 내려오더라도 동침을 거부하고 막걸리만 마시러 다녀 형이 강제로 그를 김호남의 방에 집어넣은 적도 있을 정도였다.

문경학교 선생질을 관두고 일본군에 입대했다가 귀국해 군인이 된 박정희는 김호남에게 끈질기게 이혼을 요구했으나 들어주지 않자, 혼자 부임지를 떠돌았다. 그러다 부하의 결혼식에서 들러리 온 이화여대 학생을 꾀어 그녀와 동거를 하게 된다. 그 여인이 바로 이현란이다.

박정희는 이현란을 많이 사랑했던 것 같다. 이현란의 마음을 얻기 위해 상당한 애를 쓴 박정희는 그녀와 동거를 하면서 약혼식까지 올렸다. 그러나 문제가 있었다. 박정희에게는 엄연히 마누라에 딸까지 있었으니 당시 이화여대를 다니던 나름 엘리트인 이현란이 이 사실을 알면 가만있겠는가? 자신이 결혼한 사실을 숨긴 박정희로서는 사랑하는 여인은 눈앞에 있는데 정이라고는 눈곱만치도 없는 조강지처는 이혼을 안 해주니 미치고 팔짝 뛸 일이었다. 딸내미야 마누라가 데려가든 고향에서 키워주든 할 테니 눈에 들어오지도 않았다.

그래서였을까? 박정희는 괴로움을 매일 술로 달랬다. 그러나 이현란이 박정희가 술 마시는 것을 싫어하는 까닭에 집에서는 절대 술을 마시지 않았다. 또한 여덟 살이나 아래인 여인에게 꼬박꼬박 존댓말을 쓰는 등 그녀의 인격까지 받들어 주었다.

박정희가 이렇게 연하의 엘리트 신여성과 사랑에 빠져 동거 생활을 할 때, 그의 조강지처 김호남은 가슴을 도려내는 아픔을 견디며 딸 박재옥과 시집에서 살고 있었다. 그러던 어느 날 예기치 못한 사건이 발생한다. 박정희가 여순 반란 사건에 연루돼 체포된 것이다. 그러나 이현란은 이 사실을 전혀 몰랐다. 정식으로 결혼하지도 않은 동거녀에게 그의 남자가 체포되었다고 알려줄 의무가 군에는 없었기 때문이다. 거기다가 반란죄, 즉 빨갱이 혐의가 있어서 잡혀왔는데 어련할까.

하루 이틀 박정희를 기다리는 이현란의 마음은 새까맣게 타들어갔다. 온종일 전화통만 바라보는 시간이 계속됐다. 그러던 중 이현란과 박정희 사이에 다리를 놓았던 이효가 찾아왔다. 이효의 계급은 당시 대위였는데 박정희와 이현란이 처음 만난 결혼식장에 이효도 참석했었고, 박정희가 이효에게 "니가 다리 좀 놔봐!" 해서 두 사람이 만나게 된 것이다.

"박 소령님이 잠시 출장을 가게 되었어. 그래서 집에는 며칠 못 들어올 거야. 그렇게 알고, 이거 얼마 안 되는 돈이지만 받아둬."

"이 대위님, 이게 무슨 돈이죠? 그리고 출장이라니요? 말도 없이, 전화 한 통 없이 출장 가는 게 말이 되나요? 솔직히 말해주세요. 미스터 박에게 무슨 일이 생긴 거죠? 그렇죠?"

"아, 아니야. 그냥 급히 출장 갈 일이 생겨서 그래. 그렇게 알아둬. 난 바빠서 그만……."

그러나 여자의 직감은 무서운 것이다. 느낌이 이상하던 이현란은 알고 지내던 사람들에게 수소문을 했고, 결국 박정희가 여순 반란 사건에 연루되어 체포된 것을 알게 된다.

이현란은 배신감과 충격에 몸 둘 바를 몰랐다. 이현란은 공산주의가 싫어 이북에서 피난을 온 사람이었기 때문이다. 그런데 이런 사실을 다 알고 있던 남자가 빨갱이라니! 여태껏 자기를 속이고 있었다는 말이지 않은가? 게다가 엎친 데 덮친다고 이현란은 박정희가 이미 결혼을 했고, 아이까지 딸린 유부남이라는 사실도 알게 되었다. 환장할 노릇이었다.

이현란의 마음속에서 박정희라는 인물은 말끔히 사라진다. 약간의 된장녀 기질이 있는 이현란에게는 박정희라는 소령이 꽤나 메리트가 있었던 것이지, 빨갱이 사건에 연루되어 군복도 벗고, 처자식 딸린 유부남을 좋아한다는 것은 천부당만부당한 일이었다.

박정희는 얼마 뒤 동료들을 밀고한 대가로 풀려나 돌아왔지만, 둘의 사이가 예전 같을 수는 없었다(이때 박정희는 이현란에게 가정폭력까지 휘둘렀다는 증언이 있다). 결국 이현란은 편지 한 통을 써놓고 집을 나선다.

'그동안 고마웠어요. 마음이 돌아서지 않으니 이만 떠나야겠어요. 절 찾지 마세요. 찾으면 자살하겠어요.'

박정희는 이현란을 진심으로 사랑했던 것으로 보인다. 사실 박정희는 자신이 체포될 걸 미리 알고 있었다. 그러나 도망가지 않았는데 바로 이현란 때문이었다. 박정희는 자신이 체포된 사실을 안 이현란에게 편지 한 통을 써 줬다. "나는 도망갈 수 있었지만 현란이를 사랑하기 때문에 그렇게 하지 않았다. 도망가면 다시는 현란이를 볼 수 없기 때문이야"라는 내용이었다. 물론 체포되어 군복을 벗어야 하는 상황에서 여자까지 떠나면 그 괴로움이 클 것 같아 구라를 친 걸 수도 있으나 실제로 이현란과 헤어진 박정희는 굉장히 괴로워했다. 군에서 쫓겨나고 고향에도 갈 수 없는 상황에서 사랑하는 여인마저 잃었으니 그 괴로움이 어땠을지는 짐작이 가고도 남는다. 그 뒤 박정희는 매일 술과 눈물로 밤을 지새웠다고 전해진다.

박정희의 여자들 2 :
육영수

두 번째 여자였던 이현란과 헤어진 박정희는 한국 전쟁이 터져 군에 복귀하는데, 전쟁이 한창일 때 박정희에게 대구사범대학교 후배인 송재천이 찾아온다. 송재천은 학교 선배인 박정희를 무척 좋아했는데(처음에 박정희는 송재천의 얼굴도 몰랐다) 그래서인지 박정희에게 여자를 소개시켜 준다. 그 여인이 바로 송재천의 먼 친척뻘 되는 육영수다.

육영수의 아버지는 육종관이라는 인물로 여성 편력이 심한 사람이었다. 부인을 대여섯 명이나 뒀고 자식만 스무 명이 넘었다. 그래도 정실 소생이라는 이유 때문이었는지 육종관은 박정희와 육영수의 만남을 반대했다. 더군다나 맞선 보러 여자 집에 찾아왔다는 놈이 술을 처마신 상태였으니 육종관이 좋아할 리가 없었다. 5.16 쿠데타 직전에도 만취 상태였다는 것을 보면, 박정희는 긴장하면 술을 먹는 버릇이 있는 것 같다.

뜻밖이었다. 육영수는 박정희를 맘에 들어 했다. 그가 이미 결혼한 과거가 있음을 알았는데도 말이다. 육영수의 모친도 박정희가 결혼한 것을 알고 있었으나 남편에게는 알리지 않았다. 남편이 알면 불호령이 떨어질 것은 당연한 일이었으니 말이다.

그럼 육영수 모친은 왜 반대하지 않았을까? 육영수 모친이 점을 본 적이 있었는데 점쟁이가 "육영수는 결혼한 사람과 재혼해야 한다"는 말을 했다고 전해진다. 그런 찰나에 조카가 믿을 만한 사람이라며 사람을 데리고 왔는데 묘하게도 그가 초혼이 아니었으니 육영수 모친이 혹시나 싶어 적극 반대를 할 수 없었던 것이다.

육영수와 박정희는 전쟁 중에 대구에서 결혼식을 올렸다. 결혼식 두 달 전 박정희는 조강지처인 김호남을 찾아가 이혼을 요구하고 결국 도장을 받아 내었다. 당시 김호남의 나이는 32세, 장녀인 박재옥의 나이는 15세였다. 이후 김호남은 제대로 된 생활을 하지 못하고 사찰을 떠도는 등 괴로운 나날을 보낸다. 장녀 박재옥은 훗날 박정희의 부관 출신인 한병기와 결혼을 한다.

육영수와 전쟁 중에 결혼한 박정희는 이후 5.16 쿠데타로 집권을 하게 되었다. 최고 지도자인 대통령에 올랐기 때문에 이후

부터 박정희의 여자관계는 소문만 무성할 뿐 세간에 알려진 건 전혀 없었다. 철권통치를 하던 시대에 대통령의 사생활을 입에 담는 것 자체가 불경스러운 일이었으니 당연한 일이다.

그러나 달도 차면 기울고, 아름다운 꽃은 열흘을 못 간다고 영원할 것 같았던 박정희가 측근에게 총을 맞고 숨을 거두자, 그의 엽색 행각이 서서히 뭇사람들의 입에 오르내리기 시작한다. 더군다나 숨진 당일 유명 가수와 모델 출신 여대생이 대통령 옆에서 술시중을 들었다는 이야기가 전해지고, 군사법정에서는 대통령의 채홍사 역할을 한 박선호 중앙정보부 의전과장이 박정희의 여자관계를 증언하자 소문으로만 떠돌던 게 사실로 드러나기 시작한다. 그럼, 여자들을 선별하고 주의사항을 숙지시키고 금전 보상까지 직접 한 의전과장 박선호(영화 〈그때 그 사람들〉의 한석규 역)의 법정 증언을 토대로 이야기를 해 보겠다.

청와대의 술자리는 박정희 혼자 즐기는 소행사(말 그대로 박정희와 시중드는 여자 한 명만이 술자리를 갖는 것)와 대행사(박정희를 비롯한 남자 서너 명과 박정희를 시중드는 여자 두어 명이 술자리를 갖는 것)로 나누어지는데, 한 달 평균 소행사는 여덟 번, 대행사는 두 번 정도 가졌다고 한다. 평균 3일에 한 번은 주색잡기에 빠졌던 것이다. 영웅은 호색이라지만 좀 과하지 않은가? 하긴 중정 의전과 직원들도 자기들끼리 "대통령이지만 정말 너무하다"는 말을 했을 정도다. 소행사는 박정희가 직접 여인을 선택하는 경우도 있었고, 차지철이 각하가

울적하다 싶을 때 스스로 안가에 지시해서 열 때도 있었다.

대행사는 10.26 당시처럼 박정희와 측근 혹은 손님들, 그리고 여성 두어 명 정도가 자리를 갖는데, 여성이 두 명인 이유는 박정희의 선택 폭을 넓혀주기 위함이었다. 대행사는 박정희가 여자를 직접 선택하지 않았기 때문에 박정희의 의중과는 상관없이 여자가 안가로 들어왔다. 그러니 괜히 한 명만 불렀다가 박정희가 맘에 안 들어 하면 난감할 수밖에 없었다. 어느 정도 취기가 돌면 박정희는 두 여인 중 한 명에게 자연스레 기대고, 그럼 그 여인이 간택을 받는 것이다. 10.26 당시에도 심수봉과 신재순(한양대 연극영화과) 두 명이 시중을 들었는데 보통 이렇게 한 명은 이름난 연예인, 나머지 한 명은 신인급 연예인을 불렀다.

소행사와 대행사에서 간택 받은 여성들은 대체로 다시는 박정희와 만나지 못했다. 한 여성에게 빠지는 것을 막고, 임신 등의 문제를 방지하기 위해서였다. 그래서 경호실과 중정은 대개 한 번 잠자리를 한 여성은 리스트에서 제외했다. 그러나 박정희가 직접 다시 찾는 경우 처음에는 설득을 하다가 안 되면 한 번 정도 더 만남을 주선했다.

시중드는 여자들은 시내의 유명한 뚜쟁이 마담들이 리스트를 만들어 건네면 중정 직원들이 직업, 성격, 집안, 나이 등을 꼼꼼히 따져 면접을 갖고, 그중에서 특히 입이 무겁다고 생각되는 여성들을 안가로 불렀다. 영화 〈그때 그 사람들〉을 보면 아가씨

엄마 역으로 나오는 윤여정이 "우리 딸을 그분께서 특히 좋아하시는데 너희들이 왜 막냐? 다시 만나게 해 달라"며 생떼를 쓰다가 한석규한테 욕을 얻어먹는 장면이 나오는데 이것도 사실이다. 이런 경우가 더러 있어 중정 직원들이 수습하느라 애를 먹었다는 이야기가 있다.

법정에서 박선호는 작성된 명단이 200명 정도 되며, 명단에는 알려지면 세상을 깜짝 놀라게 할 이름들이 들어 있다고 밝혔지만, 구체적인 이름은 증언하지 못했다. 이유는 박선호의 상관이자 스승인 김재규가 법정에서 "야, 말하지 마!" 하고 증언을 말리기도 했고, 군 법무관들이 "증인은 사건과 관계없는 말은 하지 마세요"라며 증언을 막기도 했기 때문이다.

그러나 김재규와 박선호는 변호사 접견 때는 이들의 명단을 구체적으로 얘기했다고 알려져 있다. 박선호는 딸 둘을 가진 아버지였고, 평소에도 박정희의 엽색 행각에 자기가 주도적으로 관여하고 있다는 사실을 못 견뎌 심한 죄책감을 느끼고 있었다. 그래서 여러 번 김재규에게 "더는 못하겠다"고 말을 했으나 김재규가 "자네 말고는 할 사람이 없다"며 말려 그만두지 못했던 것이다. 그러나 1심에서 사형이 선고되자 심경에 변화를 일으킨 박선호가 여러 차례 '대통령의 밤'을 이야기하려고 했으나 법정에서 제지당한 것이다. 당시 변호사였던 강신옥과 안동일은 여자들의 이름을 알고 있을 것으로 추측되나 아마 죽을 때까지 밝히지는 않을 것으로 보인다. 안동일은 책까지 집필했지만 끝까지 명단을 밝히지 않았다.

법정 증언으로 세간에 떠돌던 박정희의 여자 문제와 청와대의 밤에 얽힌 소문은 사실로 밝혀졌다. 그러나 박정희 향수에 젖어 있는 사람들은 여전히 박정희가 조강지처(?)인 육영수가 숨지자 괴로움과 외로움을 견디다 못해 여자와 술에 빠져들게 되었다며 오히려 그를 동정한다. 물론 육 여사 사망 이후 주색잡기에 더욱더 빠진 것은 사실이다. 그러나 이전부터 박정희는 여자 문제로 여러 차례 육 여사의 애를 태웠던 사람이다.

박정희는 전쟁 중에 작전 지역에서조차 육 여사를 불렀던 이력도 있다. 절대 일어나서는 안 되는 일이다. 전시에 마누라를 진중으로 부르는 미친놈이 어디 있겠는가. 그만큼 호색이었던 박정희는 대통령이 되고 나서도 그 버릇을 고치지 못한 것 같다. 다음 장의 이야기는 내가 만들어 낸 게 아닌, 풍문으로 떠돌거나 기사로 나왔던, 또는 책으로 소개됐던 당시의 이야기들이다.

박정희의 여자들 3 :
풍문으로 떠돌던 그녀들

　박정희 정권에서 호색한으로 알려진 인물은 박정희 말고도 정일권과 김정렬이 있다. 정인숙 사건으로 세간에 이름이 오르내렸던 정일권은 박정희와 마찬가지로 만주에서 활동했던 인물이다. 김정렬 역시 만주 인맥으로 국방장관, 국회의원, 삼성그룹 이사 등을 거쳤다. 세간에서는 박정희, 정일권, 김정렬 셋이 '오입 친구'라는 이야기가 떠돌았다.

　육영수는 박정희가 정인숙과 관계가 있다는 소문을 듣고 박정희에게 직접 따지기도 했는데, 지금에 와서야 정인숙이 낳은 아들의 아빠가 정일권이라는 게 정설이지만, 당시에는 박정희의 자식일지도 모른다는 소문이 파다했었다.

세 사람에 대해 떠도는 두 번째 소문은 박정희, 정일권, 김정렬 셋이 하도 같이 모여 주색잡기에 빠지니 육영수가 격분해 김정렬의 부인에게 사실을 알리고, 열 받은 김정렬 부인이 외박하고 들어오는 김정렬의 어깨를 도끼로 내려쳐 김정렬이 병원에 입원했다는 이야기다(아무래도 근거가 없는 것 같다).

육영수는 여러 루트로 박정희의 여자관계에 대한 보고를 들었고 그런 이야기를 들을 때마다 당연히 진실 여부를 묻고 따졌다. 육영수는 따지기만 한 게 아니라 남편의 파렴치한 행각을 막기 위해 스스로 행동하는 모습도 보여주었으니, 경호실장 박종규 낙마 시도가 대표적이다.

안가를 만들기 전 박정희는 승용차를 이용해 직접 '밤마실'을 나갔다고 알려진다. 이때 같이 동행한 인사가 경호실장 박종규였다. 육영수는 박종규가 박정희에게 여자를 천거하고 모시고 다니면서 잠자리를 제공한다고 판단했던 것이다.

청와대 사정 담당 홍종철은 육영수의 명을 받들자마자 즉시 박종규 비리조사에 착수한다. 그러나 박종규가 누군가? '나는 새도 떨어뜨린다'는 박정희의 핵심 측근, 청와대 경호실장이었다. 자신의 뒤를 캔다는 보고를 받은 박종규는 그 길로 권총을 들고 홍종철에게 달려갔다('피스톨 박'이라는 별명처럼 박종규는 사격의 달인이었다). 그러고는 진짜로 쐈다. 물론 맞지는 않았지만 총을 본 홍종철이 얼마나 겁을 먹었겠는가? 그리하여 사건은 유야무야 넘어가게 됐고, 박종규는 계속해서 경호실장직을 유지했다.

훗날 육영수 피격 사건이 터지자 박종규는 책임을 지고 사퇴하게 되고, 뒤를 이어 경호실장이 된 인물이 바로 차지철이다. 참 묘한 인연이지 않은가? 육영수 생전에 박종규를 그렇게 낙마시키고 싶었는데 안 되다가 육영수 사망을 원인으로 박종규가 낙마했으니 말이다. 그런데 웃긴 건 박정희 여자 문제의 원흉이라고 여겼던 박종규보다 차지철이 더한 놈이었다는 사실이다.

밤마실 사건 중에 가장 유명한 게 'H아파트 사건'이다. 사건 당일 박정희의 밤마실 상대는 당대 최고의 유명 여배우였다. 그런데 야심한 시각, 여배우 집에 가려고 탄 엘리베이터에서 그만 아파트 주민과 딱 마주쳤던 것이다. 겁 없기로는 세계 1등인 대한민국 아줌마 왈 "어머, 대통령 각하 아니세요?" 한마디에 아줌마는 경호원에 끌려나오게 된다. 당연히 경호원들은 "각하를 봤다는 말을 하면 죽인다"고 협박했고, 아줌마는 입을 다물겠다고 대답했다. 그러나 "임금님 귀는 당나귀 귀"라고 외치고 싶은 욕구를 어찌 참을 수 있었겠나? 소문은 순식간에 퍼지고 말았다. 위의 에피소드를 단순히 소문으로만 치부할 수 없는 이유는 이 아줌마가 나중에 국가를 상대로 손해배상 청구소송을 냈기 때문이다.

밤마실은 박정희가 의도적으로 주색을 탐하기 위해 나간 것이었지만, 전혀 예상도 못한 곳에서 박정희의 엽기적인 행각이 일어났다는 소문도 있는데, 그중 최고의 히트작은 '국군 간호장교 추문사건'과 '새마을어머니 배구대회 추문사건'이다.

박정희는 정기적으로 대통령 전용병원인 서울지구병원에서 건강검사를 받았다(10.26 당시에도 병원장 김병수가 박정희 사체를 최초 검안했다). 대통령이 서울지구병원에서 피도 뽑고 엑스레이도 찍고 여러 검사를 하면 당연히 보필할 사람이 필요할 텐데, 남자보다 여자가 하는 게 당시로서는 자연스러웠나 보다. 그래서 그 수발을 현역 여자 간호장교가 맡았다.

현역 군인 신분인 여장교에게 국군 최고 통수권자인 대통령이 어떻게 비쳐졌을까? 물으나 마나다. 여장교는 최선을 다하여 대통령이 어디 불편한 데라도 없는지 두루두루 살폈다. 그런데 외모가 좀 됐는지 박정희가 이 여장교를 맘에 들어 한 것이다. 결국 여장교가 덜컥 임신을 하고, 임신 사실이 알려지자 청와대가 발칵 뒤집혔다는 전설 같은 이야기가 전해지고 있다(현역 장교의 계급은 중위였고 임신 사실을 알고 잠적하자 청와대에서 그녀를 찾느라 상당한 애를 먹었다고 한다. 결국은 애를 지웠다고 전해지는데…… 진실은? 김재규 변호사였던 안동일은 자신의 저서에서 "여군 장교 얘기는 사실이다"라고만 짤막히 밝히고 있다. 또 오마이뉴스 인터뷰에선 "여군 장교들이 안가에서 술시중을 들었다"고 밝혔다).

이 사건 말고도 믿기지 않는 소문들이 많이 떠돌았는데 '새마을어머니 배구대회 추문사건'이 가장 충격적이었다. 박정희가 새마을어머니 배구대회에 격려차 참석했다가 배구대회에 참가한 선수 중(어머니 배구대회이니 100% 유부녀) 맘에 드는 여자가 있어 동침을 했다는 풍문이다. 단, 박정희나 육영수가 새마을어머니 배구대회 등을 격려차 방문한 것은 여러 기록에서 확인할 수 있으나 워낙에 충격적인 일이기 때문인지 추문사건을 구체적으로 증언한 당사자는 나오지 않고 있다. 그러니 단순 소문에 불과할 수도 있다. 아! 참고로 앞서 언급한 H아파트 사건도 원래는 단순한 소문에 불과했다.

안동일 변호사는 오마이뉴스와의 인터뷰에서 간호장교 문제뿐만 아니라 '연예인 모녀' 이야기도 언급한 바 있다. 사실이라며 들고나온 것이다. 10.26 당시에도 연예인이 자리에 있었지만, 박정희의 여자들을 이야기하려면 연예인이 빠질 수 없다. 당시 채홍사 역할을 했던 박선호 중정 의전과장의 진술에 따르면 이름만 들어도 세상이 뒤집힐 만한 연예인들이 안가에 무시로 출입을 했다는데, 당시 사건에 관여했던 김재규, 박선호, 차지철, 박정희 모두 사망했으니 이들 연예인 명단은 앞으로도 밝혀지기 어려울 것이다.

당시 김재규와 박선호의 변호사였던 강신옥과 안동일은 알고 있겠지만 기록으로 남겨 두지 않았다면 신빙성이 떨어질 수밖에 없다. 또 박선호 외에 의전과에 근무했던 사람들이 증언을 할 수는 있으나 그들이 구태여 여자 연예인들의 이름을 밝힐 이유가 없으니 그들이 누군지는 영원히 알 수 없을 것 같다. 다만 진실이든 아니든 소문은 빠르게 퍼지는 법이라서 세간에 떠돌아다니던 그 이야기를 해 보자. 다시 한 번 밝히지만 당시 만연했던 소문일 뿐이다.

박정희는 대행사에서는 어떤 여인이 자신의 시중을 들지 미리 알지 못했으나 소행사는 대충 알고 있었을 것이다. 본인이 잡지나 TV를 보며 직접 골랐다는 이야기도 있으니 말이다. 그렇게 박정희가 직접 찍은 여자는 차지철이 즉시 중정에 의뢰해(차지철도 채홍사 역할을 했는데, 웃긴 건 차지철이 독실한 기독교 신자여서 자신의 손으로 채홍사 역할을 하는 건 양심에 가책을 느꼈다고 한다. 그래서 경호실이 아닌 중정에서 일을 맡은 것이다. 이런 말 같지도 않은 논리가!) 여자 연예인들을 호출했다. 호출까진 좋은데 만약 영화나 드라마를 찍고 있으면 어떡하나? 당연히 촬영이 올 스톱될 수밖에. 그렇게 촬영하다가 갑자기 불려갔으니 소문이 나지 않을 수가 없었던 것이다.

그중에서 가수 김 모 양과의 일화가 유명하다. 김 모 양이 공식적인 자리에서 노래 부르는 모습을 본 박정희가 흐뭇해 하며 "당신은 이 나라의 국보 같은 존재다"라고 얘기한 적이 있었는데, 세간에서는 박정희가 김 모 양과 잠자리를 가진 후 엉덩이를 두드리며 "니는 대한민국 국보 1호다"라고 그녀의 방중술을 칭찬한 것이라는 말들이 있었다.

김 모 양이 한번은 동료 가수와 머리채를 쥐어뜯고 싸운 적이 있었다. 이때 열이 받은 김 모 양이 "내가 누군지 알아? 나 대통령이랑 동침하는 사이야"라고 까발렸다가 청와대에서 "미친년 아가리 안 닥쳐!"라고 무마했다는 이야기도 전해진다.

보통 중정은 한 번 다녀간 여자들을 두 번 이상 부르지 않았는데, 여기에도 예외가 있었다. 박정희가 따로 찾을 때였다. 당시 최고 배우였던 윤 모 양이 여기 해당된다. 윤 모 양은 후에 유명인과 결혼을 하는데 박통이 그녀를 못 잊어 결혼 전에 한 번더 불렀다는 후문도 있다. 앞서 언급한 연예인 모녀가 바로 그녀라는 얘기도 있고, 최 모 양, 김 모 양이라는 이야기도 있다. 또안 모 양의 풍만한 가슴을 좋아했다는 소문도 있었는데, 안 모양은 박정희 정권을 미화하는 글을 쓴 적도 있다(《조선일보》에 실림).

이런 연예인들 이름은 10.26 당시 신재순처럼 이름 없는 신인부터 당대 최고의 배우까지 모조리 거론되었으니 소문이 사실이든 아니든 씁쓸함을 금할 수가 없다. 더욱이 결혼한 연예인에게까지 의사를 물어보고 의향이 없을 경우에만 "각하, 유부녀여서 힘들겠습니다"라고 보고했다니 기가 찰 노릇이다.

이상으로 박정희의 여자들을 살펴보았다. 이 중에는 사실도 있을 테고, 거짓으로 떠도는 풍문도 있을 것이다. 그러나 박정희가 대통령으로서 처신을 크게 잘못했다는 점만은 분명하다. 클린턴도 그랬다고 이해해야 할까? '배꼽 밑의 이야기'이니 덮어둬야 할까? 아니다. 이런 추악한 과거들을 낱낱이 까발려야 다시는 똑같은 일이 안 생긴다. 덮어두니 '장자연 사건' 같은 추악한 문제들이 계속 터지는 게 아니겠는가?

　박정희도 문제지만 박정희보다 더 욕을 먹어야 하는 집단이 말리는 건 고사하고 충성 경쟁에만 열을 올렸던 당시의 간신배 관료들이다. 모두 자식을 키우던 인간들이었을 텐데 어떻게 하나같이 파렴치한 행위를 할 수 있었는지 대한민국 국민이라는 것이 부끄러울 따름이다. 1인 독재의 폐해가 경제, 민주, 생활뿐만 아니라 개인사까지 두루 악영향을 미치는 실례이다.

박정희 각하와 일본의 검은 커넥션 :
기시 노부스케

일본군 장교 출신, 그것도 혈서로 충성을 맹세한 반도 출신 다카키 마사오, 아니 오카모토 미노루가 5.16 쿠데타로 한국의 정권을 잡았을 때 가장 기뻐했던 집단이 일본 내 관동군 출신 우익 장성들이었다.

"옛날 우리 부하가 한국에서 최고 실권자가 되었다. 한국은 우리 일본에서 벗어날 수 없는 것이다. 하늘이 일본을 돕고 있다. 텐노헤이까이 반자이!" 이런 생각을 갖고 있었던 거다.

시간이 흘러 일본과 수교를 해야 하는 상황이 왔다. 모든 국민들은 굴욕 협상이라 반대했지만 박정희는 김종필을 앞세워 한일회담을 성사시킨다. 일본은 수상으로 대표되는 얼굴마담이 있고, 어두운 곳에서 아무런 직책도 가지지 않은 채 정치인들을 코치하는 보수우익 인물들이 있고, 그들의 수족인 야쿠자들이 있다. 이를 흑막정치라고 한다. 박정희는 이 흑막정치의 주인공들과 회담을 성사시켰던 것이다. 그들이 누구냐? 바로 기시 노부스케, 세지마 류조, 고다마 요시오다.

기시 노부스케는 대동아전쟁 중, 도조 히데끼의 내각에서 승승장구한 인물로 만주국을 건설하는 데 지대한 공을 세운 사람이다. 기시 스스로도 "만주는 내 작품이었다"고 할 정도였다. 그러나 전쟁은 일본의 패전으로 끝나고 기시는 A급 전범으로 재판에 서게 되었다(A급 전범은 볼 것도 없이 사형이었다).

1948년 12월 23일, 도조 히데끼를 비롯한 일곱 명의 A급 전범들의 사형 집행이 내려진다. 그런데 사형수 명단에 기시 노부스케란 이름은 없었다. 다른 A급 전범들이 사형에 처해진 다음 날인 12월 24일, 크리스마스이브에 기시는 호기롭게 감옥을 빠져나와 그의 동생 사토 에이사쿠(훗날 일본 수상, 한일협정 때 일본 수상이 바로 그였으며 노벨 평화상을 수상하기도 했다)의 집에서 참치 회를 안주 삼아 맛나게 술을 마셨다.

그럼 왜 A급 전범인 기시 노부스케만 사형을 면했을까? 정답은 미국 마음이다. 미국은 종전 후 자신들의 입맛에 맞게 일본을 움직이고자 했는데 거기에 딱 맞는 사람이 바로 기시 노부스케였다. 이렇게 한·미·일 삼각 커넥션, 즉 보수·우익·반공의 경제 협력이 이루어진 것이다. 풀려난 기시는 1955년에 자민당을 만들고(자민당이 이때부터 도대체 몇 년 동안 일본을 통치했는지 계산조차 안 된다) 1957년에 수상의 자리에 오른다. 훗날 수상에서 물러나지만 동생이 곧이어 수상에 오르고 동생조차 총리 자리에서 물러났음에도 계속 막후에서 일본을 움직였다.

1961년 초 겨울, 박정희는 김종필의 제안으로 미국을 방문하는 도중 일본에 들른다. 일본에 도착한 박정희는 수상 관저에서 이케다 수상과 만나 공식 만찬을 가졌다. 그런데 이때 박정희가 갑자기 돌발 행동을 한다. 술병을 든 박정희가 어느 노신사 앞에 가더니 술을 한잔 올린 것이다. 바로 군관학교 시절 교장인 나구모 이치로였다.

"코초 센세이 오겡끼데시타까(교장 선생님, 안녕하셨습니까)?"

박정희의 한마디에 만찬장에 있던 사람들은 기함을 했다. 한 국가의 수장이 격식도 버리고 과거의 은사를 찾아 상대국 언어를 사용해 인사말을 건넨다는 것은 엄청난 파격이었기 때문이다. 그 자리에 있던 일본인들은 박정희와 한국을 다시 보게 된다. 그도 그럴 것이 이승만 정권 때까지만 해도 한일회담은 전혀 진척이 없었고, 양국 사이도 매우 좋지 않았다. 심지어는 월드컵 예선을 위해 방한하려던 일본 축구선수들마저 입국이 불허돼 한국 선수들이 원정을 가기도 했다.

이케다 수상과의 공식 만찬이 끝나고 박정희는 도쿄 아카사카(고급 술집과 요정이 즐비한 곳이면서 일왕이 사는 곳)의 요정으로 향한다. 그곳에는 일본의 막후정치인들이 박정희를 기다리고 있었는데, 기시 노부스케도 그 자리에 있었다. 자리에서 박정희는 기시 노부스케에게 다음과 같이 말했다.

"우리는 일본 메이지유신 당시, 지사들의 마음과 같습니다. 앞으로 새 한국 건설을 위해 좋은 의견을 들려주시기 바랍니다. 기시 선생을 특히 존경하고 있습니다."

이 말을 들은 기시 노부스케가 즐겁지 않을 수 있겠나. 자기가 건설한 만주국에서 훈련받고 활약했던 관동군의 장교가 한국의 대통령이 되어 고견을 청하고 있으니 이 얼마나 흐뭇한 일인가!

자리에는 일본의 막후세력 중에 실력자인 오노 반보쿠(자민당 부총재)도 있었다. 오노 반보쿠는 한일수교협정이 이루어지도록 막후에서 힘을 썼는데 그게 고마워 박정희는 오노에게 친필 편지를 한 통 쓴다. 그런데 이 편지에서 박정희는 국가 원수임을 망각하고 자신을 낮추는 표현을 썼다. 박정희가 대통령이 되어 축하 사절단의 일행으로 한국에 온 오노 반보쿠는 이때 "아들의 성공을 보는 아버지의 흐뭇함을 느꼈다"는 잡소리를 해댔는데 부끄럽고, 또 부끄럽지만, 누굴 탓하겠는가?

1969년부터 일본은 한국의 식량난을 돕기 위해 세 차례에

걸쳐 쌀 103만 톤을 제공한다. 30년 안에 현물로 상환하고, 이
자도 없으니, 그냥 공짜로 던져준 것이나 다름없었다. 그러나 이
건 일본 법상으로는 엄연히 불법이었다. 우리야 공짜로 받으니
문제가 없으나 일본에서는 식량 주권을 지키기 위해 외국으로
의 쌀 반출을 법으로 금지하고 있었던 것이다. 이는 일본 정부
가 밀어붙인 결과로 당시 수상이 기시 노부스케의 동생, 사토
에이사쿠였다.

동시에 어처구니없는 일이 일어나고 만다. 일본이 제공한 쌀
이니 일본 원조라는 마크를 찍어 한국 국민에게 나눠주는 게 상
식인데, 일본 배가 한국 항에 정박하자 일본산 쌀자루가 한국산
쌀 포대로 바뀐 것이다. 맞다. 박정희가 일본의 원조미를 국내산
으로 둔갑시켜 국민에게 돈을 받고 팔아먹었던 것이다. 일본 쌀
103만 톤은 당시 일본 돈으로 무려 1,300억 엔에 이르렀다. 많은
이들은 박정희가 이렇게 만든 돈을 3선 개헌과 대통령 선거에 썼
다고 추측한다.

기시 노부스케와 관련된 검은 커넥션은 또 있다. 한국은
1974년 8월 지하철을 개통하는데 이때 공사는 한국에서 담당하
고 기술과 차량 등은 일본에서 담당했다. 일본의 미쓰비시, 히타
치 등 4개 회사가 한국에 열차를 판매했는데, 문제는 일본에서
보다 두 배 이상 뻥튀기해서 열차를 한국에 팔았던 것이다(삼성 사
카린 밀수사건 때도 비슷한 일이 일어났다). 그럼 왜 이런 일이 일어났을까?

한국이 바보 천치가 아닌 이상 왜 두 배나 뻥튀긴 금액에 지하철을 사왔을까? 뻔하다. 리베이트다.

지하철이야 국민이 낸 세금으로 사는 거지 자기 돈으로 사는 게 아니지 않나? 일본 입장에서는 비싸게 팔았으니 그 대가로 한국 정치인들에게 리베이트 명목으로 돈을 건넨 것이다. 누이 좋고 매부 좋고, 도랑 치고 가재 잡고, 마당 쓸고 돈 줍고, 임도 보고 뽕도 따고, 조커 내리고 쌍피 빼어오고…… X되는 건 누구? 한국 국민이었다.

바다 건너 일본 국회도 이 사건으로 시끌시끌했다. 열차를 판 회사 중에 하나인 미쓰비시의 회장은 250만 달러를 미국에 있는 한국 외환은행 지점으로 보냈다고 실토했다. 그러나 계좌가 누구 것인지는 끝끝내 입을 다물었다. 사건이 이렇게 묻히는지 알았으나 〈아사히신문〉의 오치아이 히로부미 기자가 사건을 추적해 진상을 밝혀낸다. 그 계좌는 김성곤(공화당 재정위원장)의 것이었다.

그런데 김성곤의 계좌에서 다시 130만 달러가 일본으로 역송금된다. 박정희가 120만 달러만 먹고, 130만 달러는 일본의 누군가가 먹었다는 얘기가 된다. 누굴까? 기시 노부스케였다. 김형욱은 자서전에서 박정희가 기시 노부스케에게 먼저 이렇게 하자고 제안했다고 썼다. 한국 국민들의 돈으로 '형님 먼저, 아니 아우 먼저' 이따위 짓을 한 것이다.

전두환 각하와 일본의 검은 커넥션 :
세지마 류조

세지마 류조는 박정희의 일본 육군사관학교 1년 선배다. 박정희가 만주에 있을 때 세지마는 만주국 대일본 대본영 참모장이었다. 불과 서른 살에 작전을 총괄하는 참모장에 오를 정도로 세지마는 능력을 인정받은 인물이었다. 박정희는 세지마의 이런 능력을 인정했고 존경했다.

세지마는 일본 육사의 신화적인 존재다. 일본 육군사관학교와 육군대학을 수석으로 졸업한 세지마는 만주 관동군 작전참모로 활약하다 패전하며 러시아 군대에 체포돼 죽음의 문턱에 이르렀다. 그러나 재판정에서 자신이 문서만 다루던 책임 없는 군인임을 강조해 사형을 면하고, 11년 동안 러시아에 포로 신분으로 있다가 1958년 일본으로 돌아올 수 있었다. 일본의 베스트 셀러 소설 『불모지대』의 주인공이 바로 이 세지마 류조다.

귀국 후 이토추상사에 평사원으로 입사, 초고속 승진을 거듭해 입사 20년 만인 1978년 회장 자리를 꿰찬 세지마는 나중에 박정희뿐만 아니라 전두환, 노태우가 정치적 스승으로 삼기도 한 인물이다. 1988년 서울올림픽은 세지마의 머리에서 나왔고, 세지마의 도움 없이는 올림픽을 개최할 수 없었다. 나카소네와 전두환의 회담도 세지마가 만들었고, 전후 일왕 최초의 공식 사과도 세지마의 머리에서 나왔다.

김종필은 한일협정을 바탕으로 일본 기업들이 한국에서 독점사업을 할 수 있도록 편의를 봐줬는데 세지마 류조의 이토추상사가 중심이 됐다. 당시 한국에서 공장 건설이나 기계, 자재 등이 대부분 일제였던 이유가 다 있다. 세지마 류조가 이토추상사에서 단시간에 초고속 승진을 한 이유 중 하나다. 이렇게 한국에서 독점사업권을 따낸 일본 기업들은 그 대가로 공화당에 정치자금을 제공한다. 61년에서 65년 사이의 공화당 예산 중 3분의 2가 일본에서 받은 자금이라는 이야기가 있다.

한국 정부 여당이 일본 기업 돈을 받아 정치를 한 것이다. 이러니 일본에 대한 한국 정부의 정책이 어떻게 전개되었겠나? 정치 자금에서 정당성이나 투명성은 나가리 되고, 식민지에서 벗어난 지 20년도 안 돼 다시 그 나라의 더러운 돈을 바탕으로 정치를 하고 있으니……. 이토추상사는 대통령 선거에서 박정희가 어려워지자 대량의 밀가루를 제공하고, 박정희는 그 밀가루를 농촌 지역에 무료로 나누어 주는 선심을 발휘하기도 했다.

한국이 나아가야 할 미래를 묻는 김종필 등에게 자신이 종합상사에서 이전에 없었던 승진 신화를 쓰며 성공을 거듭해서인지는 모르겠으나 세지마 류조는 훗날 자기 회사의 강력한 라이벌이 될지 모르는 한국의 종합상사를 통한 수출 지향 정책을 조언했고, 박정희는 이 말을 따라 종합상사를 정책적으로 지원하고 (김우중의 대우실업이 좋은 예) 수출 일변도 정책을 썼다.

해방된 조국에서 일본 군국주의를 대변하던 작전참모가 작전 짜듯이 조언을 하고, 일제 강점기 때 일본에 충성을 맹세한 반도 출신 관동군이 조언을 충실히 따르니 이 나라가 과연 해방이 된 게 맞나?

세지마는 정치인이 아닌 경제인들과도 자주 만남을 가졌는데 그중 한 명이 삼성의 창업주 이병철이다. 이병철은 일본에서 유학도 했고, 회장 시절 반년은 일본에서 반년은 한국에서 생활할 정도로 일본통이었다. 특히 정초가 되면 항상 일본에서 삼성의 1년 진로를 생각했는데 '도쿄 구상'이라고 불리던 바로 그것이었다.

일본에 체류할 때마다 이병철은 세지마 류조와 만남을 가졌고, 여러 일을 그와 상의했다. 세지마 역시 재계 선배인 이병철을 특히 좋아해 그와 교류하는 데 힘썼다. 세지마는 이병철의 사망 시 조문단으로 한국에도 왔었고, 이병철 사망 10주기 때는 특별 편지를 삼성에 보내오기도 했다. 이 때문인지 세지마는 한국 전 경련의 고문으로 위촉되기도 했는데, 당시 이병철의 삼성에 권익 현이라는 인물이 상무이사로 재직하고 있었다. 권익현은 육사 11 기 출신으로 대령으로 예편한 뒤 삼성에서 일하다가 나중에 민 정당 사무총장까지 지낸 인물로, 이병철이 세지마와 만날 때 자 주 동행하여 교류를 쌓았다. 권익현은 군 동기이자 친구인 전두 환 일당이 쿠데타에 성공하고 집권 야욕을 드러내자 이병철에게 전두환과 세지마 류조를 만나게 해달라고 요청한다.

"회장님! 전두환 사령관과 노태우 장군을 세지마 류조 상과 만나게 해주십시오."

"무슨 말이고?"

"세지마 상의 높은 식견과 일본 내 인맥을 두 장군께 소개 하면 앞으로 나라 장래에 큰 도움이 되지 않겠습니까?"

"알았다. 내가 연락을 하지."

그리하여 세지마 류조와 전두환은 1980년 6월, 신라호텔에 서 첫 운명적인 만남을 갖게 된다.

이들이 만나기 한 달 전인 5월, 전두환의 신군부는 5.17 쿠 데타라고 하는 비상계엄 확대를 들고나왔는데, 이를 실행하기 위 해서는 명분이 있어야 했고, 신군부가 생각해 낸 것이 '북한남침

설'이었다. 북한남침설을 명분으로 비상계엄을 확대한 것이다. 그런데 이 명분을 누가 제공했나? 바로 일본이다. 일본의 내각조사국은 이즈음을 기점으로 무려 다섯 번이나 북한남침설 정보를 한국에 제공했다. 미국도 중국도 감지하지 못한 남침 정보를 어떻게 일본만 알았을까? 당시 수상은 한일회담 때 '김종필-오히라 메모'로 유명한 오히라 마사요시였다.

어쨌든 첫 만남에서 국제 정세와 한일 관계에 대한 전반적인 이야기를 나누고 헤어진 전두환과 세지마 류조는 두 달 뒤 다시 만난다. 이 만남에서 세지마 류조는 첫 만남 때와는 달리 적극적으로 전두환에게 앞으로의 일을 코치했다.

"세지마 상, 지금 우리나라가 심각히 국론이 분열되어 있습니다. 야당 정치인들과 학생들은 정부를 비방만 하고, 국민들은 혼연일체가 되지 못하고 제각각 자기 소리 내기에 바쁩니다. 이럴 때 국민들을 하나로 화합시킬 수 있는 묘안이 없겠습니까?"

"장군, 지금 일본에선 88올림픽을 유치하려 하고 있어요. 그러나 올림픽이 필요한 건 나고야가 아니라 서울입니다. 올림픽만 유치할 수 있다면 충분히 국민들의 눈과 귀를 한쪽으로 쏠리게 할 수 있습니다. 필요하다면 제가 도움을 드리지요."

재밌지 않은가? 전두환을 추종하는 세력들은 하나같이 88올림픽을 전두환의 치적 중에 하나로 손꼽는데, 미안하게도 그 아이디어가 세지마 류조라는 일본 우익 인사의 머리에서 나왔다는 게. 강력한 경쟁 상대였던 일본인의 도움으로 올림픽을 유치했으니 말이다.

이때부터 전두환은 세지마의 말에 귀를 기울이며 여러 방면에서 협조를 구하고 도움을 얻었다. 그중에 하나가 전두환과 나카소네 히로후미의 정상회담이다. 세지마는 정상회담을 성사시킴으로써 다시 한 번 전두환에게 은인이 된다. 나카소네는 현직 총리로는 처음으로 한국을 방문하여 정상회담을 하고 40억 달러의 경제 협력을 체결했다. 이 돈은 적자에 허덕이던 80년 초의 전두환 정부에게는 단비와 같은 돈이었다.

이런 세지마와 전두환의 만남은 전두환의 후계자인 노태우에게까지 이어진다. 신라호텔에서 전두환과 세지마가 처음 만났을 때 전두환 옆에 동석한 인물이 노태우였다. 그런 노태우가 대통령이 되었으니 세지마와 한국 정부의 끈은 계속 이어질 수밖에 없었다. 더군다나 세지마의 절친이라 할 수 있는 포항의 박태준마저 곁에 있었으니 이들의 검은 커넥션은 계속 이어지게 되는 것이다.

일화 하나, 노태우 집권 후 얼마 안 돼 세지마 류조가 청와대를 방문한 적이 있었다. 당시 박태준, 김재순 등이 참가한 자리에서 대한민국 대통령인 노태우가 일본의 유명 여가수 '미소라 히바리'의 노래를 멋들어지게 불러 세지마 류조에게 박수를 쳐받으셨다(미소라 히바리는 재일 교포다).

1990년 노태우는 국빈 자격으로 일본을 방문하게 되는데 한국 정부는 노태우의 일본 방문 전, 일본 측에 과거사에 대한 일왕의 직접 사과를 요구했다. 일본 정부는 이에 난색을 표한다. 이미 그전에 사과를 했는데, 이번에 또 하게 되면 한국 대통령이 방문할 때마다 사과하는 전례를 남길 수도 있다는 우려 때문이었다.

이때 세지마 류조가 다시 한 번 해결사로 등장한다. 노태우의 방문 전 세지마 류조는 청와대를 찾아 "이 정도의 사과면 되겠냐?"고 의향을 물었고, 노태우는 "예스"를 외쳤다. 세지마가 들고 온 사과가 바로 '통석의 념'이었다. 당시 한국의 언론은 '통석의 념'이 대단한 반성의 의미를 내포하고 있다고 잡소리를 해댔는데, 개코같은 소리는 달나라 가서나 하고, 말 타는 소리는 서부에나 가서 말하라고 하고 싶다. 대한민국 언론의 수준이 이 정도다. 소위 말하는 명문대 나오고 똑똑하다는 기자들의 역사의식과 수준이 이 정도니…….

일화 둘, 전두환·노태우 정부 때까지 우리나라 언론은 계속해서 세지마 류조를 띄워줬다. 전두환 때는 언론이 철저히 통제되던 암흑의 세월이었으니 이해가 가지만, 노태우 정부 나아가서 김영삼 정부 때까지도 세지마를 무슨 양심 있는 일본의 대단한 지식인인 듯 글을 써댔던 게 한국의 기자들이었다. 기가 막힌 건 노무현 정부 때도 이런 말도 안 되는 기사가 나왔다는 것이다.

그 중심에 〈중앙일보〉가 있었다. 이병철과 세지마와의 돈독한 관계 때문인지는 몰라도 〈중앙일보〉는 여러 차례 세지마를 미화하는 기사를 냈다. 세지마가 사망했던 2007년 9월의 기사 제목은 '한일 징검다리 역 40여 년, 세지마 류조 전 일본 이토추상사 회장 타계'였다.

세지마는 전두환이 백담사에 유배되었을 때도 선물을 보내며 그를 위로했고, 노태우는 자신의 퇴임 후 문제를 상의할 정도로 세지마와 가깝게 지냈다.

세지마 류조는 전두환과 처음 만났을 때 전두환에게 글 하나를 써주었는데, 이 글귀는 퇴임하며 백담사에까지 유배된 전두환이 결코 잊을 수 없는 그의 화두가 되었다.

"나갈 때는 이름을 내려 하지 말고, 물러날 때는 죄를 피하지 말라."

야쿠자와 한국의 검은 커넥션 :
고다마 요시오

마지막으로 등장하는 인물이 고다마 요시오다. 고다마 요시오는 청년 시절을 한국에서 보냈는데 그가 졸업한 고등학교가 바로 선린상고다. 선린상고를 졸업한 고다마는 중국으로 넘어가 각종 이권에 개입해 돈을 많이 번 것으로 알려졌고, 특무대에서 활동했다는 기록도 있으나 정식 군인이 아니라 비공식 별동정보부대를 이끄는 사설정보대장이었다는 이야기도 있다(자기 입으로는 특무대라고 얘기했다). 패전 후 일본으로 귀국하는 그의 짐 속에 금괴 상자가 하나 있어 이 돈으로 로비 등을 했다고 전해지지만, 워낙 베일에 싸인 인물이라 어떤 게 정설인지는 확인되지 않고 있다.

어쨌든 확실한 건 그가 우익의 깡패 로비스트였다는 점이다.

고다마는 박정희가 정권을 잡기 전부터 일본에서 알아주는 막후 정치가였다. 재일 교포 깡패 정건영의 '동성회'가 야마구치구미로 안전하게 밀고 들어갈 수 있었던 데에도 고다마 요시오의 힘이 컸고, 쿠데타를 통해 집권한 한국 정부가 최영택과 정건영을 이용해 고다마와 연줄을 댄 것도 이 때문이었다.

박정희 정권이 한일협정을 순조롭게 맺기 위해서는 고다마 요시오의 힘이 절대적으로 필요했다. 왜? 일본에는 친한파만 존재하는 게 아니기 때문이다. 박정희는 기시 노부스케 등을 통해 이미 일본 내 친한파의 협조를 받아놓은 상태였지만 반한파들이 반대하는 이상 협정이 순조로울 수는 없었다. 그 반한파들을 설득할 수 있는 끈을 고다마 요시오가 갖고 있었던 것이다. 정건영을 통해 고다마 요시오를 알게 된 최영택 중정국장은 즉시 고다마의 화려한 대저택으로 찾아간다.

"한일협정을 위해서는 고다마 상의 힘이 절대적으로 필요합니다. 우리를 도와주시기 바랍니다."

"저와 한국과의 인연도 깊으니 그렇게 합시다."

고다마는 망설임 없이 화답했다. 젊었을 때부터 각종 이권에 개입하여 어두운 돈을 먹고 자란 고다마 요시오가 대한민국이 자신에게 얼마나 좋은 기회인지 모를 리가 없었던 것이다. 그리하여 한국 정부는 고다마 요시오를 통해 반한파들까지 한일협정에 협조하도록 만들었다. 기시 노부스케가 한국으로부터 일등수교훈장을 받았을 때, 고다마는 이등수교훈장을 받았다. 이렇게 되자 고다마의 한국 내 위상은 높아질 수밖에 없었다. 그는 뻔질나게 한국을 드나들었고 각종 사업과 정치적 사건에 개입하게 된다.

일화 하나, 한일협정에 기여한 공로로 고다마는 한국의 실세들과 자주 어울렸는데 김형욱 중정부장, 김종필의 형 김종락, 김용태, 5.16 쿠데타 때 박정희를 도운 육사 8기 석정선 등과 술집에서 니나노를 외쳤다. 김용태, 김종락, 석정선 등은 모두가 김종필 사단이다. 그래서 이들은 고다마 요시오를 만날 때마다 "박통 다음은 김종필이다", "김종필이 없었으면 박통도 없었다"며 고다마에게 협조를 요청하고 아부를 떨었다. 결국 이 내용은 박정희의 귀에까지 들어가게 되고(고다마가 박종규에게, 박종규는 박통에게 고자질) 체질적으로 2인자 발언에 알레르기가 있는 박정희는 열이 받아 증거를 가지고 오라고 한다. 그리하여 박종규는 김형욱을 통해 도청을 하게 되고, 그것도 모르고 고다마와 정건영을 만나 박통을 신나게 까고 김종필을 치켜세우던 세 사람은 곤욕을 치르게 되니, 이 사건이 바로 유명한 '고다마 불충사건'이다. 대한민국에서 내로라하는 실세들이 한낱 일본 깡패 새끼한테 잘 보이려고 툭하면 찾아가서 니나노를 외쳤으니 대한민국의 자존심이 이정도다. 이러니 만날 일본에게 당하고 비웃음을 사는 것이다.

이렇게 일본의 막후에서 로비 활동을 벌였던 고다마는 '록히드 사건'이 터지자 구속이 되었고, 재판 중 숨을 거두었다. 록히드 사건이란 록히드사가 자사의 비행기를 판매할 목적으로 고다마 요시오를 통해 일본 정부에 막대한 양의 돈을 뿌린 사건으로 자민당은 당시 수상이던 다나카 카쿠에이마저 실형을 언도받을 만큼 큰 곤욕을 치러야 했다.

초등학교 졸업장이 전부임에도 불구하고 전후 일본 최고의 정치 지도자로 각광받았던 인물이 다나카였기에, 일본 국민이 받은 충격은 엄청났다. 그래서 다나카를 조롱하기 위해 나온 오락게임까지 있었으니 그것이 바로 '아임 쏘리'다. 한국에서는 '이주일'이라는 제목으로 오락실에 붙어 있었다.

그렇다면 일본 내 친한파들은 도대체 왜 한국을 도왔을까? 반한파들의 끊임없는 반대에도 불구하고, 세지마 같은 사람은 나고야에서 개최될 게 확실했던 올림픽까지 한국에 갖다 주면서 무슨 영화를 누리자고 한국을 도왔던 걸까?

이유는 의외로 간단하다. 일본 내 친한파들은 일본 입장에서는 진정한 보수 우익이기 때문이다. 보수 우익의 가장 대표적인 특징은 "자국의 이익을 최우선시한다"는 것이다. 즉 그들은 한국 정부를 돕는 것이 자신들의 이익에 부합되기 때문에 한국을 도운 것이다. 다른 이유는 단 1%도 없었다. 대한민국의 보수처럼 미국을 먼저 생각하고, 일본을 먼저 생각하고, 개인의 사리

사욕만 생각하면서 반대파들을 빨갱이로 매도하는 짓거리는 최소한 하지 않는다는 것이다.

이들은 크게 두 가지를 위해서 한국 정부(보수 우익)를 도왔는데 첫 번째는 냉전 체제에 따른 이념과 지정학적 한반도의 위치때문이었다. 일본의 보수 우익은 전체적으로 미국이 주도하는 세계 질서를 따르는 양상이다. 따라서 공산주의는 당연히 적이 될수밖에 없었고, 특히 소련, 북한과는 동해만 넘으면 마주하는 지근거리에 위치하고 있기 때문에 이 두 공산국가를 대단히 경계하고 있었다. 그리하여 결론은 유사시 한국이 일본의 방패막이가 되어 달라는 게 그들의 속내였던 것이다.

두 번째는 바로 '돈'이다. 앞서 언급했듯 일본 정부는 여러차례 많은 돈을 한국에 보냈다. 쌀을 거저 주기도 했다. 공장도지어 주고, 기계도 보내 주었다. 한일협정이 성사되고 75년까지이런 식으로 그들이 우리에게 퍼준 돈이 20억 달러나 되었다. 그러나 그 12년 동안 그들은 우리에게서 되레 85억 달러를 가지고갔다. 이런 대 일본 무역적자, 대 일본 경제의존도는 지금도 우리경제를 힘들게 하는 큰 요인이 되고 있다.

앞서 언급한 것처럼 박정희가 쿠데타로 정권을 잡았을 때 가장 기뻐했던 집단이 일본 내 보수 우익들이었다. 그런데 이명박이 정권을 잡았을 때도 일본 내 우익들이 기뻐했다고 한다. 어찌됐든 그의 고향이 오사카이기 때문이었으리라. 그래서 그런 가? 폭로사이트 위키리크스는 이명박의 형, 이상득이 주한 미 대사 알렉산더 버시바우에게 "이명박은 뼛속까지 친미, 친일이다"라는 발언을 했다고 폭로했다(Vice Speaker Lee said that President Lee was pro-U. S. and pro-Japan to the core so there should be no questioning President Lee's vision).

또 2008년 7월 15일, 이명박은 후쿠다 야스오 일본 총리에게 "독도의 영유권 주장에 관해 지금은 곤란하니 조금만 기다려 달라"고 발언해 논란을 일으켰다. 물론 이명박은 자신의 말을 부정했으나 그렇다면 〈요미우리〉, 〈아사히〉 신문과, 잡지 〈문예춘추〉라는 일본의 권위 있는 3개 언론사가 똑같은 내용을 똑같이 오보했다는 이야기가 된다. 나는 친일파가 아니니 우리나라 대통령 말을 믿으려고 했으나 위키리크스가 폭로한 문건에 의하면 이것도 진실이라고 하니, 일본 내 보수 우익들이 왜 이명박의 대통령 당선을 기뻐했는지 알 것 같다.

이명박의 임기가 얼마 남지 않았고 다음 대선이 코앞에 와 있는 작금의 상황, 일본의 보수 우익들은 과연 누가 대한민국의 대통령이 되길 바랄까?

코리아게이트,
박동선 사건

김연아가 동계 올림픽에서 금메달을 따자 언론은 일제히 1면 톱으로 김연아의 금메달 수상 소식을 사진과 함께 비중 있게 실었다. 혹자는 "대한민국 건국 이래 한국인이 미국 언론의 1면을 장식한 것은 김연아가 처음"이라며 흥분했는데, 사실은 김연아보다도 먼저 미국 언론의 1면을 장식한 한국인이 있었다. 그가 바로 박동선이다.

1968년 대통령에 당선된 닉슨은 이듬해 '닉슨 독트린'을 발표한다. 닉슨 독트린이란 "앞으로 미국은 베트남 전쟁 따위는 안 한다. 그러니 앞으로 아시아 국가의 자주는 자신이 지켜라. 우리는 빠진다. 각국에 파견된 미군도 단계적으로 철수할 거다" 대충 이런 내용이었다. 그리고 얼마 후 미국은 베트남 전쟁에서 패하게 되고, 미국 내 반전운동은 하늘을 찔렀다. 이 때문에 박정희 각하께서는 똥줄이 타기 시작한다. 닉슨 독트린과 미국 내 반전 분위기는 한반도 내에서 미군을 철수시킨다는 이야기가 되기 때문이다. 박정희는 닉슨과의 정상회담에서 "한반도에서의 미군 철수는 절대 있을 수 없다"며 강조했지만 미국 측은 받아들이지 않았다. 그리고 실제로 이듬해 미군이 철수하기 시작했다(7사단 1만여 명 철수).

　마음이 급해진 한국 정부는 방법을 모색하기 시작하는데 그 방법 중 하나가 '로비'였다. 로비를 통해 미국 의회를 움직이기로 한 것이다. 더군다나 박정희가 유신을 감행함으로써 당시 미국 내 한국 정부에 대한 여론은 악화일로로 치닫고 있는 상황이라 이 문제를 해결해야 할 필요성도 있었다. 그렇게 해서 중앙정보부는 로비스트 찾기에 혈안이 됐고, 로비스트 중 가장 적합한 인물로 선택된 게 박동선이었다. 박동선 이외에 재미사업가 김한조, 통일교 문선명 총재의 보좌관 박보희 등이 이 일에 관여했다. 통일교는 당시 미국에서 상당한 세를 과시하고 있었다. 워싱턴에서 30만 명이 모이는 집회를 열기도 했고, 문선명이 〈뉴스위크〉 올해의 인물로 선정되기도 했다. 통일교가 박정희와 손을 잡고 미국 내 로비 활동을 했다는 것은 정설이다.

　박동선은 재벌가의 아들(부친이 미룡상사 회장, 배재학당 이사장)로 일찍이 미국 유학길에 올라 세계적인 명문가 자제만 다닌다는 조지타운 대학에 입학해 장차 미래의 파워엘리트 계층들과 교류를 쌓았으며(아시안으로서는 최초로 조지타운 대학 학생회장까지 지냈다), 졸업 후에는 워싱턴 시내에 '클럽 조지타운'을 차려 화려한 인맥을 자랑하는 인물이었다. 조지타운 클럽의 파티는 호화롭기로 유명했고, 출입하는 인사들도 명망가들만으로 구성되었다. 이름 없는 나라의 옐로 몽키가 화려한 금발의 여성들, 내로라하는 미국 정재계 인사들과 친분을 과시한다는 것은 당시로서는 상상하기 힘든 모습이었다. 즉 한국 정부가 미국 로비의 적격자를 찾고 있을 때, 이미 박동선은 미국 내에서 알아주는 저명인사였던 것이다. 중앙정보부는 즉시 박동선과 접촉을 시도한다.

"미스터 박, 우리가 당신한테 줄 돈은 없고, 당신이 알아서 벌어가지고 로비 좀 해라. 조국이 가난한 거 당신이 더 잘 알잖아. 애국한다 생각하고 당신 돈으로 로비해."

"로비가 한두 푼으로 되는 것도 아니고, 내가 무슨 돈병철이냐? 안 돼."

"아, 물론 순전히 당신 주머니에서 빼란 얘기는 아니야. 우리도 염치가 있지. 당근 하나 줄게, 이거 보고 결정해. 당신도 알다시피 우리나라는 매년 쌀이 부족해. 연간 한 100만 톤 정도? 그래서 항상 다른 나라에서 수입을 해야 되는데 그거 당신한테 독점줄게. 어때? 구미가 확 당기지?"

"오케이, 진작 말하지. 그 정도면 로비 아니라 로비 할아비라도 하지."

박동선은 로비 대가로 쌀 수입 독점권을 한국 정부에서 불하받았다. 당연히 막대한 차익이 쏟아졌고, 박동선은 이 돈으로 미국 국회의원들에게 로비를 한다. 조건은 간단했다. "주한미군 철수는 안 된다고 발언해라", "한국에 인권 문제를 건드리는 것은 내정간섭이라고 주장해라", "유신을 지지한다고 말해라" 뭐 이 정도 되겠다.

옛말에 어디 틀린 말이 있겠나? 소금 먹은 놈이 물 찾는다고 실제로 박동선에게 돈을 받은 미국 국회의원들이 한국에 대한 우호적인 발언을 하기 시작했다. 그러나 문제는 역시 언론이었다. 워터게이트 사건을 터뜨려 미국을 충격으로 몰아넣은 〈워싱턴포스트〉가 박동선 사건을 다루며 "한국 정부가 미국 의회에 로비를 했다"는 일명 '코리아게이트'를 특종 보도한 것이다. 미국 사회가 술렁이기 시작했다.

미국인들이 갖고 있는 '게이트'의 의미는 우리가 상상하는 이상이다. 워터게이트로 미국 건국 이래 최초로 대통령이 물러나는 초유의 사태를 맛본 미국인들은 게이트라는 단어만 들어도 움찔할 정도였다. 당연히 코리아게이트 사건은 전 미국인들의 관심을 한곳으로 집중시켰다.

미국은 한국 정부가 주도적으로 미 의회 의원들에게 로비를 했다고 의심해 박동선을 소환하여 조사할 것을 결정했다. 그러나 박동선은 사건이 터졌을 때 한국에 들어와 있었고 한국 정부는 박동선의 신병 인도를 거부한다.

"본인이 안 간다는데 우리 정부 힘없다. 당신 나라가 툭하면 말하는 게 인권 아니냐? 그걸 존중해서 우린 보낼 수 없다."

그러나 미국은 끈질기게 박동선의 신병 인도를 요구했다.

"박동선을 안 보내는 거 정부가 관여해서 그런 거잖아. 뭔가 켕기는 게 있는 거지? 안 그러면 왜 안 보내는데? 좋은 말로 할 때 보내라. 아메리카가 까라면 까야지 뭔 말이 이렇게 많아!"

이렇게 시끄러워지자 정부는 박동선을 아예 런던으로 보내버렸다.

"몰라, 걔 런던 갔어. 우리나라에 없는 애를 미국으로 어떻게 보내?"

이런 상황에서 미국 정보부가 청와대를 도청했다는 이야기가 퍼졌다. 한국으로서는 보내기 싫은 박동선을 붙잡아 둘 핑계가 하나 더 생긴 것이다.

"감히 청와대를 도청해? 박동선이 못 보내!"

박동선을 데려오는 데 여러 문제점에 봉착한 미국은 박정희의 아킬레스건을 건드리며 한국을 압박하기 시작했다. 당시 미국에 망명 중이던 김형욱(전 중앙정보부장)을 청문회로 불러 증언대에 세운 것이다. 역으로 한국 정부가 똥줄이 타는 상황이 되었다.

그리하여 결국 양국은 정치적 합의에 이르게 되는데, 합의 내용은 박동선을 미국으로 보내 조사를 받게 하는 대신 그에게 '면책특권'을 주어서 인신 구속을 하지 않는다는 것이었다.

미국은 박동선을 구속하는 것보다 의회 내 부정부패 의원들을 찾아내어 처벌하는 데 목적이 있었고, 한국은 정부와는 무관하게 박동선 혼자 한 일이라고 발뺌하는 게 목적이었기 때문에 양국의 이해가 맞아떨어진 것이다.

1978년 2월 23일 미국으로 건너간 박동선은 미국 상·하원 윤리위원회 증언에서 한국에 대한 쌀 판매로 약 920만 달러를 벌어 800만 달러를 로비 활동 등에 지출했다고 밝혔다. 그리고 4월 3일 공개 청문회에서 전 하원의원 해너 등 32명의 전·현직 의원들에게 약 85만 달러의 선거 자금을 제공하였으며 1972년 대통령 선거에서 공화당 후보 닉슨에게도 2만 5천 달러를 제공하였다고 밝혔다. 그러나 박동선은 이 자금은 로비도 아니고 한국 정부의 지시도 받지 않았다고 강력 주장하였다. 한국 정부로부터 단돈 1원도 받은 바가 없고 의원들에게 건넨 돈은 친분에 의한 정치자금이었지 로비는 아니었다고 말한 것이었다.

워터게이트 사건을 파헤쳤던 담당 검사가 한국의 중앙정보부 보고서, 박동선의 금전 출납부 등 다양하게 증거를 제시하며 한국 정부가 관여한 로비사건이라며 몰아붙였지만 박동선은 검사가 짠 그물을 유유히 빠져나갔다. 결국 123명의 미 정치인과 관료들이 소환되고 1,500명이 넘는 참고인 진술이 이루어졌으나, 현직의원 1명만 뇌물수수로 유죄 판결을 받고, 3명이 의회 차원에서 가벼운 징계를 받는 것으로 이 사건은 마무리되었다.

제2의 워터게이트 사건이라 불리며 한국과 미국을 뒤흔들었던 코리아게이트는 결국 실체 없이 종결된다. 이후에도 박동선은 미국에서 명망 있는 사회지도층으로 활동하며 로비스트로 꾸준히 언론에 이름이 오르내린다(사건 이후 박동선의 이름이 전 세계적으로 알려져 중동, 남미, 일본에서까지 박동선에게 로비 활동을 해달라고 요청이 왔다).

2006년 유엔의 이라크 석유·식량 계획과 관련하여(갈리 전 유엔사무총장의 고문이 박동선이었음) 이라크로부터 250만 달러를 받은 혐의로 체포되기도 했던 박동선은 여전히 자신은 애국자임을 주장하고 있고, 지금도 알게 모르게 한국을 위해 로비를 하고 있다고 말하고 있다. 박동선은 "한국이 로비를 제대로 하지 못하기 때문에 여기저기서 차인다"고 발언하기도 했는데, 과연 로비가 나쁜 것일까, 좋은 것일까? 정당한 걸까, 비겁한 걸까? 국익을 위한다는 게 무엇일까?

박근혜의 남자

박정희 정권 때부터 30년 이상 세간의 입에 오르내리는 박근혜와 최태민. 그 이상한 관계에 대해 이야기해 보자. 그러나 혹 잘못 썼다 잡혀 들어갈 수도 있으니 민감한 부분은 패스하고, 세간에 떠도는 얘기를 취합하는 수준에서 쓰겠다.

결론부터 이야기하자면 최태민과의 관계만 보더라도 박근혜는 대통령이 될 자격이 없는 사람이다. 그는 지금껏 단 한 번도 검증이라는 것을 받아 본 적이 없다. 그런 모습을 보인 적도 없다. 김대중은 약관의 나이에 자기 사업을 일으킨 사람이고, 1만 권 이상의 책을 읽고, 40권 이상의 저서를 남겼다. 경제·통일 분야에서 나름의 이론을 정립시켰고, 최고의 웅변가 중 한 사람이었으며, 국회도서관을 가장 많이 찾은 의원이기도 했다. 노무현은 판사를 역임했고, 변호사 시절에 뛰어난 승소율을 보였으며, 노동자를 이해하는 의원이었고, 노·사·정을 중재하는 능력도 보여주었다. 지방 행정과 분권에 일가견이 있었고, 해양수산부 장관 시절에는 뛰어난 행정 능력을 보여주기도 했다.

반면 박근혜는? 자기 손으로 번 돈이 단 한 푼도 없는 사람이다(국회의원 세비는 제외). 행정 능력도 검증받은 적이 없다. 아버지 후광으로 국회의원이 된 뒤 지금껏 온 게 전부다. 이렇게 불안하고 검증받지 않은 사람이 대통령이 되어서야 쓰겠는가? 아직 잘 모르겠다고? 그럼, 아래 내용을 자세히 읽어주기 바란다. 희대의 사기꾼 최태민에 대해서 박근혜가 어떻게 행동을 했는지. 저절로 한숨이 나올 것이다.

1990년 박근혜의 동생인 박근령과 박지만이 노태우 대통령 앞으로 탄원서를 한 통 보낸다. 12페이지 분량의 탄원서 내용을 요약하면 다음과 같다.

"최태민 목사의 전횡과 횡포와 비리가 너무 심하다. 우리 언니와 우리 가족을 최태민에게서 구해 달라. 언니 말은 믿지 말라. 언니는 최태민에게 속아 최태민을 옹호하고 있다. 대통령만이 우릴 구해줄 수 있다."

이 탄원서로 최태민과 박근혜의 관계에 대해 세상 사람들이 궁금해 하기 시작했다. 그러나 최태민과 박근혜의 이상한 관계는 박근혜가 최태민과 처음 어울리기 시작할 때부터 여러 곳에서 말이 나왔었고, 둘 사이를 떼어놓으려는 시도도 여러 번 있었다. 그러나 시도는 번번이 실패로 돌아갔다. 문제가 불거질 때마다 박근혜가 최태민을 보호했기 때문이다. 자, 그러면 이 목사라고 하는 최태민이 어떤 인간인지 찬찬히 살펴보자.

최태민이 박근혜를 처음 만난 게 1975년 초의 일이다. 이때 벌써 최태민은 환갑을 훌쩍 넘긴 나이였다. 호적엔 1912년생으로 되어 있지만, 호적을 여러 번 바꾸었기 때문에(이름도 여러 번 바꾸었다) 확실한 나이는 알 수 없다. 단, 1910년대에 태어났다고만 추측할 뿐이다.

이북 출신으로 일본 순사질을 하다가 해방 후 남한으로 내려와 경력을 살려 대한민국 경찰이 된 최태민의 기이한 인생 역정이 시작된 것은 전쟁이 터지면서부터였다. 군에 잠깐 복무했던 최태민은 어느 날 갑자기 절로 들어가 머리를 깎고 중이 된다. 이 부분에서 떠도는 말은 최태민이 결혼도 여러 번 하고 자식도 많은 등 여성 편력이 상당했다는 것이다. 그래서 그중 한 여성이나 부인이 최태민을 혼인빙자간음이나 간통으로 고소하는 바람에 이를 피하기 위해 산으로 들어갔다는 말이 있다.

산에서 내려와 서울행 열차에 몸을 실은 최태민은 승려라는 신분을 살려 이번에는 불교협회의 간부가 되고, 이를 이용하여 '한국복지사회'의 수장직에 오른다. 그러나 곧 주가위반 혐의로 검찰에 쫓기는 신세가 돼 다시 잠수를 타고, 얼마 뒤 속세에 나타나 이번엔 천주교 세례를 받는다. 천주교 세례를 받은 최태민은 사이비 종교를 창설, 교주에 올라 아픈 사람 낳게 해준다는 사이비 종교 전용 멘트를 남발해 많은 돈을 번다. 우스운 것은 최태민의 사기가 꽤 먹혀들었다는 것. '플라시보 효과'라고 할 수 있을 텐데, 진짜 아픈 사람들이 최태민을 보고 나면 병이 낫는다는 소문이 퍼져 교세는 날로 확장되었다(이걸 도대체 어떻게 해석해야 할까? 인간이 그만큼 나약한 존재인 것 같다).

사이비 종교로 많은 돈을 번 것까지는 좋으나 사이비 교주의 타이틀로는 한계가 있음을 직감한 최태민은 다시 한 번 비상한 머리를 활용한다. 그리하여 탄생한 게 바로 최태민 목사다. 종교 그랜드 슬램을 이루는 순간이다.

안수를 받지 않은 사이비 목사라고도 하고, 안수는 받았으나 안수해 준 교회 측이 사이비라는 이야기도 있지만, 최태민이 기독교 교리 공부를 한 적이 없다는 것만큼은 확실하다. 어쨌든 최태민 목사께서는 이렇게 목사질을 하며 주류에 편입하기 위해 기독교 사회를 기웃거리기 시작하는데 1974년 8월 15일, 육영수가 문세광의 총탄에 맞고 사망하는 사건이 발생한다.

박정희도 좌절했지만 가장 큰 슬픔을 느낀 것은 장녀(배다른 언니 박재옥이 있지만) 박근혜였으니, 의기소침해 하고 있던 그녀에게 어느 날 편지 한 통이 날아든다. 바로 최태민이 보낸 편지였다. 어머니를 잃고 시름에 빠진 박근혜에게 날아든 한 통의 편지. 과연 편지에는 어떤 내용이 들어 있었을까?

사실 편지 내용이야 최태민과 박근혜만 알고 있을 것이다. 그러나 최태민이 지금까지 보여준 '사자 기질'을 봤을 때 어떤 내용인지는 미루어 짐작이 간다. 그리고 편지를 보고 박근혜가 사람을 보내 청와대로 초청을 했으니 최태민의 작전은 일단 성공한 것이었다(최태민은 처음에 청와대에서 사람이 왔다고 하자 쫄아서 무릎 꿇고 무조건 잘못했다고 싹싹 빌었다고 한다. 그러다가 청와대에서 온 사람이 "박근혜가 불렀다"고 하자 갑자기 태도를 바꿔 거만하게 나왔다는 이야기가 있다).

편지 내용을 정확히 알 수 없지만 중정부장 출신인 김형욱이 회고록에서 편지의 내용이라며 밝힌 게 있다. 단, 김형욱은 뻥이 좀 심한 사람이라 신뢰가 그리 가지는 않는다. 그러나 최고의 정보력을 지녔던 중정부장이니 그냥 흘려들을 수만은 없을 것이다. 그럼, 김형욱이 밝힌 편지 내용은 무엇인지 한번 보자.

"육영수 여사가 내 꿈에 나타나 여러 가지를 알려주었다. 육여사는 사망한 게 아니라 딸을 위해 자리를 비켜준 것이다. 어머니가 말하길, 딸을 한국의 지도자, 더 나아가서 아시아의 지도자로 키우기 위해 비켜준 것인데 내 딸은 우매해 이런 것을 잘 모른다. 그러니 나대신 근혜에게 나의 말을 전해 달라……."

최태민은 위와 같은 내용의 편지를 써 보냈고, 박근혜는 사람을 시켜 그와 만나게 된 것이다.

박근혜와 만난 최태민은 특유의 사람 꾀는 재주로(종교 그랜드 슬램을 달성했던 사람임을 잊지 마시길 바란다. 특히 사이비 종교의 초대 교주였다) 박근혜를 완전히 홀려 버린다. 박근혜는 이런 사기꾼에게 넘어갈 정도의 그릇밖에 안 되는 사람이다. 물론 이해가 가지 않는 것은 아니다. 어느 날 갑자기 어머니가 총에 맞아 사망하고, 사기꾼이 보통 사람과는 다른 삶을 살았던 어린 숙녀의 마음, 그걸 노리고 틈을 비집고 들어왔으니…… 동정이 가기도 한다. 문제는 지금 이 여자가 대권을 노리고 있고, 가장 강력한 후보라는 것이다.

최태민은 박근혜의 후광을 이용하여 여러 봉사단체를 만들어 기업이나 개인으로부터 돈을 뜯어내기 시작한다. 대기업에 찾아가 "나 최태민이야. 대한구국봉사단 등 여러 봉사선교단체를 운영하고 있어. 대통령 딸이 최대 후원자이고 이사로 있으니까 후원해" 하고 썰을 풀면 기업이나 혹은 국회의원 하고 싶어 안달하는 인간들이 알아서 바리바리 돈 보따리를 안겼던 것이다.

처음에는 박근혜를 단체의 뒤에 두었던 최태민은 어느 순간부터 박근혜를 전면에 내세우기 시작했다. 그리하여 박근혜가 맡은 단체가 '구국여성봉사단'이다. 구국여성봉사단은 얼마 안 있어 '대한구국봉사단(총재 최태민)'과 하나로 합치는데 그것이 바로 '새마음봉사단(명예총재 최태민, 총재 박근혜)'이다. 이 단체에서 79년에

새마을종합병원(이사장 박근혜)을 개원하지만, 전두환 정부 들어서
문을 닫았다. 어쨌든 새마을봉사단이 나중에 근화봉사단, 정수
장학회 등의 모태가 된다.

이렇게 박근혜가 자신의 말을 철석같이 믿고 따르자 최태민
의 비리와 전횡은 갈수록 심해진다. 간이 배 밖으로 튀어나오기
시작한 것이다. 공금을 횡령하는 것은 물론이요, 장부를 조작하
고, 심지어는 청와대에 직접 이권 청탁까지 하는 지경에 이르렀
다. 최태민이 구국봉사단 하나만을 활용해 저지른 비리를 살펴보
면 횡령이 14건, 권력형 비리 13건, 이권 개입 2건, 변호사법 위
반 11건, 사기 1건, 융자 간여 3건 등 총 40건이 넘었다. 이렇게
되니 최태민에 대한 안 좋은 소문이 당연히 나오게 되었고 청와
대 비서진들, 특히 친인척 비리를 다루는 민정수석실은 비상이
걸리게 된다.

민정수석실이 최태민의 비리를 조사하기 시작하고, 이즈음
의식 있는 여러 사람이 최태민과 박근혜의 관계를 단절시키기 위
해 음양으로 노력을 했지만, 그때마다 박근혜의 감싸기로 최태민
은 끈질기게 생명력을 유지한다.

민정수석실이 최태민의 비리를 조사하여 박정희에게 보고
했지만, 불같이 화를 내리라 생각했던 것과는 달리 박정희는 아
무런 반응을 보이지 않았다. 어머니를 잃고 시름에 빠졌던 딸이
드디어 밖으로 나와 활동하게 된 것이 최태민 덕이라고 생각했

던 박정희는 그 정도 문제야 덮어도 괜찮다고 생각한 건지도 모르겠다. 그러면서 보고를 한 비서관에게 오히려 "네가 근혜한테 직접 얘기해라, 난 모르는 걸로 하고"라고 말하며 비서관을 돌려보낸다.

대통령의 지시를 받고 박근혜에게 최태민의 비리를 보고했지만 결론이야 뻔한 것 아니겠나? 오히려 박근혜는 박통을 설득하기에 바빴다. 최태민은 잘못이 없다는 것이다. 그래서 해결사로 등장한 사람이 바로 김재규 중앙정보부장이었다.

김재규는 중정부장이지만 나름 정의와 양심을 아는 인간 중에 하나였다. 그러니 김재규의 눈에 최태민이 예뻐 보일 리가 없었다. 그리하여 이번에는 중정에서 최태민의 비리를 조사하기 시작했고, 중정에서까지 최태민이 문제 있다는 보고가 올라가자 박정희는 더 이상 참을 수가 없었다. 그런데 문제가 있다면 법으로 해결하든지, 1인 철권통치 시대였으니 최태민을 다시는 딸 옆에 오지 못하게 흠씬 두들기면 될 텐데, 박정희는 이상한 방법을 쓴다. 그게 바로 '친국'이라고 하는 것이다.

이 '친국' 사건은 굉장히 유명한 이야기인데, 그만큼 보기 드문 일이었다. 즉 조선시대처럼 왕이 죄인을 직접 불러 "네 이놈! 네 죄가 뭔지 알렸다. 사실을 고하지 않으면 주리를 틀어버릴 테다"라는 시추에이션을 한 것이다. 청와대에서 이뤄진 '친국'에는 박정희, 최태민, 박근혜, 김재규, 그리고 중정의 수사담당자가 참가했다. 김재규가 최태민에 관한 비리 내용을 말하고, 박정희가 최태민에게 사실 여부를 묻고, 최태민이 핑계를 대고, 박근혜가 최태민 편을 들고, 김재규가 거짓말하지 말라고 최태민을 다그치는 상황이 연출된 것이다.

　친국의 결과는 어떻게 되었을까? 일단 박정희, 김재규, 박근혜 세 명의 각자의 속마음을 들여다보자. 다음은 실제 있었던 일을 바탕으로 필자가 추측한 것이다.

박정희 : 검찰에 정식으로 조사를 시켜야겠다. 그러나 될 수 있으면 구속은 피해야 한다. 구속이 되면 세간의 입에 오르내리고 그럼 근혜에게 피해가 갈 수밖에 없다. 근혜의 이미지가 손상되는 것이다. 그리고 저렇게 근혜가 단식투쟁까지 벌이며 고집을 피우는데 구속까지 시키면 조금 매정할 것 같다.

박근혜 : 김재규? 웃기네. 중정 보고서? 그게 뭔데? 증거 있나? 전부 그냥 소문만 나열한 거 아닌가? 그리고 최 목사님은 보고서를 일일이 다 반박하셨는데 김재규는 그렇지 못했다. 그러니깐 아버지가 없던 일로 하라고 했지······ 최 목사님 파이팅!

〈정치〉 부패, 음모, 그리고 밀실의 정치사

김재규 : 바본가? 딸이 예쁘면 이런 걸 더 확실히 컨트롤해야지. 지금 세간에 얼마나 나쁜 소문이 나돌아 다니는데 이런 사기꾼 같은 인간을 그냥 두라면 어떡하라는 거야(실제로 김재규는 10.26 사건의 항소이유서에서 최태민 사건을 박통을 살해한 이유 중의 하나로 꼽기도 하였다)?

박정희는 결국 최태민을 용서한다. 단, 앞으로 박근혜 곁에 최태민이 오는 것을 금지하라는 엄명을 내렸다. 그러나 그게 그리 쉽게 되겠는가? 바람난 딸년 못 나가게 머리 다 깎아놨더니 보자기 싸매고 나가더라는 옛날 말이 괜히 나온 게 아니다.

어쨌든 박통의 엄명으로 박근혜와 최태민은 분명 예전 같은 사이가 되지는 못했다. 이런 관계가 계속 지속됐다면 아마 자연스럽게 두 사람 사이는 멀어졌을 텐데, 공교롭게도 79년 박통이 사망하게 되면서 박근혜가 다시 최태민을 찾게 된 것이다.

그런데 박통의 사망사건을 조사한 사람이 바로 전두환 아닌가! 김재규의 항소이유서에도 나와 있는 최태민을 전두환이 그냥 두고 볼 리 만무했다. 이학봉을 시켜 최태민 조사를 지시한 전두환은 비리 사실이 나오자 그를 감금, 강원도에 있는 군부대로 보내버린다.

1년 뒤, 감금에서 풀려난 최태민은 서울로 돌아오게 되고 82년 박근혜가 육영재단 이사장이 되자 그때부터 육영재단 일을 맡아보기 시작했다. 그러면서 그의 가족들까지 박근혜가 하는 여러 일에 감투를 받고 지랄을 하니 박근혜의 동생들이 참을 수가 없었던 것이다.

최태민은 천수를 누리다 94년에 사망하는데 죽으면서 그가 다섯 명의 부인과 아홉이나 되는 자식들에게 남긴 재산만 수백억 원대였다. 그러나 박근혜는 아직도 꿈에서 깨지 못하고 뭐가 진실이고 거짓인지 분간조차 못하고 있으니 답답하기만 할 따름이다.

다음은 〈월간조선〉이 2007년 대선 전에 이명박·박근혜 양강 대결로 치러진 한나라당 대통령 후보 검증 절차의 단계로 박근혜에게 보낸 공개질의 내용 중에 하나다.

질문 : 고 최태민 목사는 박 후보에게 어떤 분이셨는지 말씀해주십시오.

답 : 어머님께서 돌아가신 후 힘들었을 때 내가 흔들리지 않고 바로 설 수 있도록 많이 도와준 고마운 분입니다.

MBC가 공영방송이 된 이유

도대체 왜, MBC 사장의 임명권과 해임권을 방문진에서(방문진 이사진의 임명권은 방송통신위원회에 있고, 이사장은 대통령이 임명함) 가지고 있는지 궁금해 할 독자들이 계실 텐데, 이 기회를 빌려서 이야기를 해 보도록 하자. 정답을 미리 밝히자면 우리의 위대한 영도자 박정희와 전두환 각하 때문이다.

원래 MBC는 민영방송으로 출발했다. 부산의 거부 김지태(MBC 초대~3대 사장)가 1959년에 부산방송을 인수, 1961년에 서울에 문화방송을 설립한 것이다.

김지태는 부산상고 출신으로 부산에서는 이름만 대면 알아주는 거부 정치인이자 사회사업가였다. 진영중학교와 부산상고

재학 시절 줄곧 김지태의 장학금을 받은 인물이 바로 노무현이다. 만일 김지태의 장학금이 없었다면 노무현은 일찍이 학업을 중단했을 것이다. 이런 연유로 노무현은 항상 김지태에게 빚을 지고 있다고 생각했고, 마침 김지태의 후손들이 국가를 상대로 손해배상 청구소송을 내자 노무현이 담당변호사를 맡아 승소했다. 당시 소송액이 100억 원대의 거액이어서 세간의 이목을 집중시켰는데 이 재판에서 승소함으로써 노무현의 명성이 세상에 알려지기 시작했으니 묘한 인연이라고 할 수 있을 것이다.

당시 김지태는 국회의원을 역임하고 부산일보, 문화방송, 삼화고무 등의 회사를 설립해 운영하고 있었으며 부일장학회를 만들어 장학사업도 하고 있었다(논란이 되는 그의 친일 행적은 여기에서는 다루지 않겠다). 그런데 이런 부산의 유지 김지태에게 어둠이 닥치니 5.16 쿠데타가 바로 그것이다. 쿠데타로 집권한 박정희는 김지태를 부정축재자 혐의로 감옥에 집어넣었다. 김지태는 7년형을 구형받는데 그때 박정희가 제안을 한다.

"당신 재산 나라에 기부해라. 그러면 풀어주겠다."

김지태는 어쩔 수 없이 제안을 받아들였고 그날부터 그가 가지고 있던 부산일보, 부산MBC, MBC, 부일장학회를 나라에 헌납하게 된 것이다. 이렇게 김지태의 헌납 재산으로 만든 재단이 바로 '5.16장학회(훗날 정수장학회)'되겠다.

그런데 웃긴 건, 김지태가 자의든 타의든 국가에 재산을 헌납했으면 이것이 국가 재산이어야 할 텐데, 실상은 그렇지 않다는 데에 있다. 5.16장학회의 이사장은 줄곧 박정희의 측근들이 도맡았고 전두환 정권 출범 이후, 박정희의 '정'과 육영수의 '수'를 따 '정수장학회'로 변경하는데 이때 이사장이 박근혜였던 것이다. 문제가 시끄러워지자 2005년 박근혜는 이사장직에서 사임하고 최필립이라는 인물이 이사장직에 오르는데, 그 역시 박근혜의 최측근 중에 한 명이니 할 말이 없다.

정리하면 나라에 헌납한 김지태의 재산이 박정희 개인의 5.16장학회가 된 것이다. 현재 정수장학회는 부산일보 주식 100%, 문화방송 주식 30%, 경향신문 사옥 723평, 현금 185억 원을 소유하고 있다.

그 이후 정권을 잡은 전두환은 효과적인 언론 길들이기 정책의 일환으로 '방송통폐합'을 실시한다. TBC는 KBS2가 되고, CBS는 복음방송만 하게 되는데, 이때 MBC 주식의 70%를 KBS가 넘겨받고 나머지 30%는 정수장학회가 소유하게 된다. 그리고 1988년 방문진이 설치돼 KBS로부터 MBC 주식 70%를 다시 넘겨받게 되었던 것이다('한 방송국이 타 방송의 주식을 보유하지 못한다'는 법 조항에 의해). 그렇게 해서 문화방송의 사장을 대통령 맘대로 임명하는 구조가 돼 버린 것이다.

정경政經유착보다 더 무서운 것이 바로 정언政言유착과 경언

經를유착이다. 이탈리아가 왜 지금 저렇게 막장의 나라가 되었겠나? 왜 이병철은 언론을 가지고 싶어 했고, 이건희는 〈중앙일보〉를 안 놓아 주겠는가? 다 이유가 있는 것이다. MBC가 공영방송인 이유는 대주주인 방문진과 정수장학회가 사적 이익이 없는 공적재단이기 때문에 그렇다. 그러나 이상에서 살펴본 바와 같이 방문진과 정수장학회는 비정상적인 혹은 정치적 고려에 의해 탄생된 조직들이다. 이런 집단들이 계속해서 대주주 노릇을 하는 게 옳은 일일까? 판단은 여러분 각자의 몫으로 남기겠다.

김구 암살은
한국 최초의 테러단체 소행

과연 우리나라에도 테러집단이 있었을까? 한때는 야사 정
도로 치부되던 이야기다. 교과서에도 나오지 않고, 특히 그들이
반공 우익 테러단체였기에 광복 후 우익이 정권을 잡은 대한민국
에서 철저히 숨길 필요가 있었을 것이다. 게다가 그들 자체도 비
밀주의를 표방한 결사단체였으니…….

이 극우 테러리스트들이 사회에 알려진 계기가 바로 '실리
보고서'의 발견이다. 미국 CIC방첩부대원으로 활약했던 조지 실
리가 백범 암살사건 뒤 정보를 조합해 상부에 올린 보고서가 50
년이 훨씬 지난 2001년에 발견된 것이다. 이 실리 보고서에 '백
의사'라는 단체가 등장한다. 그 후 드라마 '야인시대'에서도 백의

사와 백의사의 수령 염동진을 그려내 많은 이들의 관심을 끌었다. 그럼, 백의사라는 테러단체와 염동진은 어떤 인물이었을까?

우선 실리 보고서의 내용을 살펴보자. 실리 보고서는 백범 김구의 암살범인 안두희가 미국 CIC 소속이었으며(정보원 또는 요원, 안두희는 현역 육군 소위였다) 파시스트 우익 테러집단인 백의사의 일원이었다고 기술되어 있다. 그러면서 백의사를 다음과 같이 소개하고 있다.

"백의사는 염동진(염응택)이 만든 것으로 염동진은 항일운동을 하던 중 김구의 배신으로 중국 공산당에 붙잡혀서 모진 고문을 당했다."

이 말이 사실이라면 염동진이 단원인 안두희에게 김구를 죽이라고 살인교사를 했으며 미국 CIC도 알고 있었다는 이야기가 된다. 말로만 있었던 김구의 암살 배후에 미국이 있었다는 얘기가 되겠다. 그러나 실리 보고서는 사실도 있고 사실이 아닌 부분도 있다. 정보라는 게 항상 정확할 수만은 없으니 그럴 만도 할 것이다. 그럼 어떤 부분이 틀린 부분인가? 한번 살펴보자.

우선 안두희가 CIC의 정보요원이었다는 것은 사실인 것 같다. 안두희는 생전 여러 차례 백범 암살에 대해서 이야기했는데(강요에 의한 것도 있고 자발적인 것도 있다) 다음 날 다시 뒤집고, 몇 년 있다가 다시 뒤집고 하는 바람에 어떤 말이 진실인지는 알 수가 없지만, 미국의 개입이 있었다는 것은 은연중에 여러 차례 말한 바 있다. 고로 안두희가 CIC와 어느 정도 연계가 있었다는 건 맞는 것 같다.

그렇다면 안두희는 백의사 단원이었는가? 이것도 맞는 것 같다. 백의사의 단원인 이성렬은 〈월간조선〉이나 문화방송과의 인터뷰에서 안두희는 백의사의 단원이 아니라고 증언했지만, 백의사 단원들도 누가 백의사인지 몰랐다고 하는 게 정설이다. 염동진만 알고 있었을 것이다. 그만큼 백의사는 비밀 단체였다(훗날 신민당 당수가 되는 유진산도 백의사 단원이었다). 염동진은 요인 암살을 지시할 때는 물론이고 단순히 사람을 만날 때도 자물쇠 달린 쪽방에서 일대일로 만날 정도로 보안을 유지했다. 그래서 혹자는 백의사가 전성기일 땐 단원이 3만 명도 넘었다는 주장도 한다. 그러니 좌익과 공산세력을 굉장히 싫어했던 안두희가 같은 과인 염동진과 만났다는 것을 이상하다고는 볼 수 없을 것 같다. 여러 사람의 증언도 있다.

그러나 김구가 밀고를 하는 바람에 염동진이 중국 공산당에 잡혔다고 하는 것은 사실이 아니다. 염동진이 선린상고를 졸업하고 만주에 있는 무장학교를 나온 뒤의 행적이 확실치 않기 때문에 이런 이야기가 나온 것 같은데 염동진의 조카는 MBC '이제는 말할 수 있다'에서 염동진이 직접 밝혔다며 중국 공산당이 아닌 일본 관동군에 잡혀 고문을 받고 시력을 서서히 잃었다고 증언했다. 염동진은 월남 이후 완전히 시력을 잃어버리는데 그래서 항상 선글라스를 꼈으며, 사람들은 그를 맹인장군, 블라인드제너 럴이라고 불렀다. 그리고 관동군에게 협조했다는 증언도 했는데 이것은 학계의 정설이다. 따라서 염동진이 고문 후 일본 관동군 에 협조를 했고, 그런 이력은 그가 고향인 이북에서 활동하는 데 상당한 제약이 되었을 것이다. 이북은 남한과 달리 민족반역자 들을 확실히 처단했기 때문이다. 그래서 염동진은 좌익 테러에 앞장서게 되었고, 현준혁을 암살해 북한에서의 활동이 어렵게 되 자 월남을 하게 된 것이다.

또 실리 보고서와는 다르게 김구와 염동진의 사이가 그리 나쁘지는 않았다. 물론 염동진이 과거에 김구 계열이 아닌 이청 천 계열이기는 했지만 그렇다고 김구와 사이가 나빴다는 것은 어 불성설이다. 더욱이 백의사의 단원들은 거의 모두가 김구를 추 종했다는 이야기가 있고, 김구가 암살되고 이 소식을 들은 염동 진이 불같이 화를 냈다고 하는 이야기도 전해지는 걸 보면 김구 의 암살 뒤에 염동진이 있다는 얘기는 맞지 않는 것 같다(그럼 누 가? 이승만이 주도하고 미국이 수수방관했을 것이다. 미국과 이승만에게는 남북합작을 주도하는 김구가 절대 예뻐 보일 수가 없었다. 그렇게 되면 남한 단독의 정부 수립이 불 가능하게 되기 때문이다).

어쨌든 이렇게 실리 보고서에 언급된 백의사가 어떤 단체였 으며, 어떻게 만들어졌고, 또 어떤 활동을 했는지 지금부터 천천히 살펴보자.

백의사는 염동진이 1944년에 설립한 '대동단'이 모체다. 나중에 백의사로 바뀌게 되는 대동단이 어떤 활동을 했는지 구체적으로 밝혀진 바는 없지만, 항일단체였던 것만은 분명한 것 같다. 해방 뒤 백의사는 좌익 공산 세력을 소탕할 것을 결심하는데, 그 첫 피해자가 현준혁이다. 현준혁은 해방 한 달 만에 피살을 당한다. 즉 현준혁이 해방 후 테러로 숨진 중요 인사 제1호였다.

해방 후 미군정 시기의 조선은 말 그대로 무법천지였다. 혹자는 가장 자유가 많이 주어진 시절이라고도 하지만 책임 없는 자유는 방종이 아니겠는가? 당시 테러로 인한 사망 사고는 셀 수도 없을 만큼 많이 일어났다. 김두한이 자기 입으로 죽였다고 말한 사람만 해도 몇 백 명 정도니 오죽했겠는가?

현준혁은 사회주의 사상을 처음으로 퍼뜨린 사람 정도로 생각하면 편할 텐데, 어찌됐던 그는 백의사의 총탄에 희생되었다. 현준혁의 암살 배후는 계속 미제로 남아 있다가 백의사란 존재가 수면 위로 떠오르면서 당시 백의사 단원들의 증언에 의해 알려졌다. 다음에 쓸 여운형이나, 송진우의 암살도 누가 배후인지 정확한 실체는 밝혀지지 않았지만 백의사가 깊숙이 관련되어 있는 것만은 사실이다.

학계에서는 '백의사 뒤에 누가 있느냐?' 하는 게 궁금한 점일 것이다. 염동진은 현준혁의 살해 배후조정 혐의로 붙잡혔지만 부인 최성률이 소련 장군의 부인에게 로비를 벌여 풀려난 뒤 더 이상 이북에 살 수 없음을 깨닫고 월남을 하게 된다. 월남을 한 염동진은 궁정동에 백의사 본부를 차리고 본격적으로 요인 테러 및 암살에 들어간다. 나중에 같은 우익이라고 할 수 있는 박정희가 백의사 본부가 있던 궁정동에서 총을 맞고 죽었으니 역사의 아이러니라고 할 수 있겠다.

두 번째 거물 희생자는 송진우였다. 독립운동가이자 언론인, 교육자였던 송진우는 해방 후 미국의 힘을 이용하려는 모습을 보였는데 이것이 신탁통치 찬탁 행위로 오해를 사게 되었고(송진우는 사실 반탁 운동자였다는 설도 있다. 해방 후 찬·반탁 논쟁이 치열하게 일었는데 대개 좌익이 찬탁, 우익이 반탁을 주장하였다. 초기에는 좌익도 반탁이었음) 찬탁이 빨갱이들이나 하는 주장이라고 생각했던 한현우에게 암살을 당한다.

한현우는 백의사의 지시를 받았다. 그러나 겉으로 나타난 사실은 이렇지만(사실 한현우가 백의사인지 아닌지도 불분명하다) 송진우의 암살에는 묘한 구석이 있다. 송진우는 45년 말에 암살되었는데 이즈음의 국내 기류는 김구가 이끌던 임시정부가 나라를 맡아야 한다는 움직임이 높았다. 그런데 송진우는 이를 거부했다. 송진우는 임시정부가 자신들의 권리를 주장하며 미국을 건드려서 좋을 게 없다는 논리를 펴기도 했고, 신익희 등에게는 직접적으로 "임정이 한 게 뭐가 있냐?"는 말을 하기도 했다. 그래서 김구가 백의사를 시켜 송진우를 암살한 게 아니냐는 말이 나오게 되는 것이다. 한현우는 법정에서 "송진우를 저격했다고 하니 이승만과 김구가 잘했다고 칭찬했다"는 이야기도 했었다. 혹자들은 김구를 간디와 같은 평화의 상징으로 보기도 하는데 김구는 간디와는 질적으로 다른 사람이다. 간디가 비폭력 평화를 내세운 데 반해 김구는 절대적으로 폭력을 동원, 안 되면 테러라도 해서 평화를 관철시키려고 한 사람이다. 안중근 의사나 윤봉길 의사도 김구를 만나고 거사를 감행했다는 사실을 주목할 필요가 있다. 그러니 송진우 암살의 배후에 김구가 있었다는 말이 나와도 이상할 게 하나 없는 것이다.

송진우를 암살한 백의사는 다음 목표로 대형 프로젝트를 계획한다. 바로 김일성을 죽이는 것이었다. 남한 내 좌익들을 때려잡아 봐야 별 효과도 없으니 가장 확실한 김일성을 죽이기로 결정한 것이다. 디데이는 1946년 3월 1일로 잡는다. 이날 김일성은 평양역 광장에서 삼일절 기념연설을 할 예정이었다.

선발대로 김형집, 최기성 등이 미리 파견되었으나 염동진은 보다 확실히 계획을 실천하기 위해 이성렬을 불러 "선발대가 계획대로 하면 그냥 두고, 그렇지 않으면 선발대를 죽여라" 하고 이중으로 거사를 준비했다. 그러나 일은 초장부터 어그러진다. 원래 수류탄을 던지기로 한 김재철이 그를 수상히 여긴 북쪽 정보원의 미행으로 행사장에 나타나지 못한 것이다. 이제나 터질까 저제나 터질까 기다리던 다른 대원들은 허탈감에 빠지고, 그 사이 김일성은 연설을 끝내고 연단에 앉았다. 결국 어쩔 수 없이 김형집이 가지고 있던 수류탄을 던졌는데, 훈련도 되어 있지 않았고(신익희가 훈련장을 제공했다는 설이 있다), 원래 던지기로 한 사람이 아니었기 때문에 긴장했던 탓인지 안전핀을 제대로 뽑지 않고 투척하는 바람에 수류탄은 연단 밑으로 굴러떨어졌고, 이를 소련군 장교가 집어서 멀리 던지려고 하는 순간 수류탄이 폭발하고 말았다(소련 장교는 팔이 절단되는 부상을 당해 지금도 공화국의 영웅으로 남아 있다). 결국 거사는 실패로 돌아가고 만 것이다.

김일성 암살 계획이 실패로 돌아가자 이북은 김일성에 대한 경계를 한층 강화했고, 백의사는 김일성을 제외한 공산당 거두들을 살해할 계획을 세워 최용건, 김책, 강량욱 등의 암살을 시도하지만 모두 실패하고 만다.

다시 남한 내 좌익을 소탕할 계획을 세운 백의사는 47년 여름, 몽양 여운형을 암살한다. 그런데 여운형이 과연 좌익이었나? 필자의 생각에 여운형은 절대 좌익 인사가 아니었다. 여운형이 일찍 암살을 당하는 바람에 역사적 평가가 낮아질 수밖에 없었지만, 해방 후의 조선에서 여운형만큼 국민과 미국의 지지를 함께 받은 인물은 드물었다. 여운형은 우익도 아니고 좌익도 아닌, 그저 민족을 위한 정치를 한 사람이었다. 좌우 합작을 모색했고 외세가 아닌 우리 민족끼리의 건국을 생각한 인물이 여운형이었다. 그럼에도 불구하고 김구와는 달리 미국이 좋아하는 인사 중에 한 명이었다. 실례로 미국은 해방 후 여운형을 중심으로 정치를 하고자 하는 의도를 갖고 있었을 정도였다.

그러나 아이러니하게도 이런 여운형이었기에 좌익과 우익 모두에게서 협공을 받았다(노무현이 생각나지 않는가? 노무현은 한나라당을 포함한 보수 우익에게도 공격을 받았지만, 민노당을 중심으로 한 진보 세력에게도 공격을 받았으니 말이다. 또 김대중이 정치에 데뷔한 첫 단체가 바로 여운형의 조선건국준비위원회였다). 이런 이유 때문에 여운형은 살아생전 총 12번이나 테러를 당했다. 그럼에도 웃음 한번으로 훌훌 털어버린 인물이 여운형이었다. 그러나 12번째 테러에 생명을 잃고 말았으니, 여운형을 암살한 인물은 당시 19세에 불과한 한지근이라는 청년이었다.

김두한은 자서전에서 한지근을 포섭한 인물이 자기라고 밝히면서(김두한 역시 백의사 멤버였다) 장택상이 "죽이지 말고 겁만 주라고 했는데 왜 죽였냐?"며 질책을 했다고 썼지만, 김두한의 자서전에 구라가 한두 군데가 아니니 이것도 거짓일 거라고 나는 생각한다. 무엇보다 김두한이 여운형 같은 거물을 죽이라고 지시할 위치에 있지도 않았기 때문이다. 염동진이 시켰다면 이해가 가지만 말이다. 확실한 것은 한지근이 백의사와 연결되었다는 점이다. 어쨌든 이렇게 여운형은 암살을 당하는데 이것도 우리 민족의 운명이라면 운명인지, 이동 중인 승용차를 뒤쫓으며 잘 맞지도 않는 권총으로 쐈는데 하필이면 명중해서 사망한 것이다(다시

10번을 시도해도 못 맞출 것이다).

앞서 김두한을 언급했는데 김두한은 해방 후의 테러 정국에서 절대 빼놓으면 안 되는 인물이다. 그만큼 정치테러 사건에 깊숙이 연관되어 있는 인물이 김두한이다.

김두한은 원래 좌익이었다. 그의 거지 친구 정진영이 좌익에 깊숙이 가담하여 높은 자리에 오르자 일자무식인 김두한이 정진영의 말에 혹해서 좌익에 가담한 것이다. 실제 당시 깡패들은 대부분 좌익이었다. 김두한뿐만 아니라 신마적, 구마적 등이 모두 좌익에 가담하고 있었던 것이다. 이를 탐탁지 않게 생각한 염동진은 어느 날 김두한을 납치 살해할 계획을 세우고 실행에 옮긴다. 김두한을 납치한 백의사는 염동진 앞으로 그를 끌고 갔고 염동진은 김두한에게 "네 아버지가 누구 때문에 죽었는데 빨갱이 새끼들 하고 돌아다니냐? 병신 새끼, 죽어버려!"라고 썰을 풀고, 이에 혹한 김두한은 그때부터 극우로 돌아서게 된 것이다.

김두한의 아버지가 김좌진이 맞느냐 아니냐는 끊임없는 논쟁거리이지만, 당시 신문의 보도도 그렇고 김구를 비롯해 이범석, 염동진 등이 김두한에게 "네 아버지 김좌진"이라고 말한 것을 보면 진짜 김좌진의 아들인 것도 같다. 물론 김두한을 이용하기 위한 생각일 수도 있겠지만, 그렇다고 우익 지도자들이 하나같이 같은 생각을 가졌다고 하기에는 어폐가 있는 것 같다. 어쨌든 백의사 멤버가 된 김두한은 이때부터 좌익에 대해 처절한 복수와 테러를 감행하게 된다. 그의 뒤에 염동진과 백의사가 있었다는 것은 불문가지일 것이다.

이렇게 반공 테러를 자행하던 백의사는 남한만의 단독정부가 세워지고 좌익이 거의 사라지자 활동 영역이 급속도로 위축되게 된다. 더욱이 전쟁이 일어나고 백의사의 수장 염동진이 납북되자 조직은 와해돼 버리고 말았다. 납북된 염동진은 총살을 당했다는 설이 있는데, 이는 북쪽에서 봤을 때는 당연한 것일 수도 있다. 좌익에 대해 그 많은 테러를 한 염동진을 북쪽에서 그냥 뒀겠는가?

염동진이 사라지자 백의사의 조직원들은 뿔뿔이 해산할 수밖에 없었고, 그들의 정보력과 애국심을 높이 산 미국이 그들 대부분을 KLO(켈로 부대)로 편입시키게 된다. 개중 일부는 훗날 유진산의 민주당에 들어가 협력하기도 했다.

앞서 언급한 '실리 보고서'를 쓴 조지 실리는 염동진에 대해 "가장 악질적인(the most malignant) 인물이며 영어를 할 줄 알면서도 그것을 감추기 위해 통역을 사용하는 지략을 갖춘 사람"이라고 평했다.

염동진과 백의사는 자신들의 테러 행위를 정당하다고 생각했을 것이다. 이념과 사상이 사람의 목숨보다도 중요하다고 생각했기 때문이다. 목적을 위해서는 어떠한 수단도 용납된다는 이런 위험한 행동들을 21세기가 들어선 요즘도 '어버이연합'이나 북파 공작원 단체 등 우익 집단들께서 자주 보여주시니 이런 것을 보고 지하에 있는 염동진이 어떻게 생각할지 궁금한 대한민국의 자화상이다.

레드콤플렉스의 탄생

친일의 '원죄'가 있는 대한민국의 보수 우파 세력들은 그들의 집권과 정통성을 확립하기 위해 항상 색깔론을 들고나왔다. 이 색깔론은 반대파들을 제거하는 데 아주 효과적이었다. '반공', '빨갱이'라는 매카시즘 수법은 그들에겐 만병통치약이자 헤어날 수 없는 마약이었다.

이승만은 '국회프락치사건'을 조작하여 반민특위를 와해, 민족정기를 바로잡는 일을 무산시켰으며, 최대 정적이었던 죽산 조봉암을 빨갱이로 몰아 사형시켰다. 제주4.3사태, 보도연맹 학살 사건 등도 모두 붉은색이 원인이 된 사건이다.

우리 국민들의 붉은색에 대한 두려움은 우리 스스로 생각하는 것 이상으로 깊게 뿌리 박혀 있다. 어릴 때의 운동회를 떠올려 보자. 왜 홍군, 백군으로 나누지 않고 존재하지도 않던 청군, 백군으로 편을 나눴을까? 빨간 볼펜으로 이름을 쓰면 죽는다는 말은 도대체 누가 퍼뜨린 걸까?

쿠데타로 집권에 성공한 박정희가 제일 먼저 한 말도 "반공을 국시로 삼고"였다. 이 말은 다른 어떤 것보다 반공을 가장 우선시하겠다는 얘기다. 박정희도 이승만처럼 자신의 집권 안정을 도모하기 위해 여러 차례 '빨갱이 사건'을 조작했다. 대표적인 것이 '동베를린 사건', '인혁당 사건' 등이었고, 박정희의 정적이었던 〈민족일보〉의 조용수는 조봉암이 당했던 것과 똑같이 빨갱이로 몰려 사형을 당했다.

박정희 정권에서 눈여겨볼 점은 정권이 들어서고 총선거나 대통령 선거 등이 있을 때마다 '간첩단 사건'이 들끓었다는 점이다. 물론 박정희가 조작한 간첩사건도 있었지만, 실제로 간첩사건이 있기도 했다. 그럼 김일성은 왜 자꾸 간첩을 남한으로 내려 보내고, 북한에서 가장 뛰어나다는 특수전단 소속의 간첩들은 멍청하게 잡히고는 했을까?

1971년 박정희는 3선 개헌을 통해 사실상 마지막 대통령 선거전에 뛰어든다. 그러나 상대는 녹록찮던 김대중이었고, 선거에서 박정희는 천신만고 끝에 어렵게 승리를 했다. 부정선거가 없었다면 김대중의 당선이었다. 만약 이때 김대중이 당선돼 재선까지 포함해 약 8년 정도 이 나라를 통치했다면 지금과는 아주 많이 달라져 있을 것이다.

대통령 선거에서 가까스로 이기자 박정희는 불안을 느끼게 되었고, 위기를 돌파하기 위한 수단으로 '북한'이란 카드를 들고 나온다. 바로 다음 해인 1972년에 '7.4남북공동성명'이 발표된 것이다. 분단 이후 남과 북의 최초의 만남, 대한민국은 당장 내일이라도 통일이 될 것처럼 흥분 상태에 빠졌다. 당연히 정치 현안이나 서민들의 생활 문제는 뒷전으로 밀려나게 되었다. 이것을 기가 막히게 이용한 박정희는 바로 그해 장기 집권 프로젝트인 '10월 유신'을 단행한 것이다.

유신 헌법은 남북공동성명이 발표되고 3개월 만에 전격적으로 이루어졌으니 박정희가 왜 남북공동성명을 김일성에게 먼저 제안했는지 이해가 된다. 그런데 김일성은 왜 성명에 응했을까? 박정희의 수작이 눈에 보이지 않았을까? 당연히 보였다. 김일성도 박정희와 똑같이 7.4남북공동성명을 김일성 정권의 체제 확립을 공고히 하는 데 이용한 것이다. 그렇다. 극과 극은 통한다고 두 사람이 찰떡궁합을 보인 것이다. 남쪽의 박정희나 북쪽의 김일성이나 공통점은 딱 하나다. 유례없는 독재자들이었다는 것 말이다.

1972년 이후락은 박정희의 특명을 받고 북으로 넘어간다. 김일성을 만나기 위해서였다. 그러나 이후락은 불안했다. 밀사 신분이지만 김일성이 마음만 먹으면 언제든 그를 감금하거나 죽일 수도 있단 생각 때문이었다. 김일성이 보낸 밀사인 황태성을 박정희가 죽였기 때문에 이후락의 이런 불안은 내심 이해가 된다. 황태성이 죽었을 때 북한은 대단한 불쾌감을 표시했었다. 그래서 이후락은 김일성을 만나기 전, 입 안에 캡슐 형태의 청산가리를 넣고 갔다. 잡혀서 고문을 당하거나 감금되느니 여차하면 청산가리로 목숨을 끊을 생각이었을 것이다(청산가리는 대단한 맹독성 물질이다. 미량이라도 흡입하는 순간 바로 황천길이다. 그러나 이 청산가리를 먹고도 살아 기네스북에 오를 만한 여자가 있었으니 바로 김현희 되겠다. 김현희의 'KAL기 폭파사건'도 북한을 이용한 대표적인 사건이다).

그러나 예상 외로 김일성의 대접은 후했고 2개월 뒤에 다시 방문한 이후락은 7.4남북공동성명이라는 결과물을 가지고 온 것이다.

IMF 때 대한민국의 부자들은 서민들처럼 허리띠를 졸라맸을까? 반대다. 강남 최고급 룸살롱에서 밴드 불러놓고 아가씨 옆에 차고 양주 마시면서 "지금 이대로 영원히"를 소리 높여 외쳤다. 그들에게 노블레스 오블리주는 없다. 서민의 아픔 따위는 남의 이야기일 뿐이었다. 그들은 자신들과 서민들은 태어난 '씨'가 다르다고 생각한다. 어렸을 때부터 경쟁 교육에 내몰린 대한민국 국민들은 배려보다 "남을 짓밟고 올라서라"고 먼저 배운다. 이것은 친일파인 박정희는 물론이고 독립운동가였던 김일성도 별반 다를 게 없다.

박정희의 독재체제를 공고히 한 유신 헌법은 7.4남북공동성명을 발표한 지 3개월 만인 72년 10월에 발표되고 12월에 발효되는데, 공교롭게도 북한의 사회주의 헌법도 같은 해 같은 달인 72년 12월에 채택되었다. 그리고 이 사회주의 헌법에 따라 1972년 12월 김일성은 '국가주석'의 자리에 오르게 된 것이다. 국가주석에 오른 김일성은 마지막 남은 반대파들과 김일성 비판세력들을 완전히 숙청하고 독재체제, 세습체제를 공고히 해 나갔다.

부자들이 룸살롱에서 외친 "지금 이대로 영원히"를 7.4남북공동성명의 뒤에서 박정희와 김일성이 외친 게 아닐까?

박정희는 야당의 가장 강력한 정치 지도자였던 김영삼도 이와 같은 방법으로 회유시켰다. 김영삼과 영수회담을 연 박정희는 김영삼에게 제안했다.

"여당은 제가 하고 야당은 김 총재가 하세요. 다음엔 김 총재 차례가 아니겠습니까? 정권이 김대중한테는 안 가겠지요."

김일성에게도 이렇게 제안한 것은 아닐까? 왜 북한은 선거 때만 되면 간첩을 내려 보내고, 철책선에서 총을 쏴대고, 서해를 왔다 갔다 하며 난리를 칠까? 판단은 독자 여러분의 몫으로 남기겠다.

박정희가 물러나고 전두환이 정권을 잡았다. 전두환도 박정희와 마찬가지로 정통성 없는 정권임은 매한가지였다. 국민들은 그를 따르지 않았다. 전두환은 국민들의 정치에 쏠린 관심을 돌리고 '정치 혐오증'을 자극시키기 위해 '3S 정책' 등을 들고나오는데, 이것만으로는 효과적으로 정국을 꾸려나가기가 힘이 들자 예전 정권과 마찬가지로 매카시즘 수법을 행하기 시작한다.

대표적인 사건들이 '아람회 사건', '구미유학생 간첩단 사건', '납북 어부 간첩사건', '수지 김 사건', 'KAL기 폭파사건' 등이었다. 수많은 죄 없는 사람들이 전두환 정권의 체제 강화를 위해 체포돼 고문 받고 고통에 못 이겨 허위 진술을 하고, 오랜 세월을 감옥에서 보내거나 형장의 이슬로 사라졌다. 이들의 후손들은 평생을 간첩의 자식이라는 낙인을 달고 살아야 했다. '용공', '빨갱이'란 말의 위력은 너무나도 대단했고 정권은 자신들이 불리할 때나 선거 때마다 이 카드를 들고나와 아주 멋지게 활용을 했다. 이런 용공조작 사건들은 전두환 정부를 계승한 노태우 정부에서도 행해졌고 다음 정부인 김영삼 정권에서도 이어졌다. 용공조작의 폐해를 눈앞에서 지켜봤고 자신의 동지들이 그 더러운 매카시즘 수법에 희생되는 것을 보며 괴로워했던 김영삼마저 정권의 창출과 안정을 위해 예의 수법을 들고나온 것이다.

92년 대통령 선거 직전인 1992년 10월에 터진 '이선실 간첩단 사건'이 대표적인 케이스다. 김영삼과 민자당은 이 간첩사건을 선거에 대대적으로 활용했고 색깔론에서 자유로울 수 없었던 김대중은 치명타를 입고 말았다. 당시에 세간에 유행했던 말은 "김일성이 김대중 당선을 목 놓아 기다린다", "휴전선 근처에서 북한이 대남방송을 했는데 김대중을 찍으라고 하더라"였다.

이선실 간첩단 사건으로 구속된 인물 중 유명한 인사는 민주당 국회의원이었던 김부겸, 이철우 등이다. 노무현 정권이 들어서고 한나라당의 주성영은 국회에서 공개적으로 이철우에게 '빨갱이 간첩'이라고 말하기도 했으니 보수 우익들이 '색깔론'을 얼마나 신줏단지 모시듯 하는지 잘 알 수 있는 장면이다.

그렇게 국민들의 '레드 콤플렉스'를 자극하여 대통령에 오른 김영삼은 취임사에서 전향적인 대북정책을 실시할 것을 천명하며 문민정부는 군사정부와 다르다는 것을 대내외에 알렸지만, 김일성의 갑작스런 죽음으로 이는 없던 일이 되고 말았다.

그런데 김일성의 죽음을 이용하여 '공안 정국'을 조성한 세력들이 있었으니 바로 〈조선일보〉와 서강대학교 총장 박홍이다. 〈조선일보〉는 북한에 조문단을 보내야 한다는 국민들과 정치인들의 의견을 '매국', '빨갱이', '간첩'으로 여론 몰이를 시도해 공안 정국 분위기를 잡았다. 그리고 뒤이어 박홍의 그 유명한 '주사파' 발언이 튀어나온 것이다. 언론은 박홍의 주사파 발언을 연일 지면을 활용하여 실어주었고, 신이 난 박홍은 새로운 주사파 발언을 매일같이 쏟아냈다. 확인되지도 않았고 확인할 필요도 없었다. 오늘은 1만 명, 내일은 1만 5천 명, 대학에도 있고, 언론계에도 있고, 정부에도 있고, 정치인들 중에도 있고…… 자기 꼴리는 대로 떠들어댔고, 보수신문들은 연일 박홍의 말을 헤드라인으로 날려 보냈다. 박홍과 보수신문들의 말대로라면 대한민국은 간첩과 빨갱이 천지였다. 그런 나라가 어찌 이렇게 잘 굴러가는지 모르겠다. 아, 그런 빨갱이들의 대활약으로 다음 대선에서 김대중이 당선된 건가?

97년 대통령 선거에서 이회창과 김대중이 맞붙었다. 당연한 수순처럼 선거전에 다시금 '붉은 바람'이 불어왔다. 바로 '총풍사건'이다. 15대 대선 직전에 이회창 측 한나라당 관계자가 대선에서 국민들의 레드 콤플렉스를 자극하기 위해 북한에 무력 시위를 요청한 것이다. 사건의 관련자인 청와대 행정관 오정은, 한성기, 장석중 등은 국가보안법 위반죄 등으로 실형을 선고받았다. 정국은 요동쳤고 인위적인 정계 개편은 하지 않겠다던 김대중은 이 사건을 계기로 정계 개편의 카드를 꺼내 들었다.

어쨌든 김대중의 당선과 뒤이어 김대중을 승계한 노무현이 정권을 잡자 툭하면 선거 직전에 갑작스레 튀어나오던 용공사건과 간첩사건은 사라졌다. 그러나 보수 정권인 한나라당이 정권을 잡게 되자 다시금 낡아빠진 수법이 요즘 고개를 드는 것 같다.

천안함이 사고로 두 동강 나는 사건이 벌어지자 기다렸다는 듯 우리의 보수언론들은 북한의 소행이라며 여론 몰이를 해댔고,

절묘한 타이밍에 간첩사건이 터졌다. 농협의 전산장애도 북한 소행이고, 정전대란이 일어나도 북한의 짓이며, 선관위 홈피가 털려도 북한의 짓이라고 한다. 그렇게 정보가 발달한 북한이 왜 아직도 인민의 배를 주리게 하는지 모를 일이다.

우리 국민들은 그렇게 바보가 아니다. 예전 권력자만이 갖고 있던 정보들은 인터넷의 발달로 모두가 공유하는 시대가 되었다. 국민들은 인터넷으로 소통한다. 보수언론이 여론 몰이 한다고 한쪽으로 기울어지는 과거와 같은 세상이 아니라는 얘기다. 5년 이상이나 특수 목적으로 훈련을 받은 간첩이 국정원 직원과의 면담에서 남파 목적이 들통 나 자백을 했다는 시나리오를 도대체 누가 믿겠는가? 혹, 이것이 사실이라면 우린 북한 따윈 전혀 두려워할 이유가 없다. 그런 병신들이 뭐가 두려워 레드 콤플렉스를 갖는가 말이다.

이번 대통령 선거 때 '보수의 만병통치약'인 '붉은 바람'이 또 어떤 형태로 불어올지는 더 지켜봐야 알겠지만, 확실한 건 지금 이 시대를 살아가는 대한민국 국민들이 과거의 우매하던 국민들은 아니라는 점이다. 기쁘고 설레는 마음으로 대통령 선거를 기다려 본다.

최강 미스터리 간첩사건 1 :
밀사인가? 간첩인가?
황태성 사건

1963년 박정희는 "정치를 민간에 이양하고 군으로 돌아가 겠다"는 약속을 저버리고 공화당을 창당한다. "이 땅에 나와 같이 불행한 군인이 다시는 없기를 바란다"는 어처구니없는 말과 함께 전역과 동시에 공화당에 입당, 대통령 선거전에 뛰어든다.

상대는 전 대통령이자 당시 민정당 대통령 후보인 윤보선이 었다. 선거전은 치열하게 진행되었다. 누가 앞선다고 볼 수 없이 엎치락뒤치락하는 상황의 연속이었다. 이렇게 되자 윤보선이 무 리수를 둔다. 바로 매카시즘 공세를 개시한 것이다. 박정희의 과거 전력, 즉 남로당 경력을 들어 박정희를 공산주의자라고 몰아 붙인 것이다. 당연히 박정희는 발끈했다.

"나를 매카시즘이라는 프라이팬에 달달 볶아 새빨간 빨갱이로 만들려는 수작이다!"

박정희가 나중에 이 매카시즘 수법으로 얼마나 많은 정적들과 죄 없는 사람들을 죽이고, 고문하고, 감옥으로 보냈는가를 생각하면 참으로 아이러니하다.

윤보선의 주장이 세간에 먹혀들기 시작하자 윤보선은 한 발 더 나아간다. 안동 지역 유세에서 "공화당의 창당 자금은 공산당에서 지원한 것이다"라고 발언을 한 것이다. 윤보선의 이런 짓은 명백한 잘못이다. 이승만이 정적을 제거하는 데 가장 많이 쓴 것이 바로 매카시즘 수법인데 아무리 상대가 박정희라고 해도 윤보선이 이런 짓을 했다는 것은 결코 용납할 수 없는 것이다. 정가가 술렁인 것은 물론이었다. 또 이즈음 서울에서는 괴 전단이 살포되는데 "이북에는 김일성이 있고, 이남에는 박정희가 있다", "이북에는 공산당이 있고, 남한에는 공화당이 있다"는 내용의 삐라였다. 왜 이런 말들이 왜 나오기 시작했을까? 그 근거는 무엇인가? 바로 '황태성'이라는 인물 때문이었다.

황태성은 박정희가 가장 존경하는 인물인 친형 박상희의 베스트프렌드였다. 박상희는 박정희의 정신적 멘토요, 스승이자 아버지였다. 독립운동을 했던 박상희가 대구폭동사건으로 사망하자 박정희는 괴로운 나날을 보낼 수밖에 없었는데, 박정희에게 힘이 된 사람이 형과 함께 독립운동을 하고 같이 사회주의 사상에 심취했던 형의 친구 황태성이었다.

박정희는 형이 사망하기 이전부터 황태성과 친분을 유지했었는데 형에게 털어놓지 못하는 이야기도 황태성에게는 털어놓고 고민을 상담하곤 했었다. 일례로 교사생활을 하던 박정희는 앞으로의 진로를 황태성에게 문의하기도 했었다.

"형님! 제가 앞으로 어떻게 살아야겠습니까? 저는 아버지가 강제로 시킨 결혼생활도 만족스럽지 않고, 교사생활도 맘에 들지 않습니다. 괴롭기만 합니다. 형님, 어떻게 해야 되겠습니까?"

"맘에 들지 않는 결혼생활이라도 참고 지내 봐라. 제수씨가 나쁜 사람도 아니고, 정붙이면 다 같은 거 아니겠냐? 그래, 네 생각은 어떠냐?"

"만주군관학교로 가고 싶습니다. 그곳에서 군인이 되고 싶습니다. 제 적성엔 그게 맞습니다."

"뭐? 일제의 개가 되겠다는 얘기냐?"

"일제의 개가 되겠다는 게 아니라 주어진 시대 상황에 맞는 가치 판단을 하고 싶을 뿐입니다."

"그 말이 일제의 개가 되겠다는 게 아니고 무엇이냐? 박상희의 동생이 이 정도라니. 당장 물러가거라!"

박상희가 대구폭동사건으로 사망한 뒤, 황태성은 검거를 피해 월북했다. 박정희는 만주로 갔다가 일본이 패망하자 귀국해 한국군으로 편입했다가 여순반란사건으로 군복을 벗게 된다. 여순반란사건으로 군복을 벗은 박정희는 기회주의 면모를 발휘하여 자신의 동지들을 파는 대가로 가까스로 사형을 면하고 한국전쟁이 터지자 다시 군에 복귀(군 복귀 이후에도 그의 옷을 벗기려는 시도가 여러 번 있었지만 그때마다 박정희는 갖은 수단을 동원하여 막아냈다), 쿠데타를 일으키고 정권을 잡은 것이다.

박정희가 정권을 잡자 가장 고무된 인물은 김일성이었다. 반공주의자 이승만이 정권을 잡고 있을 때엔 전혀 남북 간에 교류가 없었지만, 정권을 잡은 박정희는 과거 사회주의에 심취했던 인물이었고 그의 형 박상희는 사회주의의 심장과도 같은 인물이었기 때문이다. 그렇기에 북한은 '이제 뭔가 통일의 그림이 그려지지 않겠나?'며 부푼 꿈을 꾸었다. 그러나 기대는 곧바로 무너지는데, 박정희가 쿠데타를 하면서 제일 먼저 발표한 "반공을 제1의 국시로 삼는다"는 조항 때문이었다. 박정희의 의중이 뭔지 몰라 헷갈린 북한의 김일성은 결국 황태성을 밀사로 남한에 파견하게 된다.

황태성은 북한의 밀사인가? 그렇지 않으면 간첩인가? 의견이 분분하지만 필자의 생각은 밀사가 맞다. 이전까지 남북 사이에 전혀 관계가 없다가 박정희가 쿠데타를 한 뒤 갑자기 서부전선에서 비밀리에 남북한의 접촉이 있었다. 접촉이 있고 나서 김일성이 황태성을 남한으로 보냈기에(황태성이 자진했다고 한다) 밀사설은 충분히 납득이 간다. 즉, 김일성은 남한에서 정권을 잡은 박정희가 어떤 인물인지, 그리고 통일에 관한 생각이 있는지를 황태성을 통하여 타진하려고 한 것이다(4.19 이후 남한에서는 그전까지 금기시되었던 남북 통일문제가 전향적인 방향으로 터져 나오고 있었다). 또, 사형을 언도 받은 황태성의 죄목이 간첩죄가 아니라 무단월경죄였다는 것도 이를 뒷받침한다.

밀사로 파견된 황태성은 박정희의 고향으로 향했다. 그곳에는 박정희의 형, 박상희의 처가 살고 있었다. 황태성은 박상희와 그의 처 조기분(혹은 조귀분)을 중매해 결혼시킨 장본인이고, 그들의 딸인 박영옥이 김종필과 결혼을 했기 때문에 조기분을 찾아간 게 아닌가 생각된다. 그러나 황태성은 직접 조기분을 만나지 않고 그의 질녀인 임미정과 그녀의 남편, 즉 조카사위 권상능에게 편지를 보내 박정희와의 만남을 주선해 달라고 부탁했다. 이때 조기분의 사위 김종필은 중앙정보부장이었다.

편지를 받은 조기분은 반가움과 동시에 두려움을 느껴, 그녀의 사위인 김종필에게 신고를 하게 된다. 이윽고 김종필의 중정 직원들이 고향 후배 김민하의 집에서 묵고 있던 황태성을 붙잡았다. 그렇게 체포된 황태성은 교도소가 아닌 반도호텔에 묵게 된다.

당시 중앙정보부는 청사가 마련되지 않아 반도호텔 1개 층을 통째로 쓰고 있었다. 세간에는 이곳 반도호텔에서 황태성이 김종필, 박정희와 여러 차례 만났다는 이야기가 떠돌았으나 사실로 밝혀진 건 없다. 김종필은 나중 황태성 사건을 이야기하면서 "단 한 번도 그 사람을 만난 적이 없다"고 했는데, 같은 호텔에 묵고 있으면서 만난 적이 없다는 게 납득하기 힘들어 보이기도 하지만, 당시 치안본부 소속 박문병이 김종필의 가케무샤, 즉 김종필로 위장하여 황태성을 만난 것을 보면 김종필의 말이 사실로 보인다. 들리는 말에 의하면 황태성이 총살 직전에 찍은 사진을 박정희가 보며 "이 형님도 많이 늙었네"라고 말했다는 이야기가 있는 걸 보면 박정희와 황태성의 만남은 없었던 것 같다(그러나 미국 CIA요원 레리 베이커는 박정희와 황태성은 3번 정도 만남을 가졌다고 증언한 적이 있다).

황태성이 한국에 들어왔다는 사실을 첩보를 통해 파악한 미국은 박정희에게 황태성의 신병 인도를 요구했다. 그러나 이상하게도 박정희는 이를 거부했다. 그래서 이즈음 미국에서도 박정희의 사상을 의심하기 시작한다. 물론 나중, 박정희는 한국 내 좌익과 진보세력들을 마구 몰아붙여 미국의 의심을 거두어들이게 하지만 말이다.

황태성이 남하를 한 게 61년의 일이었는데, 이때 황태성은 꽤 큰돈을 들고 남한으로 들어왔다. 이때까지만 해도 북한은 남한보다 경제 사정이 좋았다. 앞서 황태성이 밀사라고 이야기했는데 그럼 왜 김일성이 황태성에게 큰돈을 들려서 보냈을까? 박지원을 한번 생각해 보기 바란다. 이 돈이 무얼 의미하는지는 알 수 없지만 어쨌든 이 돈을 대한민국의 누군가가 썼을 것이다. 그리고 63년 대통령 선거에 나선 윤보선이 이 부분을 노려서 공격한 것이다. 황태성이 들고 온 돈을 가지고 공화당을 창당한 것 아니냐는 것이다.

이건 의심이 좀 가는 부분이다. 황태성이 다른 사람을 만나려고 온 것도 아니고, 체포돼 곧바로 중정으로 넘겨졌기 때문이다. 또한 당시만 해도 우리 정치계는 정당을 체계적으로 만들 수 있는 사람이 없었다. 그전의 자유당이나 민주당이 체계적인 조직으로 이루어졌다고 볼 수 없는 것이다. 그런데 박정희의 공화당은 꽤 발전적이고 체계적으로 창당 작업을 벌였다. 그러니까 공화당의 세련된 창당 작업 뒤에 황태성이 있는 것 아니냐? 중정에서 황태성에게 많은 코치를 받지 않았나? 하는 의심이 드는 것이다. 그도 그럴 것이 북한은 이미 오래전부터 소련에게서 이런저런 정당의 체제, 효과적인 지휘 방법 등을 전수받았기 때문이다. 그리고 황태성은 북한에서 차관급 인사였으니 이런 소문이 나도는 것도 이해가 가는 상황이다. 여하튼 대통령 선거는 막바지로 치닫고, 윤보선의 매카시즘 공격에 박정희는 피하지 않고 정면 돌파로 맞선다.

"그래 맞다. 황태성이 우리 형 친구고, 어렸을 때부터 친했다. 근데 어쩌라고!"

결과적으로 박정희의 정면 돌파는 먹혀들었다.

2002년 민주당 대통령 경선을 생각해 보자. 이인제가 노무현 장인의 이력을 들먹이며 매카시즘 공세에 나섰을 때 노무현은 "장인이 좌익이 맞는데 그래서 마누라를 버려야 하느냐?"며 박정희와 마찬가지로 정면 돌파로 맞섰다. 결국 매카시즘 공세를 취한 이인제는 자기 발목을 잡았고 말이다. 당시도 마찬가지였다. 윤보선이 멍청한 짓을 한 거다. 그 결과 박정희가 19년 철권 독재 통치를 했으니 윗대가리들의 멍청한 짓거리가 서민들의 삶에 얼마나 영향을 끼치는지 단적으로 보여주는 일화라고 할 수 있겠다.

그렇게 해서 박정희는 윤보선을 단 15만 표 차이로 가까스로 누르고 대통령에 당선되었다. 윤보선의 사상 공세가 없었다면 어떤 결과가 나왔을까?

대통령에 당선된 박정희는 당시 서대문형무소에 수감 중이던 황태성을 죽인다. 63년 12월 14일, 남으로 온 지 2년 만에 인천의 한 부대에서 황태성은 총살형을 당했다. 북쪽은 당연 발끈했다. 황태성을 내려 보내면서 휴전선 근처의 대남 비방방송도 전면 중단했었던 북한이었지만, 황태성이 총살형을 당하자 다시 남한에 대한 전면 비방전을 시작했고, 이때부터 남북 간의 교류는커녕 대결 일변도로 나아가게 되었다. 국제 관례상 있을 수 없는 일을 박정희가 한 것이다(황태성이 밀사라고 가정했을 때 일이다).

생각해 보라. DJ가 박지원을 북쪽에 돈 보따리 들려 밀사로 보냈는데 김정일이 박지원을 2년간 잡아놨다가 돈만 꿀꺽하고 총살시켜 버렸다? 있을 수 없는 일 아니겠는가? 전쟁 중이라도 적의 밀사는 죽이지 않는 게 상식이다. 그러나 미국의 의심을 덜고 야당의 공세도 막아야 하는 박정희는 과감히 형의 친구이자, 고향 선배, 어렸을 때부터 흉금을 털어놓던 독립운동가 출신의 밀사에게 죽음을 안겼다.

박정희가 그냥 돌려보냈다면 어땠을까? 황태성의 죽음으로 남북이 72년 7.4남북공동성명이 나오기까지 10년 동안이나 일촉즉발의 대치 상태를 유지했다는 걸 생각했을 땐 아무래도 황태성의 죽음은 아쉬운 감이 없지 않아 있다.

황태성의 죽음 때문인지 훗날 박정희의 특명을 받고 북한에 밀사로 파견된 이후락은 김일성을 만나기 전까지 입에 청산가리를 넣고 다녔다. 여차하면 자살할 생각으로 말이다. 그러나 김일성은 이후락을 죽이지 않았고 7.4남북공동성명이 발표되었다.

최강 미스터리 간첩사건 2 :
한국의 마타 하리,
여간첩 김수임 사건

1950년 6월, 미모의 엘리트 신新여성이 간첩 혐의로 사형판결을 받고 형장의 이슬로 사라졌다. 바로 '한국의 마타 하리'로 불린 김수임이다.

1911년 개성에서 태어난 김수임은 어렸을 때부터 총명함을 보였다. 그러나 집이 가난해 입이라도 덜고자 다른 집에 수양딸로 보내지고(수임의 아버지는 재혼하였는데 배다른 동생들도 있고 하니 계모가 수임을 탐탁지 않게 생각했던 것 같다), 수양딸 삼은 집은 다시 돈 몇 푼에 그녀를 다른 집으로 팔아넘긴다. 뒤늦게 사실을 안 아버지가 김수임을 다시 찾아와 서울로 보냈는데, 그녀의 뛰어난 머리를 아낀 외국 선교사들의 도움으로 공부를 계속하게 된 김수임은 당시로서는 엘리트 신여성들만 갈 수 있다고 하는 이화여전 영문학과에 입학, 뛰어난 성적을 보이며 졸업장을 손에 넣었다.

이화여전을 졸업한 김수임은 이후 성공회신학대 기숙사에 거주하게 되는데, 이곳에서 평생 만나지 말아야 할 인간을 만나니 그 인물이 바로 이화여전 선배인 모윤숙이다.

악질 친일파, 극우의 화신, 해방 후 최초의 몸 로비, 고급 호스티스 양성에 이바지한 모윤숙. 이 여자에 관한 얘기를 쓰자면 한 트럭이지만, 차마 내 손이 더러워서 따로 글을 쓰지는 않겠다. 그러나 김수임을 다루려면 어쩔 수 없이 모윤숙 이야기를 하지 않을 수 없으니 간단히 다루어 보겠다. 어쨌든 이런 희대의 악행을 저지른 여자를 이화여대에서는 탄생 100주년 기념식까지 치러주고 '자랑스러운 이화인'에 선정하니 답답하기가 이루 말할 데가 없다.

모윤숙은 후배이자 똑똑하고 말 잘하는, 거기다가 사교성도 풍부한 김수임과 돈독한 관계를 유지했고 김수임도 자신을 예뻐하는 모윤숙을 따르게 되었다. 김수임은 이후 세브란스병원에 외국인 의사의 비서 겸 통역원으로 취업을 하게 됨으로써 당시 뭇 여성들의 선망의 대상이 되어 언론에까지 오르내리게 되었다. 이런 김수임이 훗날 자신의 인생을 파국으로 몰아넣은 이강국을 만난 것 역시 모윤숙의 소개 때문이었다.

이강국은 경성제국대학을 졸업하고 독일에 유학까지 한 당대 최고의 엘리트였다(사회주의자란 이유로 남한에 행적이 덜 알려져 있지만, 이강국은 민족주의자이자 독립운동가, 사회주의자로 맹활약을 했던 인물이다. 여운형의 건준에서 2인자라고까지 불렸던 게 이강국이었다. 하긴 건준과 여운형도 덜 알려져 있는 대한민국 현대사니).

이강국은 경성제국대학 시절에 방학 때마다 함흥에서 노동자들을 상대로 강연이나 독서토론 등을 했는데, 모윤숙도 고향이 함흥이라 둘 사이에 자연스레 친분이 생겼다. 이강국은 독일 유학 직후 노동운동에 연관되어 옥살이를 하게 되었다. 그때 모윤숙의 집에 놀러온 김수임이 모윤숙과 함께 이강국의 면회를 몇 차례 가게 되면서 두 사람의 사랑이 싹텄다. 그러나 이강국은 이미 결혼을 한 몸이었다. 금지된 사랑, 그래서 더 애틋한지도 모르겠다(이강국과 김수임의 이 만남이 사실이 아니라는 이야기도 있다. 이강국과 김수임은 40년대 초에 우연히 파티장에서 만나—이때는 이강국이 사별한 직후—사랑이 싹텄다는 설도 있는데, 어느 것이 맞는지는 잘 모르겠으나 분명한 사실은 두 사람이 사랑하는 사이였다는 것이다).

수형의 몸인 이강국이 따로 김수임을 만날 수는 없었기에 그들은 자연스레 멀어졌다. 그러나 만날 사람은 언젠가 다시 만나는 법이라고 했던가? 그로부터 10여 년이 지난 1940년대 중반에 이강국이 세브란스병원에 입원하면서 두 사람은 극적으로 재회하게 된다. 그리고 다시 사랑에 빠진다. 나이 많은 이강국으로서는 과거 꼬맹이 대학생이었던 김수임이 엘리트 여성이 되어 자기 앞에 나타났으니 얼마나 황홀했겠는가? 반면 된장녀 기질이 있는 김수임도 유학파 출신의 잘난 이강국이 다시 자기 앞에 나타나고, 이제 부인이라는 걸림돌도 사라진 마당이니 붙잡고 싶었을 것이다. 그렇게 둘은 동거를 시작했지만, 당시 활발히 사회주의 운동을 하던 이강국은 너무 바빠 연애할 시간도 없었기에 둘 사이도 서먹해져 갔다. 그러던 어느 날 이강국은 월북을 결심하게 되고 김수임에게 잠시 다녀올 테니 기다리란 말을 남기고 38선을 넘어 북으로 가게 되었다. 이때 김수임은 세브란스병원을 그만두고 반도호텔에서 역시 통역사로 생활을 하고 있었는데, 이즈음 김수임의 절친인 모윤숙이 '낙랑클럽'이라는 사교단체를 만든다.

낙랑클럽은 영어를 할 수 있는 엘리트 신여성들이 주축이 되어 만든 사교클럽으로 이곳에서 대한민국의 신여성들과 미국의 인사들, 또 미군 장교들의 만남과 파티가 이루어졌다. 미군 방첩대 CIC는 보고서에 낙랑클럽을 "일류여대를 졸업한 엘리트 호스티스들의 집단으로 한국 고위 관리와 군 장성들을 접대한다"고 적고 있다. 낙랑클럽이 뭘 하던 곳인지는 따로 설명을 안 해도 짐작할 것이다.

낙랑클럽에서 김수임은 미군 대령 존 베어드와 만나게 된다. 베어드는 물론 본국에 조강지처가 있었으나 그와 상관없이 김수임을 좋아하게 되었고 그녀에게 여러 차례 러브콜을 보낸다. 그러나 김수임은 이강국이 있으니 처음에는 거절을 했다. 이때 김수임의 옆구리를 찌르는 인물이 있었으니 바로 모윤숙이다. 모윤숙이 김수임에게 "좋은 기회야. 이강국은 잊고 베어드에게 붙어. 베어드 같은 사람이 어디 있어? 네 팔자 피는 거야"라고 들쑤시니 김수임도 선배 말에 혹해 사랑이고 나발이고 양키의 품에 안기게 된 것이다.

훗날 베어드는 김수임이 잡혀갔을 때도 모른 척했고, 재판 중에도 그녀를 변호하지 않았으며, 둘 사이에 낳은 아들이 그를 찾아갔을 때도 "난 네 아버지가 아니다"라고 모른 척했다. 베어드가 죽고 난 뒤 묘비명에 조강지처를 기리며 '영원히 함께'라는 문구도 넣었으니 김수임은 철저하게 이용당한, 단지 미군의 성노리개이자 현지처 그 이상도 이하도 아니었던 것이다. 과거 월남에서도 그랬고, 요즘 필리핀이나 태국에서도 한국 남자들이 베어드와 같은 짓거리를 하고 다닌다니 참으로 역겨울 따름이다.

어쨌거나 베어드와 사귀기 시작한 김수임은 동거에 들어갔고, 베어드는 옥인동 19번지 집을 김수임에게 사줬다. 이 집은 이완용의 아들이 총독부로부터 받은 집이었다. 김수임은 얼마 뒤 베어드의 아들을 출산하게 되고, 이즈음 북으로 갔던 이강국이 남한으로 돌아와 남로당 재건작업을 벌이다 입지가 좁아지자 다시 월북을 결심하지만 북으로 가는 게 쉽지 않아 옛 여인 김수임에게 연락을 취했다. 김수임은 베어드의 힘을 이용해 그의 월북을 도와주었다. 여기저기 검문이 심해 38선을 넘는 게 쉽지 않았으나 김수임은 한국 경찰이 검문을 할 수 없는 베어드의 지프 차량을 이용해 이강국의 월북을 도왔다.

이 이야기는 김수임의 이화여전 후배 전숙희(전숙희도 낙랑클럽 멤버였다)가 자신의 소설에서 밝힌 내용인데, 사실과 전혀 다르다. 이강국은 46년 월북 이래로 남한에 다시 돌아온 적이 없다. 그럼, 김수임은 어떻게 베어드의 지위를 이용해 이강국의 월북을 도왔을까? 한마디로 양다리였다. 즉 김수임은 이강국과 동거를 했지만 앞서 밝힌 것처럼 이강국이 사회주의 운동으로 바빠 집에 들어오는 날이 없어지자 자연스레 멀어졌고, 베어드를 만나 동거에 들어간 것이다. 그리고 이강국이 재차 연락을 해오자 이강국의 월북을 도와주게 된 것이다. 이런 얘기를 다 밝히게 되면 김수임이 나쁜 여자가 될 수밖에 없으니 전수희가 말 그대로 소설을 쓴 게 아닌가 생각된다.

김수임의 도움으로 월북에 성공한 이강국은 북에서 인민위원회 사무국장, 외무국장 등의 굵직한 직책을 이어가며 김수임과 지속적인 연락을 취했다. 이강국은 수시로 연락원을 남으로 내려 보냈는데 연락원들은 김수임과 접촉, 김수임이 이들을 숨겨주고 서신 등을 주고받았다. 또한 이강국이 남한 내 남로당의 정치자금으로 보내온 엔화도 김수임이 미군 지프로 안전하게 이동시켰다. 그리고 당연히 베어드가 가지고 있는 고급정보 등을 연락원을 통해 북쪽으로 올려 보냈다.

김수임의 이런 행동을 주의 깊게 관찰한 인물이 있었으니 그가 바로 특무대장 김창룡이었다. 김창룡은 김수임을 즉시 체포하려고 하였으나 장애물이 있었다. 바로 베어드였다. 이에 김창룡은 이승만에게 직접 보고를 한다.

"각하! 간첩 행위를 한 사람을 체포하려고 합니다만, 그 여자가 미군 대령의 첩이어서 좀 곤란합니다."

"음, 빨갱이면 미군 대령이 아니라 유엔사령관의 첩이라도 잡아야지!"

이승만에게 재가를 받았지만 그래도 약간의 불안감이 남은 김창룡은 김수임을 집 밖으로 불러낼 묘책을 강구한다. 김수임의 집은 곧 베어드의 집이기 때문에 함부로 들어가 김수임을 체포할 수는 없었다. 그래서 이 작전에 이용된 여자가 모윤숙이다.

김수임이 체포된 날은 모윤숙의 생일이었는데 모윤숙은 김수임에게 전화를 걸어 "내 생일인데 미역국이나 같이 먹자"라며 자기 집으로 올 것을 권했고, 김수임은 모윤숙의 집에서 체포된 것이다. 그러나 모윤숙은 자서전에서 김수임이 먼저 전화를 걸어 "언니, 오늘 언니 생일인데 미역국이나 같이 먹어요" 하면서 자기 집으로 왔다가 체포되었다고 썼다.

어떤 말이 맞을까? 모윤숙의 말이 사실이라면 김수임이 미역국을 싸들고 모윤숙의 집으로 가든가, 그렇지 않으면 모윤숙에게 "언니, 미역국 끓여 놨으니까 우리 집으로 와" 이렇게 되어야 자연스러운 게 아닐까? 모윤숙이 악독 친일파에 철저한 기회주의자, 이승만의 앞잡이였다는 걸 염두에 둔다면 누구 말이 사실인지 쉽게 알 수 있을 것이다.

김수임은 체포된 지 두 달 만에 총살형에 처해졌다. 김수임이 체포되고 모윤숙은 그녀의 구명을 위해 노력을 기울였으나 사형을 막지는 못했다. 그리고 베어드는 아예 김수임과의 관계를 전면 부인했다. 김수임은 자기가 데리고 있던 정보원에 불과하다며 그녀와 동거한 사실까지도 부인하며 사건과 무관함을 강조했다. 베어드가 김수임을 구호하기 위해 취한 행동은 단 하나도 없었던 것이었다. 그리고 그는 유유히 한국을 빠져나와 본국으로 돌아갔다.

그녀의 남자 이강국은 패전에 관한 책임, 정부 전복 기도, 테러 등의 혐의로 53년에 북한 당국에 체포되어 박헌영 등과 함께 55년에 사형에 처해졌다. 김수임이 처형된 지 5년 만의 일로 비극적 사랑의 결말이었다.

'한국의 마타 하리, 여간첩 김수임 사건'의 개요는 대략 이렇다. 그러나 문제는 이 사건이 조작되었다는 것이 기정사실화됐기 때문이다.

우선, 김수임의 간첩죄 중 가장 크게 문제시되는 것은 이강국의 탈북을 도왔다고 하는 것이다. 그러나 이강국이 월북했던 46년은 남과 북의 왕래가 비교적 자유로운 때였다. 그렇기 때문에 이강국을 태운 미군 지프가 개성까지 이강국을 데리고 갈 수 있었던 것이다. 물론 수배령이 떨어진 이강국을 도피시킨 건 죄지만, 그게 사형에 처해질 만큼 큰 죄라고는 볼 수 없지 않겠나. 그리고 그녀의 집에서 나왔다는 권총과 탄알은? 동거남이 미군인데 권총과 탄알이 나올 수 있는 것이지, 이걸 간첩죄로 엮는다는 것이 말이 안 된다.

이것 이외의 다른 사안들은 모두 김수임의 자백에 기초로 작성된 것인데 김수임의 자백은 고문에 의한 것이었기에 역시 증거의 효력은 없다. 김수임이 사형장으로 이동할 때 걷는 것조차 불가능해서 리어카로 그녀를 이동시킬 정도로 고문이 심했다고 한다. 심지어는 성고문을 당했다는 이야기도 있었다. 또한 베어드에게서 미국의 주요 군사정보를 빼냈다는 혐의도 받았는데, 정작 미국으로 돌아간 베어드는 조사를 받았지만 모두 무혐의 처리되었다. 즉 베어드는 그런 고급 정보를 갖고 있지 않았던 것이다.

마지막으로 이강국이 미국 간첩(이중간첩)이라는 이야기가 있다. 이는 최근 해제된 미 육군 자료에도 남아 있고, 이강국이 북에서 처벌되었을 때 그의 죄목 중 하나가 '간첩죄'이기 때문에 나오는 이야기 같다. 이강국은 재판에서 스스로 미국 간첩이었다고 자백했는데 사회주의 사상가였던 이강국이 이중간첩이었다는 것은 언뜻 납득이 되지 않는다. 그가 박헌영과 같이 사형당한 걸로 봤을 때는 파워게임에 밀려 김일성의 숙청작업에 희생됐다고 보는 게 올바를 것이다.

어쨌든 이렇게 김수임 사건에 관련된 핵심 인물들의 삶은 힘겨웠다. 김수임과 이강국은 사형으로 인생을 마감했고, 베어드는 고국으로 돌아가 평생 부끄러움 속에 살아야 했다. 그러나 모윤숙만은 해방 후 한국 사회에서 시인, 수필가, 국회의원, 문학진흥재단 이사장을 역임하고, 국민훈장 모란장, 금관 문화훈장, 3.1문화상(친일파 주제에 3.1절에 상을 받다니!) 등을 수상하며 떵떵거리고 살았으니 만일 일제가 다시 쳐들어온다면 필자는 반드시 친일을 해서 기회주의자로 살아남을 것이다. 그래서 이미 일본어까지 익혔다!

최강 미스터리 간첩사건 3 :
억울한 죽음,
여간첩 수지 김 사건

1987년 1월 8일, 태국에서 윤태식(상사 주재원, 당시 28세)이라
는 인물이 기자회견을 갖는다. 그는 홍콩에서 북한의 공작원에
게 납치되어 북으로 압송되기 직전 감시가 소홀한 틈을 타 탈출
했으며, 사건에 자신의 부인 수지 김(당시 35세)이 연관되어 있다고
주장했다. '여간첩 수지 김 사건'의 시작이었다.

한국 언론은 즉각 사건을 대서특필하기 시작한다. '미모의
여간첩', '한국판 마타 하리' 등 자극적인 기사를 쏟아내던 한국
언론은 윤태식이 한국으로 돌아온 1월 9일, 그의 기자회견을 바
탕으로 다시 한 번 떠들썩하게 이 사건을 다뤘다. 그럼, 극적 탈
출의 주인공이자 반공투사가 된 윤태식의 증언과 당시 언론보도

를 기초로 사건을 재구성해 보자.

　87년 1월 2일, 윤태식과 수지 김이 동거하는 홍콩의 아파트에 조총련계 한국인 두 사람이 찾아온다. 이들은 윤태식에게 음료수를 사오라고 부탁했고 윤태식이 음료를 사러갔다 오자, 부인과 남자들은 사라지고 집에는 아무도 없었다. 다음 날 그중 한 명이 윤태식을 찾아와 "당신 부인이 빚을 갚지 못해 싱가포르로 데려갔으니 싱가포르로 와서 각서를 쓰고 부인을 찾아가라"고 말을 전한다. 이에 윤태식은 싱가포르로 향하게 되고 공항에 도착하니 한 여인이 다가와 주소가 적힌 종이를 건네며 주소에 적힌 곳으로 가라고 했고, 그곳으로 가보니 다름 아닌 북한 대사관이었다. 이에 윤태식이 망설이자 앞의 여인이 나타나 괜찮다고 해서 들어갔더니 북한 대사 리창용이 나타나 윤태식에게 다음과 같이 협박을 했다.

　"부인을 만나려면 평양에 가야 한다. 그전에 당신은 스위스로 가서 '나는 서울에서 사업을 하며 문익환 목사와 유성환 의원에게 정치자금을 제공했다. 그런데 검찰이 두 사람을 구속하고 신상옥, 최은희는 남조선에서 살해됐다'고 기자회견을 하라. 우리의 말을 듣지 않으면 부인은 만날 수 없고, 서울에 있는 당신 가족도 죽는다. 탈출할 생각은 아예 말라."

　윤태식은 스위스로 가기 전 감시가 소홀한 틈을 타 탈출을 했다는 것이다.

그가 이렇게 기자회견을 하고 언론에 기사가 실렸지만, 윤태식이 기자회견을 하기까지 한국 정부와 국가안전기획부는 기자회견을 할 것인지 말 것인지로 의견이 분분했다(이장춘 싱가포르 대사는 끝까지 기자회견을 반대했다. 그래서 첫 번째 기자회견이 제삼국인 태국에서 이루어진 것이다. 이장춘 대사는 이명박 대통령의 친구이기도 한데 훗날 이명박이 자기와 BBK는 아무 관련이 없다고 주장했을 때 이명박에게 받은 'BBK회장 이명박'의 명함을 언론에 폭로한 장본이기도 하다).

이유는 윤태식의 진술이 오락가락하는 등 일관성이 없으며, 북한 고위직의 이름 등을 하나도 모르고 있었기 때문이다(안기부는 북한 대사 정도의 이름쯤은 이미 파악하고 있었으므로). 그러나 장고를 재던 안전기획부 부장 장세동은 결국 기자회견을 밀어붙였다. '미모의 여간첩 수지 김'이라는 타이틀 하나만으로도 당시 얼어붙어 있던 정국을 단번에 뒤집고, 민주, 인권, 개헌에 목말라 있던 국민들의 관심을 다른 쪽으로 돌릴 수 있었기 때문이다.

이렇게 윤태식은 기자회견을 했고, 그는 반공투사로 대한민국의 영웅이 되었다. 그러나 반공투사건 영웅이건 어찌됐던 귀국한 윤태식은 남산으로 가서 조사를 받아야 했다. 그곳에는 베테랑 수사관들이 기다리고 있었다. 윤태식을 조사하던 수사관들은 윤태식의 입에서 기가 막힌 말을 들어야 했다. 게다가 기자회견 얼마 뒤인 1987년 1월 26일, 윤태식과 수지 김이 살고 있던 아파트에서 신고가 홍콩 경찰로 들어갔다. 내용은 "옆집에서 썩는 냄새가 난다"는 것이었다. 홍콩 경찰이 집 문을 따고 들어가자 그곳에는 수지 김이 숨겨 있었다. 그렇다. 바로 수지 김과 윤태식이 동거하던 집이었던 것이다. 이로써 윤태식의 거짓말이 들통 난다. 북으로 갔다던 수지 김이 자신의 아파트에서 숨진 채 발견되었다는 것은 무얼 의미하겠는가? 그러나 대한민국 정부는 물론이고 언론조차 이 사실을 은폐한다.

"하, 살인자 새끼가 영웅이 되었네. 이제 어쩐다?"

"별수 없습니다. 언론에 공표된 이상 이대로 밀고갈 수밖에 없습니다."

"홍콩 정부는? 수지 김의 친구들과 가족은? 윤태식 입은 어떻게 채울 거야?"

"무마시켜야죠. 방법은 그것밖에 없습니다. 이 사실이 알려지면 안기부의 위상과 정부의 신인도는 땅으로 추락합니다. 어떻게든 막아야 합니다."

"아, 꼴통 새끼 때문에 고생하게 생겼네. 시끄럽지 않게 알아서 처리해."

결국 수지 김은 자신의 사체가 발견되었음에도 간첩이란 오명을 벗을 수 없었다. 수지 김의 가족은 풍비박산이 났다. 가족들은 자살, 교통사고, 화병 등으로 세상을 떠났고, 동생들은 이혼을 당하는 아픔을 겪었으며, 어린 조카들은 간첩 새끼라는 지탄을 받으며 성장해야 했다. 당연히 생계에도 막대한 지장이 따랐다. 반면 윤태식은 안기부의 호위를 받으며 벤처 기업가로 승승장구했다.

이렇게 영원히 묻힐 것 같았던 사건은 한 기자의 집념에 의해 세상에 폭로된다. 〈신동아〉의 이정훈이었다. 우연히 "수지 김 사건은 안기부가 조작한 간첩사건이다"는 선배 기자의 이야기를 들은 이정훈이 사건을 추적하기 시작했고 기사를 완성하여 데스크에 올린다. 그러나 번번이 반려되어 기사화되지 못하다가 2000년 1월 〈주간동아〉에, 다음 달 SBS TV프로그램 '그것이 알고 싶다'에 사건이 보도되며 검찰이 다시 재수사에 들어갔다. 공소시효 15년을 불과 3개월 앞둔 시점이었다.

시간을 돌려 이정훈은 사건의 미스터리를 파헤친다. 우선 수지 김이 어떤 인물인지 조사에 들어갔다. 수지 김, 본명 김옥분, 1952년생으로 충주 출신, 7남매 중 둘째로 태어난 그녀는 당시 가난한 여성들이 다 그렇듯 초등학교 졸업장밖에 없었고, 일찍 사회에 나가 돈을 벌어 어린 동생들을 뒷바라지해야 했다.

서울로 올라온 그녀는 버스 안내양을 했으나 예쁜 얼굴 덕분에 곧 미8군 근처에서 속칭 양공주 생활을 했고, 일본인을 상대로 한 기생관광 매춘부로 나가기도 했다. 그러다가 홍콩인 남자를 만나 위장결혼해 홍콩 국적을 얻어 홍콩에서 일하다가 다시 한 홍콩인을 만나 그의 첩으로 들어가 딸을 낳았다. 이렇게 홍콩에서 살며 쓴 가명이 '수지 김'이었다.

1986년 김옥분은 딸과 함께 한국을 방문, 딸을 친정에 맡기고 다시 홍콩으로 들어갔다. 그리고 그해 10월 재차 한국을 방문하는데 그때 그녀의 옆에 윤태식이 있었다. 김옥분은 친정 가족들에게 윤태식을 결혼할 남자라며 소개시켰다. 이때 윤태식은 김옥분의 가족들에게 자신은 육군사관학교를 졸업한 예비역 대위 출신이라며 육사 반지까지 보여줬다(이정훈 기자가 이것까지는 파악을 못했나 본데, 윤태식은 중학교 중퇴자 즉, 초등학교 졸업장이 전부인 사람이다. 육군 대위라는 것도 말짱 거짓말이었던 것이다).

김옥분의 가족을 만나 그들의 억울함을 들은 이정훈은 홍콩에서 수지 김의 변사체가 발견되었음에도 불구하고 우리 정부가 이 사안을 덮었다는 데에 상당한 의구심이 든다며 기사를 마쳤다. 그리고 한 달 뒤 SBS의 '그것이 알고 싶다' 팀은 이정훈의 기사가 신빙성이 있다고 보고 취재를 더한 끝에 윤태식이 살인범이라는 결론을 내린다.

당연히 여론은 시끄러워졌고 윤태식은 다시 검찰조사를 받을 수밖에 없었다. 2001년 10월 검찰은 윤태식에게 살인혐의를 적용 긴급체포했고, 11월 윤태식은 구속되었다. 공소시효 50일을 앞둔 시점이었다. 그럼, 15년 전 도대체 어떤 일이 일어났는지 87년 그때로 돌아가 보자.

87년 1월 3일, 돈 문제로 다투던 윤태식은 수지 김을 흉기로 두 차례 때려 의식을 잃게 한 후 목 졸라 살해했다(윤태식은 처음에는 북한의 소행이라고 전의 주장을 되풀이했으나 나중에 법정에서 수지 김을 죽인 것을 시인하면서도 살인은 아니었다고 주장했다. 즉, 실랑이를 벌이던 중 수지 김이 벽과 침대 모서리에 부딪쳐 사망했다고 주장했다. 이게 사실이라면 살인죄가 아니라 과실치사죄가 되고, 그러면 공소시효가 이미 지나버리게 된다).

이틀 후인 1월 5일, 윤태식은 살인죄를 모면할 생각으로 북한으로 망명을 할 것을 결심하고 싱가포르 주재 북한 대사관으로 찾아갔으나 여의치 않자 이번에는 미국 대사관으로 찾아가 망명 신청을 했다. 그러나 미국이 한국 대사관에 연락해 "별 미친놈이 우리 대사관에 왔다. 찾아가라"고 하는 바람에 한국 대사관으로 인계된 뒤 예의 거짓말을 하게 된 것이다.

한국 대사관 안기부 파견 직원들은 면담 뒤 윤태식이 거짓말을 하고 있다는 것을 파악하고 본국으로 "이상하다"는 전갈을 날렸다. 그러나 본국에서 "괜찮다. 그냥, 기자회견해라"는 지시사항이 떨어지자 기자회견을 준비했다. 그러나 싱가포르 이장춘 대사가 "진술의 신빙성도 없고 말도 안 되는 소리를 하는데 무슨 기자회견이야!"라며 반발하자 제삼국인 태국으로 가서 1차 기자회견, 다음 날 한국으로 들어와서 2차 기자회견을 가졌던 것이다.

2차 기자회견 후 윤태식은 남산으로 와서 조사를 받는데 여기서 안기부 직원들은 확실히 그가 거짓말을 하고 있다는 것을 파악했고 취조 끝에 수지 김을 살해하고 두려워서 거짓말을 했다는 자백까지 받아내었다. 그러나 이미 물은 엎질러진 상황이고 안기부는 이 사건을 덮기 위해 애를 썼다. 홍콩 경찰이 수지 김의 사체를 발견, 윤태식을 강력한 용의자로 지목하고 한국 정부에 윤태식의 신병을 인도할 것을 요청했으나 안기부는 거절했다. 그러면서 안기부는 윤태식에게 세뇌공작을 실시한다. 죽을 때까지 입 다물고 살라는 이야기였다. 87년 4월, 윤태식은 풀려나는데 이후에도 계속 안기부의 사찰을 받아야만 했다.

이렇게 풀려난 윤태식은 김대중 정부 때 활발했던 벤처기업 육성에 힘입어 벤처사업가로 다시 언론에 등장한다. 그가 차린 회사가 바로 '패스21'이다. 패스21의 사장으로 벤처신화를 작성하던 윤태식은 15년 전의 범죄로 말미암아 결국 체포되어 15년형을 선고받았다. 수지 김의 가족들은 국가와 윤태식을 상대로 손해배상 청구소송을 내어 42억의 배상판결을 받았다. 그러나 당시 책임자였던 장세동 등은 공소시효가 지났다는 이유로 공소권 없음 처분을 받았다. 이에 국가는 장세동 등에게 구상권을 청구해 배상액을 물리기로 결정했다.

윤태식의 회사 패스21은 생각보다는 기술력이 뛰어난 것으로 알려졌다. 그러나 윤태식이 처음 뛰어난 아이디어와 기술력을 가지고 정부와 기업체를 찾아갔을 때 그들은 번번이 윤태식을 외면했다. 윤태식은 "내가 가방끈이 짧다는 이유로 다들 거절하다가 외국에서 먼저 기술력을 인정하자 그때부터 나와 우리 회사를 다시 보기 시작했다. 대한민국은 기술보다 학력과 인맥이 더 중요했다"라고 울분을 토로했는데, 이 때문인지 이후 그는 기술의 중요성을 알리는 대신 로비로 회사를 키운다.

유명 경제지의 사주와 기자들, 고위 공무원들, 전·현직 국회의원들에게 전 방위 로비를 하며 윤태식의 회사는 김대중 정부에서 승승장구했다(벤처박람회에서 패스21의 부스를 대통령 김대중이 방문하기도 했다). 이것이 바로 김대중 정권을 떠들썩하게 했던 '윤태식 게이트'이다(한나라당 의원들까지도 개입이 되었다).

그러나 윤태식이 수지 김 사건으로 감옥에 가게 되자 그의 회사는 곤두박질친다. 이를 놓치지 않고 회사를 인수한 사람이 있었으니 바로 태광실업의 박연차다. 그러나 박연차마저 감옥에 들어가고 다시 패스21은 다른 사람의 손에 넘어가게 되었으니, 이 회사도 참으로 기구한 운명이라고 할 수 있겠다.

국가는 자국의 국민을 보호할 의무가 있음에도 불구하고 정치적 이유 때문에 죄 없는 국민을 이용하여 그들의 생활을 파탄에 이르게 했다. 이런 국가적 범죄 행위는 다시는 일어나서는 안되는 일이라고 생각되며, 이 글로 국가 폭력이 얼마나 위험한 일인지를 다시금 생각해 보는 계기가 되었으면 한다.

최강 미스터리 간첩사건 4 :
대동강 로열패밀리,
이한영 총격 암살사건

1982년, 스위스에서 공부 중이던 '대동강 로열패밀리(김정일의
친인척들)'의 일원인 리일남이 스위스 한국 대사관으로 잠입해 미
국으로의 망명을 요구했다. 리일남의 신상 정보를 파악한 대사관
측은 본국에 즉각 이 사실을 알리고, 그를 설득해 미국이 아닌
한국으로 망명을 시켰다. 한국으로 망명한 리일남은 이름을 이
한영으로 바꾸고, 북한의 테러가 두려워 얼굴 전체를 성형해 완
전히 다른 사람으로 탈바꿈한다.

한국 정부는 그의 북한에서의 위치, 김정일, 성혜림, 김정남
등과의 관계를 고려하여 신분을 철저히 비밀에 부쳤고, 언론에
노출되는 것을 철저히 차단하였다. 또한 20대의 젊은 그에게 막

대한 정착 비용을 제공했다.

이한영, 북한 이름 리일남은 누구인가? 바로 성혜림의 조카, 김정일의 처조카, 성혜랑의 아들이다.

김정일은 영화배우 성혜림에게(김정일은 잘 알려진 영화광이다. 최은희, 신상옥 부부를 납치한 것도 김정일이고, 이영애가 북한에 초대받아 며칠 갔다 왔다는 루머가 나도는 것도 그가 영화나 드라마에 관심이 많기 때문에 나오는 말이다) 사랑을 느껴, 그때 이미 결혼해서 가정이 있는 성혜림을 강제 이혼시키고 그녀와 동거를 하게 된다. 이들 사이에 낳은 자식이 바로 김정남이다. 그러나 언급한 대로 성혜림과의 관계는 부적절한 것이었고, 나이 차도 오히려 성혜림이 다섯 살이 많았던 점 등이 원인이 되어 김정일은 아버지 김일성에게 성혜림과 김정남의 존재를 알리지 못했다. 그러다가 김일성이 나이가 먹어가는 아들을 장가보내려고 하자 그때서야 성혜림과 김정남의 존재를 알린다.

김일성은 대노했다. 그러나 화를 낸다고 저지른 일이 없어지는 것도 아니고, 아장아장 걸어 다니는 놈이 손자라고 생각하니 또 한없이 귀엽기만 해서 김정남을 손자로 인정했다. 그러나 성혜림만은 결코 인정하지 않아 김정일은 김영숙과 정식으로 결혼을 하게 된다.

성혜림은 모친과 아들 김정남, 그리고 언니인 성혜랑과 '15호 관저'라 불리는 김정일의 별장에서 같이 살게 되는데, 성혜랑

(작가 출신)이 바로 이한영의 모친이다. 즉 이한영은 김정일의 처조카이자 김정남, 김정은의 이종사촌이 된다.

82년에 이한영이 북한을 탈출해 한국에 망명하고 나서도 성혜림과 성혜랑은 별도의 핍박 없이 15호 관저에서 살았고, 성혜림이 건강이 좋지 않자(성혜림은 숨어서 살아야 한다는 답답함, 전 남편을 버렸다는 죄책감, 아들인 김정남을 빼앗길지도 모른다는 불안감, 김정남 이후에 임신한 자식들을 유산으로 잃은 스트레스 등이 복합적으로 작용해 우울증 등으로 건강이 상당히 좋지 않았다) 모친과 성혜랑의 가족들과 함께 모스크바로 신병 치료차 떠나게 되었다.

한편, 한국에서 풍부한 정착금을 지원받고 살던 이한영은 젊은이의 객기와 외로운 한국 생활 등이 복합적으로 작용해 방탕한 생활을 하고 있었다. 소위 말하는 오렌지족 행세를 하기도 하고, 명품으로 치장하는 등 쉽게 돈을 써버리고, 돈이 떨어지면 다시 안기부에 가서 돈을 달라고 행패를 부리곤 했다.

처음에는 이한영의 요구를 다 들어주던 안기부는 계속되는 무리한 요구에 "한국 생활이 싫으면 다시 북한으로 가라!"고 매몰차게 요구를 거부하고는 정신교육을 다시 시켜 평범한 삶을 살 수 있도록 보살폈다. 그렇게 해서 이한영은 KBS 피디로 입사하게 되지만 이후 회사를 퇴사, 자신의 특기인 러시아어를 살려 다양한 사업을 시도했다. 그러나 모두 실패하고 빚에 쪼들리는 신세가 되고 만 이한영은 자신의 과거를 언론에 팔 생각을 했고,

그가 찾아간 사람이 하필이면 〈조선일보〉의 우종창이었다(우종창의 만행은 필자의 『영원한 라이벌 김대중 vs 김영삼』을 참조).

500만 원의 빚에 시달려 급전이 필요했던 이한영에게 우종창은 흔쾌히 500만 원을 내줬다. 단 조건을 하나 달았는데, 성혜림의 모스크바 집 주소와 전화번호를 가르쳐 달라고 한 것이다. 그래서 성혜랑과 이한영의 전화 통화가 이루어졌고, 우종창은 이것을 그대로 녹음했으며, 훗날 성혜랑이 모스크바를 탈출하자 〈조선일보〉에서 단독으로 특종보도를 한다. 이렇게 해서 이한영의 한국 망명은 10년이 지난 시점에 세상에 알려지게 된다. 성혜랑은 2000년에 『등나무』라는 책을 썼는데, 책에서 그녀는 "아들의 죽음은 특종에 눈이 먼 언론사와 기자가 만든 것"이라고 우종창을 원망했다.

여하튼 이렇게 이한영이 언론에 알려지자, 그를 이용해 돈을 벌려는 작자들이 앞 다투어 찾아왔고, 이한영은 『대동강 로열패밀리 한국잠행 14년』이라는 책을 내게 되었다. 결국 이 책이 이한영을 죽음으로 몰고 갔다.

이한영은 책에서 김정일의 여성 편력, 김정남의 호화 생일잔치, 기쁨조의 존재 등 북한 사회가 꺼리는 치부를 낱낱이 폭로했다. 사실 여부를 떠나 책에 나오는 대로라면 김정일은 완벽한 개새끼가 되는 것이었다. 당연히 북한의 입장, 특히 김정남으로서는 기가 막힌 상황이 된 것이다. 그리하여 김정남은 직접 이종사촌인 이한영을 살해할 것을 지시한다(김정남은 성혜랑과 이한영이 북한을 떠나면서 사실상 후계 구도에서 멀어졌다).

1997년 2월, 선배의 집을 방문했다가 자신의 자택인 성남의 한 아파트로 돌아오던 이한영은 14층 엘리베이터에서 내리자마자 괴한 두 명이 쏜 브라우닝 권총 두 발을 가슴과 머리에 맞고 쓰러졌다. 그리고 병원으로 이송되었으나 열흘 후 숨을 거두고 말았다. 책을 낸 지 채 1년도 안 되는 시점이었다. 사건이 발생하고 경찰은 대대적인 검거 작전에 나섰으나, 남파 공작원들이 그리 쉽게 경찰에 잡힐 것 같으면 애초에 내려오지도 않았을 것이다. 그리하여 이 사건은 아직도 미제로 남아 있다.

이한영은 남한으로 망명한 뒤 끊임없이 북한이 자신을 죽이기 위해 암살단을 보낼지도 모른다는 두려움에 떨며 여러 번 성형수술을 하고 집도 자주 옮겨 다녔다. 그러나 한국 정보부는 이런 점을 전혀 파악하지 못했고 이한영이 암살당하는 것을 두 눈 뜨고 지켜보아야만 했다.

이한영의 죽음은 특종에 눈이 멀어 취재원의 신변 따위는 안중에도 없었던 한 언론과 대북 정보에 어두웠던 정보부의 안이함이 낳은 이 시대의 비극이라고 할 수 있다. 재미있는 것은 남파 공작원들이 이한영이 살고 있는 집 주소를 한국의 심부름센터를 통해 알아냈다는 것이다. 세계적으로도 유명한 정보 집단

인 한국의 KCIA나 북한의 첩보부대보다도 남한의 심부름센터가
더 우월한 것을 입증한 셈이다.

대국민 바보 만들기,
전두환의 3S

12.12쿠데타와 5.18광주학살로 정권을 잡은 전두환은 광주민주화운동 한 달 뒤, 일본 우익의 거두 세지마 류조와 만난다. 당시 전두환은 정통성 없는 정권으로 여기저기서 비난을 받고 있었고 광주항쟁에서 국민들이 흘린 '피'는 하루라도 빨리 덮어야 하는 치부였다. 전두환에겐 난국을 돌파할 구심점이 필요했고, 세지마 류조는 그 방법을 '올림픽 개최'라고 조언했다.

체육관 선거로 대통령에 취임한 전두환은 국민들의 정치에 대한 관심을 다른 쪽으로 돌리기 위하여 세지마 류조가 제안한 올림픽 유치에 적극 뛰어들었다. 그러나 당시 총리였던 남덕우를 비롯한 관료들은 일제히 반대하고 나섰다. 극심한 재정적자에 시달리는 때에 엄청난 비용을 지불해야 하는 올림픽은 한국 현실에 맞지 않는다는 것이었다. 그러나 전두환의 생각은 확고했다.

"그냥 하라면 해! 새끼들이 뭔 말이 이렇게 많아? 누가 대통령이야?"

무소불위의 권력을 휘두르던 대통령 전두환, 그의 호령이 떨어지자 반대 일색이던 관료들의 자세는 180도로 바뀌고, 일제히 올림픽 유치에 모든 힘을 쏟게 된다. 그리고 결국 정주영, 박종규(박정희의 경호실장이었던 박종규는 신군부가 집권한 후 부정축재자로 몰려 가택연금을 당한 상태였으나 국제스포츠계에 발이 넓다는 점이 작용해 유치단의 일원으로 바덴바덴으로 가게 된다. 여기서 박종규는 우리 유치단과 아디다스의 다슬러 회장간에 만남을 주선시켰다. 그리고 다슬러는 한국 유치에 협조하는 대신 방송권과 마케팅 권리를 아디다스에 줄 것을 요구했고 이런 다슬러의 협조로 서울은 나고야를 꺾을 수 있었던 것이다. 그러나 전두환은 박종규를 사석에서 '형님'으로 모셨으니 앞서 언급한 가택연금도 '쇼에 지나지 않았다)를 비롯한 정재계 인사와 아디다스의 다슬러, 세지마 류조를 비롯한 일본 내 친한파들의 보이지 않는 협조로 한국은 올림픽을 나고야로부터 빼앗아 왔다.

사실 나고야의 올림픽 유치는 거의 99% 확정적이었다. 그러니 빼앗아 왔다고 해도 과언이 아니다. 2002년 월드컵도 비슷한 예라고 할 수 있겠는데, 일본이 몇 년이나 앞서 열과 성을 들인 작품들을 한국이 뒤늦게 뛰어들어 과실을 딴 것이다. 일부 일본인들은 지금도 이 두 문제로 한국을 비난하고 있다.

올림픽 유치에 성공하자 전두환은 올림픽 반대론자였던 국무총리 남덕우를 해임시키고 후임에 유창순을 임명한다. 올림픽 유치의 힘을 전두환은 실감했다. 유치전 막바지부터 언론이고 국민들이고 온통 관심이 올림픽에 쏟아지는 걸 목격한 것이다. 전두환은 무릎을 쳤다.

"그래 바로 이거야. 아리가또 고자이마스, 세지마 류조 상."

"국민들의 눈과 귀를 멀게 하고, 정치에 관심을 가지지 않게 하라." 한마디로 "국개를 양산시켜라"인 국민 우민화 정책, 즉 3S 정책의 시작인 것이다(3S 정책 – SEX, SPORTS, SCREEN).

전두환의 이런 논리에 힘을 실으며 실질적인 입안들을 내놓은 인물들이 있었으니 그들이 바로 5공 실세였던 허문도(국풍 81의 실제 입안자), 이학봉(프로야구 출범의 1등 공신), 허삼수(삼청교육대 창설 주도), 권정달(언론통폐합 입안) 등이었다.

전두환의 지시로 프로 스포츠를 알아보던 실무자들은 당시 가장 인기 있었던 축구와 야구를 후보로 올렸으나 축구는 국가 대표팀 경기에는 구름 관중이 오지만 실업팀 경기엔 관중이 없다는 것을 감안하고, 고교야구가 엄청난 인기를 끌던 야구를 첫 번째 프로 종목으로 키울 것을 생각한다. 그러나 청와대 실무자들은 야구에 관한, 특히 프로야구에 관한 지식이 전무했다. 그래서 당시 청와대의 이상주 수석비서관(서울대 교수 출신, 프로야구의 실질적 입안자)은 KBS 해설위원이었던 이호헌을 호출한다.

"이 선생, 저희가 프로야구를 한번 해보고 싶은데 아는 게 있어야지요. 또 돈도 엄청나게 들어간다고 하는데 지금 정부의 재정상황이 그렇게 좋지가 않습니다. 방법이 없겠습니까?"

"있습니다. 며칠 안으로 구체적 방안을 만들어 오겠습니다."

이호헌은 청와대를 나온 즉시 76년 홍윤희가 만든 '직업야구단 창단계획서'를 기본 베이스로 '프로야구 창립계획서'를 만든다. 야구선수 출신이자 서울대 출신인 친구 이용일의 도움이 컸다. 창립계획서에는 "창단 구단은 6개 구단으로 하고 서울, 경기·강원, 호남, 충청, 대구·경북, 부산·경남에 연고지를 두며 연고지엔 재벌들의 참여를 이끌어 낸다. 재벌 총수의 연고지를 프로팀 연고지로 한다"는 구체적인 세부안까지 명시되어 있었다.

서울은 프로야구 흥행을 위해서 방송사를 가지고 있는 MBC로 결정되었다(MBC의 이진희 사장이 적극적이었다. 이진희는 신군부와 전두환에게 적극 협조하여 5공과 전두환을 미화하는 프로그램을 상당수 만든 장본인이다).

대구·경북은 삼성으로 결정되었다. 이병철은 고향이 경남이었지만 삼성상회가 대구에서 처음 시작되었기 때문에 대구로 결정이 되었다. 이는 부산·경남에 롯데 신격호가 있기 때문이기도 했다. 신격호는 이미 일본에서 야구단을 가지고 있었기 때문에 한국의 프로야구 창단에 적극적일 것으로 보았고, 그를 위해 부산·경남을 롯데에게 주기로 한 것이다. 그러나 신격호는 예상 외로 반발했다. 프로야구 창단에 반대는 하지 않겠지만 대신 연고지는 서울로 하겠다는 것이었다. 당시 일본 롯데오리온스 야구단은 인기가 별로 없었는데 아마 신격호가 이 점을 염두에 두고 가장 흥행이 뛰어날 것이라 생각되는 서울을 달라고 한 것 같다. 이호헌과 이용일은 일단 참가 의사만 확인하고 돌아올 수밖에 없었다.

다음은 경기·강원을 연고로 하는 구단인데 이쪽은 현대 정주영의 고향이 이북이니 현대를 끌어들이면 되겠다 싶어 이상주 수석이 직접 나섰으나 정주영은 난색을 표한다. 표면적인 이유는 "올림픽 개최 준비에 매진해야 하니 프로야구 창단은 힘들다"는 얘기였다. 그러나 실질적 이유는 따로 있었다. 정주영 본인이 축구 등을 비롯한 다른 스포츠는 좋아하지만 야구는 싫어했기 때문이다. 정직을 모토로 우직하게 맨손으로 기업을 일군 정주영에게 때리고(타격), 훔치고(도루), 짜내고(스퀴즈), 보내는(희생번트) 야구의 룰이 맘에 들지 않았던 것이다. 결국 현대는 프로야구 설립에 뛰어들지 않는다.

다음은 호남, 관계자들이 생각한 호남기업은 최초 삼양사였고 삼양이 거부하면 금호를 설득한다는 계획이었다. 삼양의 김상홍은 "관심 없다"며 거부의사를 확실히 했다. 그래서 이호헌 등은 금호를 찾아간다. 그러나 당시 노조와의 분쟁 등으로 재정적자에 시달리던 금호는 프로야구에 참가할 뜻이 없다고 완고히 거절 의사를 밝혔다.

난감한 상황이 아닐 수 없었다. 프로구단을 운영하려면 웬만한 재정능력이 없으면 할 수 없는데 호남을 연고로 하는 가장 큰 두 기업인 삼양사와 금호가 참여하지 않겠다고 하자, 호남을 연고로 하는 팀을 만들 수 없게 된 것이다. 그렇다고 호남을 빼고 프로야구를 할 수는 없는 노릇이었다. 국민들의 관심을 다른 쪽으로 돌리기 위해 시작한 사업인데 광주민주화운동 등으로 권력에서 가장 소외받고 있는 호남을 제외한다는 건 있을 수 없는 일이었기 때문이다.

고심 끝에 찾아간 곳이 창업주의 고향이 호남이었던 대한생명이었다. 그러나 대한생명도 고사한다. 그렇게 프로야구 창립이 물 건너가는 것 아니냐고 생각할 때 구세주가 나타나니 바로 해태의 박건배였다.

이호헌 등은 한숨을 돌리고 나서 해결되지 않은 경기·강원 연고지를 물색했으나 좀처럼 마땅한 곳이 나오지 않았다. 당시 실업팀을 운영하고 있던 한국화장품은 쉽게 참여를 하지 않겠나 생각했지만 한국화장품도 서울을 연고로 하는 조건으로 참여의사를 밝히니 이것도 무산돼 버리고 만다. 그때 생각지도 않은 기업에서 먼저 참여의사를 밝히니 바로 '삼미'였다. 삼미는 제강 분야가 기업의 주력이어서 프로야구를 창단하더라도 실익이 있을 수 없었는데 삼미의 오너인 김현철이 직접 전화를 걸어 "제가 야구에 관심이 많은데 제가 참여해 보면 안 되겠습니까?"라고 먼저 제안을 한 것이다. 반대할 이유가 없었다. 그렇게 삼미는 경기·강원을 연고로 탄생하게 된다.

다음은 충청. 충청 지역은 인구도 적고 야구에 대한 열정도 다른 도시보다 떨어졌기 때문에 하겠다고 하는 기업이 나타나지 않았다. 동아건설을 접촉했으나 관심이 없었고 급기야는 두산에게 공이 넘어간다. 그러나 두산 역시 서울을 연고로 할 것을 요구했다. 서울이 안 되면 경기·강원을 달라고 했다. 이에 관계자는 서울은 MBC가 하기로 했고 경기·강원은 현대가 하기로 했으니 두산은 충청을 맡아 달라고 했지만 두산의 박용곤은 이에 반발한다. "대전은 아무 연고도 없으니 갈 수 없다"는 것이었다. 그러나 결국 프로야구를 하고 싶었던 두산은 충청으로 가기로 결정했다.

문제는 프로야구 창립총회에서 터졌다. 두산으로서는 현대가 경기·강원으로 간다는 말에 양보를 했는데, 삼미가 경기·강원을 가진다고 하니 약속을 취소하겠다고 한 것이다. 삼미보다는 두산이 경기·강원에 연고가 있으니 그곳을 달라고 한 것이다. 이 때문에 창립총회장은 시끄러워지는데, 옆에 있던 롯데까지 반발하고 나서며 문제는 더 커진다. 애초 같은 업종의 그룹은 참가하지 않는다고 했는데 롯데의 라이벌인 해태가 프로야구를 한다고하니 강력 반발한 것이다. 그러면서 롯데는 "좋다. 해태의 참여 인정한다. 대신 우리 연고지를 서울로 달라"고 주장한다. 이에 대해 서울 연고지인 MBC가 콧방귀를 뀌자 덩달아 두산도 "경기·강원 안 주면 대전 안 간다. 가더라도 선수 수급은 MBC와 똑같이 나누고, 3년 뒤엔 서울로 오는 조건으로 해 달라. 서울은 크니까 두 팀이 가도 되지 않은가?" 하고 어깃장을 놓았다.

창립총회장은 이렇게 연고지 문제로 뜨겁게 달아올랐다. 이때가 이호헌이 청와대에 갔다 온 지 3개월이 채 지나지 않았을 때니 우리 프로야구가 최고 권력자의 입김에 의해 얼마나 졸속으로 이루어졌는지 보여주는 예라고 할 수 있다.

프로야구 창립총회는 결국 각 구단의 반발 속에 무산되고, 일주일 뒤 다시 만나 의논할 것을 약속했지만, 문제는 역시 연고지였다. 서울은 MBC로 결정이 났고, 경기·강원은 삼미, 대구·경북은 삼성, 호남은 해태로 정해졌지만, 부산·경남의 롯데와 충청의 두산이 각각 서울과 경기·인천을 연고지로 달라고 떼를 썼기 때문이었다. 이에 관계자들은 두 그룹을 설득·협박할 필요를 느끼고 우선 롯데의 구단주 신준호를(신격호 동생, 현 푸르밀 회장) 찾아간다.

"서울은 안 됩니다. 서울은 이미 MBC가 하기로 했으니 롯데는 부산을 맡아주세요. 신격호 회장님의 고향이기도 하니 그렇게 하십시오."

"안 됩니다. 라이벌 업체를 참여 안 시킨다고 하면서 해태를 끌어들인 건 어떻게 설명하려고 하십니까? 흥행성을 생각했을 때 서울이 아니면 저희는 참여하기 어렵습니다."

"그래요? 그럼 하지 마세요. 롯데 아니어도 부산·경남 맡아 줄 기업은 있습니다."

이때 이호헌 등은 럭키금성을 생각하고 있었다. 럭키금성과 예전에 접촉을 했던 이호헌은 럭키금성이 프로야구에 관심이 있다는 걸 알고 있었기 때문이다. 그러나 그룹 최고위층이 외국 출장 중이어서 결재가 되지 않았는데, 최고위층이 나중에 크게 후회했다는 일화가 있다. 럭키금성은 90년 MBC 청룡을 인수해 뒤늦게 프로야구에 뛰어들게 된다. 만일 그때 럭키금성이 참여했다면 지금 인천에 LG가 들어가 있을 것이다.

어쨌든 정부가 이렇게 강하게 나오자 이에 화들짝 놀란 신준호는 급히 신격호에게 사정을 전달했고, 신격호는 노발대발했다.

"내가 언제 프로야구 하지 말라고 했냐? 서울이면 더 좋다고 했을 뿐이야. 부산이든 지랄이든 한다고 해."

이제 남은 건 두산을 설득하는 것이었다. 두산은 완강했다. 연고도 없는 대전에는 내려가지 않겠다는 것이었다. 그러면서 두산은 제일 큰 서울을 둘로 양분하는 방안을 제시한다. 두산의 제안은 매력적이었지만 기득권을 가진 MBC가 거부하면 말짱 도루묵이 되는 제안이었다. 예상대로 MBC는 제안을 거부한다. 그러자 이상주 수석이 중재안을 내놓았다.

"충청은 선수가 부족하니 두산이 MBC와 선수를 반으로 나누기로 하고, 일단 두산이 대전에서 시작하되 서울 입성은 3년 후에 하는 것으로 하자."

이 제안에 MBC는 당연히 정색을 했고, 두산도 심드렁했다. 왜? 믿을 수 없다는 것이다. 두산은 3년 뒤에 서울로 온다는 보장을 문서로 작성해 달라고 요구했다. 두산의 요구에 나머지 4개 구단은 응낙했지만 역시 MBC는 강력 반발했다. 이렇게 되자 이상주 청와대 수석이 직접 MBC의 이진희에게 전화를 걸었다. 그러나 이진희의 고집을 꺾을 수는 없었다. 이진희가 이렇게 자기 고집을 꺾지 않고 있을 때 그는 모처에서 걸려온 전화 한 통을 받는다. 상대방은 신군부 실세 이학봉이었다.

"이 사장! 당신 혼자 프로야구 하나? 나라에서 하는 일이야. 뭐 이렇게 말이 많아? 그냥 하라면 해! 지금 그쪽으로 사람 보낼 테니 도장이나 준비하고 있어."

이쯤 되면 이진희도 꽁지를 내릴 수밖에. 결국 MBC도 각서에 사인을 했고 마침내 프로야구는 탄생하게 되었다.

1982년 3월 27일, 동대문운동장에서 삼성과 MBC의 대결로 역사적인 프로야구가 개막이 되었다. 시구는 당연히 프로야구의 은인이신 전두환 대통령 각하께서 맡아주셨다. 프로야구 개막 경기는 앞으로 한국 프로야구가 어떻게 전개될지를 암시하기라도 하듯 드라마틱하게 전개된다.

홈런(프로야구 1호 홈런, 삼성의 이만수)이 터지더니 연장전, 만루 홈런, 굿바이 홈런(MBC의 이종도)등 야구의 재미를 한껏 만끽할 수 있는 개막전에 관중들이 열광하기 시작한 것이다. 프로야구 대성공의 전주곡이었다.

프로야구가 성공적 데뷔를 하자 이에 한껏 고무된 전두환은 다음 해에 프로축구와 민속씨름을 연달아 개최하고 86·88꿈나무를 육성하는 등 스포츠에 엄청난 투자를 하기 시작한다. 나라에서 직접 지원한 것도 있지만, 각 종목의 협회장을 재벌들에게 맡겨 자연스레 그들이 투자할 수 있도록 유도했다. 그리고 그 결과는 84년 LA올림픽에서 두드러졌다. 태극기와 애국가가 이국땅에서 울려 퍼지는 모습을 TV 생중계로 처음 접하게 된 국민들은 열광할 수밖에 없었고, 정권은 이를 톡톡히 이용했다. 3S 정책의 한 축인 스포츠가 제 몫을 십분 달성한 것이다.

'국민 우민화 정책'은 SPORTS에 그치지 않았다. 전두환은 집권 즉시 '야간통행금지'를 폐지한다. 82년 1월이었다. 이로써 12시 이전에 집에 모두 돌아가야 했던 암흑의 시절이 끝나고 새로운 밤의 문화가 시작된 것이다. 이렇게 되자 룸살롱, 카바레, 나이트, 스탠드바, 터키탕 등이 우후죽순으로 생겨나기 시작했다. 청량리를 비롯한 집창촌도 규제 완화와 더불어 손님이 끊이질 않았다. 이것이 3S 정책의 하나인 SEX산업이다. 이 SEX산업은 3S의 마지막인 SCREEN과도 연계가 되는데 80년대에 제작된 영화의 절반 이상이 '에로물'이었다. 〈밤에 피는 장미〉, 〈팁〉, 〈티켓〉, 〈애마부인〉, 〈무릎과 무릎사이〉, 〈산딸기〉, 〈변강쇠〉 등의 시리즈물이 극장에 범람했고, 청계천 등지에서는 국적 불명의 포르노테이프들이 활개를 치게 된다. 이런 포르노물은 빠르게 일반 가정에 보급되었던 컬러TV와 비디오가 있었기 때문에 가능한 것이었는데 3S의 하나인 스크린은 영화만을 뜻하는 것이 아니라 컬러TV와 비디오를 포함하는 것이었다. 화려한 쇼 프로그램과 총천연색 드라마는 국민을 자연스레 TV 앞으로 끌어들였고, 국민은 정치 전반에 대한 생각을 멀리하게 되었다.

결과적으로 국민 우민화 정책이었던 3S 정책은 완벽히 성공했다. 그 결과 다른 산업들도 덩달아 발전하는 모습을 보였다. 그렇다고 우리가 전두환을 떠받들어야 하는 것일까? 일제가 나라를 빼앗았으나 산업화의 기초를 이루게 해줬으니 고마워해야 한다는 뉴라이트들의 논리에 박수를 쳐야 하는 것인가? 언제나 그렇듯 판단은 독자 여러분의 몫이다.

'김의 전쟁' 권희로 사건 1 :
영웅 신화

    얼마 전 영화 〈김의 전쟁〉의 주인공, 권희로가 세상을 떠났다. 일본의 인물백과사전에 한국인으론 안중근과 더불어 유이하게 이름을 올렸던 권희로. 민족의 영웅인지 그렇지 않으면 한낱 깡패, 양아치인지는 이 글을 읽고 여러분들이 각자 판단하기 바란다.

    권희로의 어머니 박득숙은 1909년생으로 일본인 집에서 식모 생활을 하다가 17세 때 고향 부산에서 밀항선을 타고 일본으로 건너갔다. 그리고 권명술을 만나 결혼해 1928년에 아들을 낳으니 그가 바로 권희로, 일본 명 가네오까 야스히로다(권희로는 곤도 야스히로, 가네오까 야스히로, 시미즈 야스히로 등의 여러 일본 이름을 썼다. 이유는 재일 조선인이라 구직 등의 어려움이 있어 이를 숨기기 위해서였다. 전과를 숨기기 위한 이유도 있었겠지만……).

　목재 하역 인부였던 권희로의 부친은 그가 세 살 되던 해에 사망하고, 2년 뒤 모친은 김종석과 재혼을 한다. 그때 권희로에서 김희로로 성이 바뀌게 되었다. 남편이 사망하고 김희로의 모친은 엄청난 고생을 한 것으로 보이는데, 이때도 그녀의 가족들은 조선인이라는 차별과 멸시를 받아야만 했다.

　김희로는 의붓아버지와 사이가 좋지 않았고 이런 가정사는 그의 인성을 삐뚤게 만든다. 그는 어릴 때부터 가출을 밥 먹듯이 했다. 그의 의붓 동생들이 일본에서 대학교수를 하고 있는 등 부유하게 살던 것으로 보았을 때, 어머니의 재혼과 의붓아버지와의 불화는 그가 정상적인 교육을 받으며 자라는 데 방해가 되었던 것 같다.

　초등학교 때부터 가출을 했던 김희로는 14세 때 시계를 훔친 혐의로 처음으로 경찰에 체포된다(자신은 부인한다). 그 후로도 여러 차례 절도, 횡령 등의 혐의로 구속 수감되었던(조사를 받는 동안 조센징이라는 이유로 수차례 인간적인 멸시를 받음) 그는 1959년, 가토 가즈코와 결혼한 뒤 술집을 운영하며 자신의 인생에서 가장 행복한 시절을 보낸다.

　그러나 행복한 생활은 오래 가지 않았다. 경영하던 술집이 망하고 빚에 시달리게 되자 일용직 노동자로 전락한 그는 결국 다시 범죄에 손을 대고, 경제적 이유 등 여러 문제가 닥치자 부인과도 이혼을 하게 되었다. 국적, 전과 등으로 취업이 불가능한 상태였던 김희로는 늘 돈에 쪼들렸고, 결국 사채를 빌려 쓰는 상태에 놓이게 된다.

김희로는 지인인 오카무라에게 어음을 담보로 18만 엔을 빌렸는데 갚을 돈이 없자 자신의 자동차를 처분해 빌린 돈을 갚았다. 그러나 어이없게도 이 어음이 당시 3대 야쿠자로 불리던 '이나가와 카이'의 중간 보스인 소가 유키오의 손에 들어간다. 소가는 빌린 돈과 이자까지 포함해 총 30만 엔을 갚으라고 요구했고 김희로는 차일피일 지불을 미루었다. 이즈음 의붓아버지인 김종석이 자살하여 모친이 정신적 충격 상태에 빠져 있었는데, 소가 유키오 일당은 그녀가 운영하던 식당까지 찾아가 아들의 빚을 갚으라고 요구를 했다. 이렇게 되자 분노가 폭발, 그들을 죽이기로 마음먹은 것이다. 그는 깡패였는지는 모르지만 효심만큼은 대단한 사람이었다.

김희로는 아는 사람에게 부탁해 라이플총과 다이너마이트를 손에 넣은 뒤(누구한테 무기를 받았는지에 대해서는 그 사람이 다칠까봐 죽을 때까지 출처에 대해 함구하겠다고 했고, 실제로 그렇게 했다) 소가를 죽이기 위해 그에게 전화를 걸어 "돈을 갚을 테니 밍크스 클럽으로 오라"고 말한다.

1968년 2월 20일 저녁, 소가 유키오와 그의 부하들은 돈을 받기 위해 약속 장소인 시미즈 시에 위치한 밍크스 클럽에 나타났다.

"어이 가네오까, 돈은 준비됐나?"

"좀 기다려요. 이따가 드릴 테니."

"요시, 오늘 술도 네가 사는 거지?"

술을 마시던 김희로는 자리에서 일어나 클럽 내에 있던 전화기로 조호연에게 연락을 취한다(김희로에게 인간적으로 잘 대해 주었던 사람). 그러나 좀처럼 통화가 되지 않았고 그때 화장실에 가던 소가가 그의 눈에 들어왔다. 전화를 끊고 화장실로 소가를 따라간 그는 "소가 상, 오늘은 좀 곤란하겠는데요"라고 사정을 말했지만, 소가는 "뭐라는 거야? 이 조센징, 더러운 돼지 새끼, 당장 돈 가지고 와!"라고 그를 윽박질렀다(소가의 이 말에 격분해 그를 사살했다고 증언한다).

"알겠다"는 말을 남기고 클럽을 빠져나와 주차장으로 향한 김희로는 미리 준비해 뒀던 라이플총을 꺼내 들고 다시 클럽으로 들어갔다. 그리고 소가 유키오에게 여섯 발, 그의 부하인 오오모리 야스시에게 세 발을 발사해 살해하고 클럽을 빠져나왔다. 그는 차를 몰아 시즈오카 현 온천 관광지인 후지미야 여관에 들어가 투숙객 열한 명, 여관 가족 네 명을 인질로 잡는다.

현장에 출동한 경찰은 여종업원들의 증언을 듣고 김희로가 범인임을 알게 되었다. 얼마 안 있어 김희로는 시미즈 경찰서로 전화를 걸어 순경 부장 니시오를 찾는다(니시오는 김희로가 믿음을 가지고 있는 경찰로 영화 〈김의 전쟁〉에 잘 묘사되어 있다. 김희로 사건은 일본에서 기타노 다케시가 주연한 〈김의 전쟁〉이라는 드라마로 제작되었고, 한국에서도 유인촌 주연의 동명 영화 〈김의 전쟁〉이 제작되어 화제를 뿌린 바 있다). 그러나 니시오가 자리에 없다고 하자 전화를 끊고, 3시간 후 다시 전화를 걸어 니시오와 통화를 한다.

"지금 어디인가?"

"시즈오카 현 후지미야 여관에 있소. 인질을 10여 명 잡고 있습니다. 다 터놓고 얘기하겠소."

"어떡할 건가?"

"자살할 겁니다."

"쓸데없는 짓 하지 마라. 요구 조건이 뭐야?"

"경찰들을 섣불리 접근시키지 마시오. 인질이 다칩니다. 그리고 기자들을 불러주시오."

김희로는 불안과 공포에 떠는 인질들을 안심시켰다.

"죄송합니다. 당신들을 다치게 할 생각은 조금도 없습니다. 제가 하고 싶은 말이 있어서 그럽니다. 개인적인 일로 여러분들을 불편하게 해서 정말 미안합니다. 절대 죽이지 않을 테니 안심하십시오."

김희로는 인질들 앞에 무릎을 꿇고 그들의 불안을 해소시켰다. 여관 주인에게는 자신의 시계를 풀어 여관비로 대신하라고 건네주었다. 이 때문인지 인질들은 나중에 풀려나서 "전혀 두려움이 없었다. 김희로가 잘 대해 주었다"고 증언했는데, 이것이 물론 '스톡홀름 신드롬'일 수도 있겠으나 분명한 건 그가 인질들을 헤칠 맘은 없었다는 것이다.

여관 벽에 김희로는 '죄도 없는 이 집에 폐를 끼치게 되어 진심으로 죄송합니다. 책임은 죽음으로 사죄할 것입니다. 어머님, 불효를 용서하십시오. 고이즈미 형사, 당신의 발언이 내 가슴에 못을 박았습니다'라고 적기도 했다. 이렇게 무려 5일간, 시간으로 따지면 88시간의 인질극이 시작된 것이다.

경찰은 여관을 포위하고 헬기까지 동원했지만 여관 안으로 들어가지 못했다. 출입이 허락된 사람은 기자들이 유일했다. 김희로는 신문 기자, TV 뉴스 기자들과 여러 차례 인터뷰를 가졌고, 생방송으로 인질극이 일본 전역에 방송되기도 했다.

"기자들을 불러달라고 한 이유는 뭡니까?"

"일본 경찰이 TV를 통해 조선인에게 한 차별적인 언사와 폭력을 공개 사과하기 바랍니다."

"무슨 말입니까?"

"일본 경찰은 같은 죄를 저질러도 조선인에게는 차별적으로 대했습니다. 특히 시미즈 경찰서의 고이즈미 형사는 그 정도가 심합니다."

김희로와 직접적인 연관은 없었으나 과거 고이즈미가 조선인에게 언어폭력을 휘두른 것을 보고 김희로가 이에 항의하는 사건이 있었다. 고이즈미는 "너희 조센징은 일본에서 숨 좀 죽이고 살아라"고 다그쳤고 이에 항의하자 "빠가야로, 조센징들은 그런 말을 들어도 싸다"라고 했던 것이다.

"자수할 생각은 없습니까?"

"없습니다. 요구 조건이 들어지지 않으면 다이너마이트를 터뜨려 자살할 것입니다."

"자살을 얘기하는데 유서는 써놓았습니까?"

"내 차 트렁크를 열어 보시오. 노트가 있는데 거기 적어 놓았습니다."

김희로는 노트에 일기 형식으로 여러 일을 적어 놓았다. 어머니에 대한 미안한 감정, 조선인으로 겪은 차별, 고이즈미와 야쿠자에 대한 분노 등……. 결국 시미즈 경찰서의 서장과 고이즈미가 공개 사과를 한다. 그러나 김희로는 사과의 이유를 구체적으로 명시해 다시 할 것을 요구했고, 이튿날 두 사람은 다시 한 번 TV 앞에서 공개 사과를 하고 이는 일본 방송에 여섯 차례나 보도가 되었다. 전대미문의 일이 일어난 것이다.

고이즈미가 사과하자 김희로는 그 대가로 우선 인질 네 명을 풀어줬다. 이렇게 되자 경찰은 그를 설득하기 위해 그가 좋은 감정을 가지고 있던 경찰 니시오와 모친을 사건 현장으로 부른다.

그러나 김희로는 모친과의 접견을 강력히 거부했다. 결국 아들과 마주하지 못한 모친은 현장을 방문한 민단 단장에게 직접 지은 한복을 건네며 자식을 만나거든 자신의 말을 꼭 전해 달라고 요청한다.

"일본인에게 잡혀 고문 당하지 말고 깨끗하게 자결해라."

남은 인질 중 세 명을 다시 풀어준 김희로는 다카마쓰 현경 본부장에게 전화를 걸어 "자살한다는 얘기는 변함이 없다. 민족 차별로 학대받은 조선인이 수없이 많다. 일본인들이 더욱더 따뜻한 마음과 이해로 우리 조선인을 만나줬으면 좋겠다"라고 말했다. 이에 다카마쓰 본부장은 "민족의 명예에 상처 입히는 조센징 빠가야로 발언에 대해 진심으로 변명할 여지가 없다고 생각합니다. 일본과 한국은 피차 서로 이해하고 우호적으로 발전해야 한다고 생각합니다"라며 재차 사과 방송을 했다.

이 방송을 듣고 김희로는 다시 세 명의 인질을 풀어주려고 현관으로 나왔다가 기자로 위장한 경찰들에게 체포되었다. 그의 88시간의 인질극이 끝이 난 것이다.

'김의 전쟁' 권희로 사건 2 :
거짓과 진실 사이

이 사건으로 일본 사회는 격랑에 휩싸였다. 그동안 쉬쉬해왔던 재일 동포 차별 문제가 본격적으로 대두된 것이다. 그러나 정작 당사자인 재일 교포들은 시큰둥했다. 김희로가 자신의 범죄를 감추기 위해 재일 교포 차별 문제를 들고나와 '쇼'를 하고 있다고 생각한 것이다. 그러나 쇼였든 아니었든 간에 일본 내 재일 교포에 대한 문제점이 부각되고 개선의 장이 마련되었던 것만은 분명한 사실이다.

김희로는 이 사건으로 무기징역을 선고받았다. 그러나 그의 파란만장한 삶은 여기가 끝이 아니었다. 오랜 장기수 생활 끝에 출소해서 조국으로 돌아와 영웅이 되었지만, 그는 일련의 불미스런 사건에 휘말리게 되고, 과거 그가 한 일이 미화되었다는 주장이 나오며 영웅에서 한낱 양아치로 전락하고 만 것이다.

체포된 김희로는 무기징역을 선고받고 복역하게 되었다. 그러나 김희로 사건은 일본 내 재일 교포들의 차별 문제를 공론화시켜 많은 논쟁거리를 낳았기에 그가 수감된 감옥으로 인권단체, 대학교수, 시민단체, 야당 정치인들이 수시로 찾아오게 되었고 정부도 그를 특별수감 대상으로 지정할 수밖에 없었다. 이렇게 되자 간수들조차 그를 맘대로 할 수 없었고 그는 이를 이용, 아주 자유로운 수감생활을 하게 된다. 일례로 참치 회가 먹고 싶다고 하면 감방에서 참치 회까지 먹는 특혜를 받기도 했고, 방에 태극기를 걸어놓기도 했는데 감옥에서 이런 행동은 일반 범죄자라면 상상할 수 없는 일이었다. 그의 담당 간수 중의 한 명이 나중에 자살을 한 일이 있는데, 이것도 그에게 베푼 특혜 문제 때문에 일어난 게 아닌가 생각된다.

김희로가 재판에서 무기징역을 받고 장기수로 복역하자 한국에서는 구명운동이 일어났고 처음에는 기독교 관계자들이 후원을 자청, 물심양면으로 도왔다. 1973년 김희로는 이들의 도움으로 한 여인과 옥중 결혼을 했지만 5년 만에 헤어지게 된다. 이혼 후 김희로는 우연한 기회에 한국의 '돈경숙'이라는 여인에 대한 이야기를 듣게 된다. 돈경숙은 일본인 현지처였는데, 남편에게 한국인 현지처가 있다는 것을 알고 이를 확인하기 위해 한국에 온 일본인 본부인을 칼로 찔러 살해한 인물로 검찰에서 사형을 구형했으나 무기징역형을 받고 4년째 수감 중에 있는 인물이었다.

70~80년대에 일본인 현지처 문제는 상당한 사회적 문제를 야기했다. 한국의 젊은 처녀들이 일본의 돈 많은 유부남들과 사실혼 관계를 유지하며 애까지 낳고 사니 오죽했겠는가? 그런데 역사는 돌고 돈다고 요새 우리나라 유부남들이 베트남이나 중국, 인도, 필리핀 등에 가서 현지처를 만들고 애 낳고 나 몰라라 하는 거 보면 기도 차지 않는다.

같은 무기징역의 처지, 또 일본인을 죽였다는 공통점이 있던 여인에 대해 김희로는 호기심을 느꼈고 곧 그녀에게 편지를 쓰게 되었다. 이후 편지로 현해탄을 오가던 두 사람은 81년 정식으로 혼인 신고를 하고 옥중 결혼을 하게 된다. 그로서는 두 번째 옥중 결혼이 되는 셈이다. 앞의 여자는 면회 시에 얼굴이라도 보고 대화라도 했지만, 돈경숙과는 대화는커녕 얼굴도 못 봤는데도 결혼을 했다. 나중 돈경숙은 무기징역에서 감형되어 90년 석방, 일본을 오가며 김희로의 옥바라지를 한다.

그러나 한번 양아치는 영원한 양아치고, 한번 쌍년은 영원한 쌍년인 법이다. 하던 짓거리가 있는데 어느 한순간 새사람으로 변한다는 게 말이 되겠는가? 돈경숙은 그동안 김희로가 모은 돈

3억 원을 들고 한국으로 날라 버렸다. 후원회에서 정기적으로 김
희로를 위해 모금을 했지만 감옥에서 돈을 쓸 일이 있었겠는가?
그렇게 모은 돈이 3억 원이었다. 돈경숙은 이 돈으로 식당, 찜질
방 등을 운영했으나 잘되지 않았던 것으로 보인다.

이때 김희로의 심정이 어떠했겠는가? 사랑하는 사람의 배
신, 거기다가 돈까지 들고튀었고, 그럼에도 어떻게 할 수 없는 감
옥에 갇힌 상태니 미치고 팔짝 뛰었을 것이다. 그리하여 이내
"미친년, 죽여 버린다"며 복수의 칼날을 갈았다.

그러나 김희로의 구명운동은 쉽사리 이루어지지 않았다. 장
기수로 복역하고 있지만 두 명을 살해한 범인이고, 한일 양국의
문제도 걸려 있기 때문에 가석방이 쉽게 성사되지 않았던 것이
다. 게다가 야쿠자들과 일본 극우단체들은 틈만 나면 김희로를
석방하면 바로 테러로 응징하겠다고 협박을 가하는 상태였다.

이런 상황에서 삼중 스님이 나서기 시작했다. 우선 김희로의
모친과 만난 삼중은 반드시 그를 석방시켜야겠다고 마음먹고 돕
기 시작한다. 한국과 일본의 저명인사들을 만나 도움을 요청하
고, 탄원서에 대선 주자였던 김영삼, 김대중의 서명을 받아내어
일본 법무성에 제출하는 등 아주 열성적으로 구명운동을 위해
발 벗고 뛰었다. 이런 삼중 스님과 이재현 씨 등 후원 사업회의
활동으로 김희로는 마침내 석방된다. 1999년의 일이었다.

일본 정부는 김희로를 석방하면서 다시는 일본으로 오지 않겠다는 서약서를 받았고 그가 공항을 떠날 때는 네 명의 특수요원이 경호를 섰다. 야쿠자들과 일본 우익단체들이 계속해서 그를 죽인다고 협박했지만, 그는 무사히 고국의 품으로 돌아왔다. 그리고 그 즉시 그는 영웅이 되었다.

정몽준은 권희로를 위해 아파트 한 채를 내놓았고, 그의 수기를 연재하기 위해 한국의 각 언론들은 발 빠르게 권희로(한국으로 온 김희로는 친부의 성을 따 권희로로 개명했다)와 접촉했다. 과실을 딴 건 〈중앙일보〉였다. 〈중앙일보〉는 홍석현까지 수기를 따내기 위해 뛰어다녔고 마침내 성공, 연재할 수 있었다. 권희로의 수기는 대단한 반향을 일으켰고 단행본으로 출간되기도 했다.

이즈음 권희로는 자원봉사활동을 하고 기부활동도 적극적으로 하는 등 석방을 도와준 고국에 감사를 표하는 한편, 돈경숙에게 연락을 취한다. 어차피 한번은 만나야 할 사람이고 과거야 괘씸하지만 이미 지난 일이니 어쩌겠는가? 그렇게 다시 만난 두 사람은 재결합을 하기로 했다. 권희로가 모든 걸 용서하기로 한 것이다. 둘은 정몽준이 마련해 준 아파트에서 신접살림을 차렸다. 그러나 한번 쌍년은 뭐라고 했던가?

돈경숙이 권희로가 가지고 있던 현금과 귀금속 등 5천만 원 상당의 금품을 들고 또 날랐던 것이다. 이에 격분, 권희로는 돈경숙을 절도죄로 고발했지만, 우리 법은 가족 사이에선 사기죄나 절도죄가 성립되지 않기에 어쩔 수 없이 화를 삭일 수밖에 없었다.

그때 괴로워하던 권희로를 위로하는 여인이 있었으니, 바로 박 모 여인이다. 꽃가게를 운영하던 박 씨는 권희로를 위로하며 가까워졌고, 나중에는 그에게 일본어를 배우며 급속도로 친해지게 되었다. 그러나 문제는 박 씨가 유부녀라는 데 있었다. 나이 70이 넘은 그가 40대의 유부녀를 사귀었으니 이걸 능력이라 해야 할지……. 어쨌든 박 씨의 불륜을 알게 된 남편은 아내를 추궁, 더 이상 권희로와 만남을 못 갖게 했다. 그러나 이미 사랑에 눈이 먼 권희로에게 그녀의 남편은 둘의 사랑을 방해하는 방해자일 뿐이었다.

2000년 8월 30일, 칼과 휘발유통을 들고 박 씨의 남편을 찾아간 권희로는 칼을 들이밀며 죽인다고 협박했다. 남편 안 씨는 사건이 확대되는 것을 원치 않아 조용히 넘어갔다. 남편의 속마음이야 알 길이 없으나 아마 동네에 사실이 알려지는 것을 꺼렸던 것으로 보인다. 얼마나 남세스러웠겠나? 자기 마누라가 70대 노인과 사랑에 빠져 간통을 저지르고 있고, 늙은이는 남편인 자신을 죽이겠다고 찾아와 설치니 말이다.

그러나 나흘 뒤인 9월 3일, 권희로는 다시 한 번 칼을 들고 안 씨를 찾아갔다. 이번엔 안 씨도 가만히 있지는 않았다. 며칠 전 사건도 있고 해서 권희로가 다시 올 것을 대비해 못을 박은 각목을 준비해 놓고 있었던 것이다. 이윽고 두 사람의 육박전이 시작되었다. 그러나 권희로는 이미 70대 노인이었다. 안 씨가 전치 2주의 상해를 입은 반면 권희로는 안 씨가 휘두른 각목에 턱을 맞아 상당한 부상을 당하고 만다. 경찰은 권희로를 살인미수 혐의로 체포해 구속시켰다. 내연의 관계였던 박 씨도 살인공모죄를 적용, 불구속 입건했다.

이 모든 사건이 권희로가 귀국하고 단 1년 만에 일어난 일들이었다. 1년 만에 그는 민족의 영웅에서 양아치로 추락하고 만 것이다. 고국에 돌아오자마자 각종 매스컴과 사람들의 관심 속에 살았지만 채 1년이 안 되어 다시 예전의 외로운 삶을 살게 된 권희로에게 박 씨란 존재는 보통 여자 이상으로 다가왔을 것이다. 이를 입증하듯 감옥에서 그는 박 씨의 사진을 보며 일과를 시작하고 끝냈다. 박 씨도 남편은 제쳐 두고 하루도 빠지지 않고 그를 면회했다. 결국 박 씨는 남편과 이혼, 출감한 권희로와 결혼하게 되었으나 얼마 안 있어 무슨 이유에선지 다시 이혼한다.

인생의 말년에 암을 얻어 투병 생활을 했던 권희로는 정몽준에게 받은 아파트도 처분하고, 귀국 시 평생 진료를 허락한 병원도 있었으나 병원에 한번 가 보지도 못하고 사망한다. 부산의 단칸방에서 삶을 마감한 권희로의 마지막은 이정희라는 여자가 지켰다.

    권희로, 그는 영웅이 아니다. 범죄자일 뿐이었다. 그를 영웅으로 만든 건 매스컴과 우리들이었다. 그러나 언론과 사람들의 관심은 금방 식기 마련이고 권희로는 이를 견디지 못했다. 인생의 절반 이상을 감옥에서 보낸 그에게 과연 뿌리 깊은 민족의식과 동포 의식, 인권 문제나 차별 문제가 있었을까? 모르겠다. 다만 확실한 것은 그의 문제 제기가 재일 교포들이 당하던 차별이나 부당함을 해소하는 데 상당 부분 일조했다는 것이다.

    예전보다는 많이 없어졌다고 하나 아직도 일본 내에서는 재일 동포, 자이니치 코리안 들을 색안경을 낀 눈으로 바라보고 있다. 다시는 권희로 사건과 같은 일이 재발하지 않길 바라며 고인이 된 권희로의 명복을 빈다.

천하의 DJ도 꼼짝 못 한 선거판의 책사,
엄창록

역대 선거판에서 정치인 곁을 지키며 그들을 코치해 제갈량의 꾀를 내는 인간들은 숱하게 있었으나(80년대 '국본'의 제갈량 이해찬, 97년 대선의 '준비된 대통령', 'DJ와 춤을'을 히트시킨 윤흥렬, 2007년 문국현의 책사 김헌태 등) 그중 가장 뛰어난 능력을 발휘한 사람은 김대중의 책사 엄창록, 그리고 한나라당의 윤여준이다.

전 세계인의 필독서이자 스테디셀러인 『삼국지』에는 숱한 모사꾼과 책사가 등장한다. 그중 가장 유명한 사람은 제갈량과 조조다. 유비를 주군으로 모시고 신출귀몰한 전략을 구사한 제갈량은 스스로 주군이 될 수도 있었으나 대를 이어 유비 부자에게 충성을 다 바쳤다. 반면 조조는 인재에 큰 욕심을 가지고 있으면서도 스스로가 누구보다 뛰어난 모사였다. 책사들의 도움을 받을 땐 받고, 그렇지 않을 땐 자신의 책사까지도 속이며 전략을 펼친 것이 조조였다. 우리 선거판을 『삼국지』에 비교하면 윤여준은 제갈량이요, 조조는 김대중이다.

우선 김대중에 대해 얘기해 보자. 김대중은 자기 자신의 머리와 능력에 대해 상당한 자부심을 가지고 있었다(조조도 마찬가지). 그래서 연설 원고도 직접 작성하고 그렇지 않을 경우엔 "이렇게 저렇게 쓰고, 이런 내용은 반드시 넣고, 저런 내용은 절대 넣지 마라"고 지시를 했다. 참모가 자신의 지시를 어겼을 땐 불호령이 떨어졌다. 동교동에 신입으로 들어온 참모들이 잘 보이려고 시키지도 않은 짓을 할 때가 더러 있었는데 그때마다 DJ는 엄청나게 화를 냈다.

"뭐여, 시방 내가 하라는 대로 하란 말이여! 에, 말하자면 국민들이 뭘 좋아하고 뭘 싫어하는지 나보다 더 잘 아는 사람은 없다 이 말이여. 에, 그러니 내가 하라는 대로만 해부렀으면 좋겠다 그거여. 오버하지 말고."

그런데 이런 DJ도 딱 한 사람 말은 군말 없이 잘 들었는데 그가 바로 '선거판의 귀재', '선거전의 여우'라고 불리던 엄창록이었다.

1967년 총선에서 박정희는 정보부에 다음과 같은 지령을 내린다.

"김대중, 김영삼은 반드시 떨어뜨려라."

이 말에 따라 공화당과 정보부는 김대중의 지역구인 목포를 특별 지역구로 지목, 공화당 후보인 김병삼을 당선시키기 위해 엄청난 물량 공세를 했다. 막대한 자금을 투입한 것은 물론이요, 선거 기간에 이례적으로 박정희가 직접 목포를 방문해 국무회의를 열기도 했고, 엄청난 지역발전 공약을 내걸기도 했다(김병삼이 당선되면 목포에 공장을 세우고 국립대학도 설립하겠으며 목포의 경제 활성화를 위해 최선을 다하겠다며).

그러나 박정희와 공화당의 전폭적인 지원, 정보부의 대대적인 공작에도 불구하고 김병삼은 김대중을 꺾는 데 실패하고 마는데 그 원인 중에 하나가 바로 엄창록이었다. 당시 엄창록이 생각하는 선거전의 기본 전략은 다음과 같았다.

"대한민국 집권당의 선거 운동은 앞장서서 법을 어기는 범죄, 바로 그것이다. 3.15 부정선거와 같이 공무원 동원, 돈 봉투 살포를 넘어 투·개표 조작까지 멋대로 하는 권력의 범죄적 선거 방식을 깨야 한다. 이유제강의 전술을 개발해서 관권·금권 선거에 대응하지 않으면 야당은 살길이 없다."

이를 기본 전략으로 삼아 엄창록은 다음과 같은 구체적인 전술을 짰다.

"야당 운동원이 양담배를 물고 거드름을 피우며 여당 후보를 지지하라고 권유한다. 그러면서 유권자들에게는 값싼 담배를 피우라고 내민다. 즉, 여당 후보에 대한 반감을 유발시켜라."

"야당 운동원이 극소액을 봉투에 담아 여당 후보 이름으로 밤중에 돌린다. 받는 사람이 열 받도록 극소액으로 한다."

"야당 운동원이 여당 후보 이름으로 고무신 같은 선물을 돌린 뒤, 다음 날 일제히 다른 집에 갈 게 잘못 전달됐다며 회수한다."

"여당 후보의 이름으로 유권자들을 식당에 초대한 뒤, 식당에 가면 아무도 없게 한다. 헛걸음한 유권자들을 격분시킨다."

"우리 운동원들에게 유권자들을 만나라고 지시하면서 열 명 중 한두 명은 없는 사람, 즉 유령 유권자들을 집어넣어라. 그래야지만 운동원이 제대로 유권자들을 만났는지 아니면 놀다왔는지 알 수 있다."

"대전을 들러 유세를 하려면 그 전에 반드시 현충사를 들러 대전 시민의 자긍심을 높여라."

지금 보면 말도 안 되는 전술이라고 할 수 있지만 당시 상황에서는 획기적이라고 볼 수 있는 작전이었다. 엄창록이 더더욱 대단한 것은 절대로 스스로 전면에 나서지 않았다는 점이다. 당시 김대중의 상대 후보 김병삼은 엄창록의 존재조차도 몰랐다.

또 하나 엄창록은 대한민국 선거판에서 최초로 '점조직'이라는 것을 만들어 낸 인물이다. 그리고 요즘 많이 하는 피켓을 이용하는 선거도 엄창록이 최초로 도입했다. 70년 신민당 대통령 경선에서 당선이 확실하던 김영삼의 승리를 김대중에게로 돌린 인물도 바로 엄창록이었다. 그때 엄창록의 점조직이 엄청난 힘을 발휘하는데, 심지어 김영삼의 텃밭이었던 경남 출신 대의원들도 엄창록의 회유에 넘어가 김대중을 찍었으니 더 말해 무엇하랴!

이런 엄창록이기에 중앙정보부는 골치를 앓았다. 엄창록 때문에 여당에서 하는 공작은 씨알도 안 먹혔던 것이다. 오히려 역공을 받기 일쑤였으니, 중정은 엄창록을 DJ와 떼어놓기 위해 안간힘을 쓴다.

중정부장 김계원은 그를 회유하기 위해 온갖 노력을 다 했으나 엄창록은 꿋꿋이 DJ 곁을 지켰다. 그러나 박정희의 대표 모사라고 할 수 있는 '제갈 조조 이후락'이 정보부장에 임명되자 엄창록은 DJ 곁을 떠나게 된다. 그것도 대통령 선거 열흘 전이었다(갑작스런 행방불명). 그리고 그가 사라진 뒤 곧바로 중정은 박빙의 선거판을 뒤집을 획기적인 작품을 들고나오니 바로 그 유명한 '지역감정 조장'이었다. "호남인이여 단결하라", "영남에 뺏긴 대통령 호남인이 찾아오자"라는 플랜카드와 전단들이 선거를 앞두고 대대적으로 영남 지역에 살포되었던 것이다.

이것이 엄창록의 작품인지 아닌지는 알 길이 없다. 엄창록은 "정보부에 회유된 것도 아니고, 그들을 위해 일하지도 않았다"고 강력히 부정했고, 당시 정보부 간부들 역시 "회유에는 성공했으나 활용도는 전무했다"고 증언했다. 그러나 "지역감정 조장정책은 분명 엄창록의 아이디어였다"는 증언도 있는 것이 사실이다.

어쨌든 엄창록이 선거판의 여우였던 것만은 분명하다. 대통령인 박정희도 그의 선거 보고서를 보고 입을 떡 벌렸다고 하고, 김대중은 마지막 자서전에서까지 그를 잃은 안타까움을 표현했으니 귀재인 것만은 분명해 보인다.

87년 대통령 선거를 앞두고 노태우는 엄창록에게 사람을 보낸다. 선거판에서 어떻게 하면 자신이 이길 수 있을지 꾀를 좀 내달라는 뜻이었다. 이에 엄창록은 단 한마디 말로 그들을 돌려보냈다.

"김대중, 김영삼이 다 나오기로 됐으니 끝난 얘긴데 내게 뭘 물을 게 있는가? 당신네 당선은 확실하다. 물러가라."

한나라당 제갈량,
윤여준

한나라당의 제갈량이라고 불리는 윤여준. 우선 그의 학력을 살펴보자. 윤여준은 대한민국의 최고 명문 중에 하나인 경기고등학교를 졸업했다. 그러나 대학은 SKY가 아닌 단국대에 입학한다. 당시 경기고를 들어가는 수재라면 서울대 아니면 연·고대를 가는 게 보통임에도 불구하고 그는 단국대를 택했다. 이유는 공부를 안 했기 때문이다. 일설에 의하면 윤여준의 건강에 이상이 생겨 공부를 할 수 없는 상황이었다고 하는데(공부도 체력 싸움의 하나다) 그래서 그는 공부 대신 독서에 몰두했다고 한다. 당시의 방대한 독서량이 훗날 그를 정치판의 제갈량으로 만든 원동력이 되지 않았을까 추측해 본다.

단국대를 졸업한 윤여준은 〈동아일보〉에 입사해 기자 생활을 시작하는데, 역시 기자 생활도 훗날 그를 전략가로 만드는 데 상당 부분 일조를 한 것으로 보인다. 현대 정치는 여론 정치다. 여론이 어떻게 움직이는가를 파악하고, 그 여론을 어떻게 이끄는가가 정치를 좌지우지하는 것이다. 히틀러의 대표 모사 괴벨스는 나치의 선전가였고, 박정희의 모사 이후락은 국가재건최고회의 공보관이었으며, 전두환의 대표 모사 허문도 역시 기자 출신이었고, '준비된 대통령', 'DJ와 춤을'을 히트시켜 김대중 대통령 만들기 공신이었던 윤흥렬도 기자 출신이었다.

윤여준은 〈조선일보〉에서 당시 여당 기관지라 불리던 〈경향신문〉으로 이직했다가 얼마 후 주일대사 공보관으로 자리를 옮긴다. 이후 줄곧 공보관, 공보비서관 등을 맡으며 자연스레 여론과 정치를 몸에 익힌다. 그러면서 실력을 인정받은 윤여준은 항상 권력의 지근거리에서 꿈을 키워 나간다. 그리고 드디어 그의 꿈을 실현시킬 주군을 만나니 그가 바로 이회창이다.

97년 대선에서 김대중에게 패한 이회창은(많은 분들이 윤여준이 두 번이나 이회창 대통령 만들기에 실패했다고 하는데, 사실 97년 대선에서 윤여준은 한 게 별로 없다. 윤여준은 2002년 대선에서 선거를 지휘했지 97년은 아니다. 단언컨대 윤여준이 97년 대선에서 전권을 휘둘렀다면 정권 교체가 위험했을 수도 있다. 윤여준의 실력은 그만큼 대단하다) 이듬해에 윤여준을 자신의 정무특보로 임명한다.

2002년 드디어 윤여준은 한나라당 미디어대책위원회를 맡으며 지략가로서 면모를 발휘하기 시작한다. 그러나 이때도 윤여준은 원하는 대로 선거판을 짤 수 없었다. 한나라당 내에서 서서히 윤여준을 견제하는 세력이 등장했기 때문이다. 지금도 윤여준은 야인 신세를 면치 못하고 있는데, 그 이유 중의 하나가 한나라당 내 윤여준 비토세력 때문이다.

결국 윤여준은 대선 패배의 멍에를 뒤집어쓰고 일선으로 물러났다. 그러나 노무현 탄핵이 이루어지고, 그 후폭풍으로 한나라당이 고사 직전에 이르자 한나라당은 그를 다시 찾을 수밖에 없었다. 그리하여 윤여준은 한나라당 선거대책본부장을 맡으며 화려하게 컴백을 하게 되고, 당시 최병렬의 뒤를 이어 다 쓰러져가는 한나라당을 이어받은 박근혜에게 다음과 같이 충고한다.

"무조건 잘못했다고 말하세요. 핑계도 필요 없고 이해를 구하는 것도 필요 없습니다. 무조건 무릎 꿇고 잘못했다, 다음엔 이러지 않겠다, 반성한다고만 말하세요. 그것 말고는 없습니다."

이 말은 들은 박근혜는 빙긋 웃으며 "잘됐네요. 어렵지도 않고⋯⋯"라고 했다는데 어쨌든 총선에서 전멸할 것 같던 한나라당은 기사회생할 수 있었다.

윤여준의 충고가 어떻게 보면 당연한 것도 같고 전략도 아닌 것 같지만, 사실은 그렇지 않다. 필자가 다른 책에서도 여러 차례 말했지만 대한민국 선거판에서 진보 개혁 세력은 절대 보수를 이길 수가 없다. 백 번 선거하면 백 번 다 깨져야 하는 게 정상이다. 그러나 현실은 그렇지가 않다. 이유는? 간단하다. 늘 알아서 삽질을 해 주기 때문이다. 삽질이 없다면 절대 진보 개혁 세력의 승리는 있을 수가 없다. 박근혜가 선거의 여왕이라 불리는 이유도 이 때문이다. 박근혜는 아무것도 안 하고 아무 발언도 안 한다. 즉 아무것도 안 하지만, 그렇기 때문에 삽질을 안 한다는 것이다. 그러니 선거의 여왕이 되는 것이다.

윤여준의 발언도 당시 한나라당의 보통 의원이면 절대 상상할 수 없는 발언이었다. 아직도 노무현 탄핵이 정당했다고 생각하는 새누리당 의원들이 숱한 것이 현실이다. 윤여준이 무서운 이유가 바로 이것이다. 윤여준은 눈앞의 사태를 대단히 객관적으로 무섭고 정확하게 진단한다(새누리당에 그런 인간 없다. 아니, 보수 전체를 통틀어서 그런 사람 없다). 그런 정확한 진단 아래에서 기획과 전략이 나오는 것이다. 필자는 윤여준의 인터뷰를 볼 때마다 소름이 쫙 돋는다. 이런 사람이 새누리당에서 핵심 보직을 맡는다면 다음 대선도 힘들어진다고 보기 때문이다. 윤여준이 야인으로 있는 게 사실 너무 기쁠 정도다.

그러나 윤여준을 너무 무섭게 볼 필요는 없을 것 같다. 안철수 사태를 보니 이제 윤여준이 많이 늙어 총기가 떨어진 것 같다. 전략가로서 완벽한 실패다. 아니면 욕심이 너무 앞섰던가.

그리고 이명박 정부 편에 설 가능성도 제로다. 윤여준은 이명박을 매우 싫어하기 때문이다. 이명박도 마찬가지로 윤여준을 싫어한다. 그러니 아무리 이명박이 어려운 상황에 처해도 윤여준을 부를 일은 없을 것이다. 이명박이 한나라당 대통령 후보가 되고 당선이 확실시돼 가던 무렵, 윤여준은 한나라당 관계자에게 다음과 같이 말했다.

"당신들 도대체 어떻게 하려고 이러느냐?"

어쨌든 2002년 대선에서 이회창의 지략가로 활동한 윤여준은 선거 패배의 책임을 뒤집어쓰고 일선에서 물러났다. 한나라당은 대선 전에 있었던 총선에서 중진급 거물들이 대거 공천에서 탈락하는 공천학살이 일어났는데 이는 이회창이 자신의 권력 강화와 '한나라당=수구'라는 이미지를 벗고 싶어 실시한 것이다. 그러나 학살당한 의원들과 그를 따르는 대의원들은 강력 반발했다. 그러면서 이를 뒤에서 지휘한 것이 윤여준이 아니냐는 의심을 계속해서 했다. 이러한 의심들에 대선 패배라는 짐까지 더해져서 윤여준은 물러날 수밖에 없었던 것이다.

그러나 대선 직후 한나라당은 이회창이 정계 은퇴를 선언하고 새로운 대표를 뽑기 위한 전당대회를 치러야 했고, 이때 대표 후보로 나온 최병렬은 자신의 승리를 위해 윤여준을 다시 책사로 불러들인다. 그리고 윤여준은 기다렸다는 듯이 최병렬의 러브콜에 화답하며 달려갔다.

이게 윤여준의 가장 큰 단점이다. 윤여준은 자신을 알아봐주고 자신이 실력을 발휘할 수 있다고 판단되면 어디든 달려가는 스타일이다. 지금 이명박과 사이가 좋지 않지만, 이명박이 당선된 뒤 그를 찾아 중용하겠다고 했으면 충분히 달려가고도 남았을 위인이 바로 윤여준이다.

최틀러의 사람이 된 윤여준은 단숨에 최병렬을 한나라당의 대표로 만들어 버렸다. 이때 그가 짠 필승 전략이 '이회창 삼고초려론'이었다. 당시 최병렬은 2002년 대선에서 '이회창 필패론'을 내세웠던 전력으로 이회창을 지지하는 세력들에게 곱지 않은 시선을 받고 있는 상황이었다(이회창이 장기간 한나라당의 총재로 있었고 대선에서 아깝게 패한 후 정계 은퇴를 선언했기 때문에 당내에선 이회창 동정론까지 일고 있던 상황이었다. 그렇기 때문에 이회창을 비난한 최병렬로서는 전당대회가 쉽지 않은 상태였다. 이를 극복하기 위해 윤여준은 '이회창 삼고초려론'을 들고나온 것이다).

그러나 윤여준이 짠 '이회창 삼고초려론' 한 방으로 그동안 섭섭해 있었던 이회창 세력들은 마음을 풀었다. 거기다가 강재섭과 김덕룡 등 중진들과의 연대도 주선했으며 최병렬의 전당대회 연설문까지 직접 쓰고 언론과의 인터뷰까지 코치하면서 당시 한나라당의 주류이자 강력한 1위 후보였던 서청원을 따돌리는 데 성공한 것이다.

일화 하나. 당시 노무현 대통령이 일본을 방문해서 "나는 한국에서도 공산당이 허용될 때라야 비로소 완전한 민주주의가 될 수 있다고 생각한다"라고 발언한 적이 있다. 노무현이 이 같은 발언을 한 것은 방일 중이기 때문일 것이다. 일본은 공산당 활동을 보장하고 있기 때문이다. 어쨌든 노무현의 발언에 당연히 최병렬은 발끈하여 강력한 비난과 항의를 하려고 했지만 윤여준은 다음과 같은 말로 최병렬을 달랬다.

"우선 발언의 진의를 알아봐야 한다. 그리고 일본 공산당이 어떠한지도 자세히 모르지 않은가? 무조건 비난하는 것은 옳지 않다."

김어준이 왜 윤여준을 보고 '합리적이고 말이 통하는 보수'라고 했는지 감이 오는가? 윤여준은 김대중, 노무현의 공도 상당 부분 인정하고, 새누리당의 과실도 굉장히 날카롭게 비판하는 사람이다. 일례로 오세훈의 무상급식 주민투표 때는 "민주주의를 부정하는 짓"이라는 말까지 했었다. 오세훈을 시장으로 만들어준 인물이 자신임에도 불구하고 말이다.

어쨌든 최병렬을 당 대표로 만드는 데 일등 공신 역할을 했지만, 전면에 나서고 언론의 조명을 받으면 받을수록 한나라당 내에서는 그를 비토하는 세력이 늘어만 갔다. 이것도 책사로서의 그의 한계다. 이런 면을 볼 때, 앞서 언급한 김대중의 책사 엄창록이 진정한 책사인 것이다. 엄창록은 꾀를 내면서도 절대 전면에 나서지 않았다. 이것이 전략가의 기본이다. 그럼에도 윤여준은 전면에 나서길 즐긴다. 이 때문에 그를 견제하는 온갖 세력과 싸우게 된다. 싸움을 즐기지 않는 스타일임에도 불구하고 흐름이 그렇게 되어 버리는 것이다. 윤여준의 한계가 바로 이것이다.

윤여준은 최병렬의 신임과 지원으로 한나라당 여의도연구소장을 맡으며 꿈을 키웠으나 한나라당과 최병렬이 차떼기와 노무현 탄핵으로 날아가자 야인으로 살 수밖에 없었다.

그러나 소금 먹은 놈이 물 찾고 똥 마려운 놈이 화장실 찾듯 탄핵으로 다 쓰러져 가던 한나라당은 구원투수로 그를 다시 부를 수밖에 없었고, 선거판에서 그는 '무조건적인 사과와 거여 견제론'을 들고나와 박근혜와 한나라당을 살려냈다.

그 후 윤여준은 한나라당에서 다시 그를 견제하려는 조짐이 보이자 미련 없이 탈당해 야인의 삶을 사는 듯 보였다. 그러나 윤여준의 실력을 아는 인사들이 그를 가만 두지 않았고, 2006년 지방선거에서 오세훈의 선거기획위원장이 되어 그를 당선시켰다.

이후 한나라당 대통령 후보를 뽑는 전당대회에서 박근혜와 이명박 측이 동시에 그에게 러브콜을 보냈지만 모두 거절했다. 그리고 이명박이 당선되고 윤여준은 이명박에게 날카로운 독설을 내뿜게 된다. 이것이 이명박과 윤여준의 사이가 멀어진 결정적 계기였다. 선거 전 인터뷰에서 이명박은 윤여준과의 친분을 과시했던 적도 있었기에 선거 전까지는 사이가 소원하지 않았던 것으로 보이나 당선 후 보수의 전략가로 통하는 윤여준이 본인을 비난하자 우리의 각하께서 노여워하신 것 같다.

이후 이명박에게 간간히 독설을 날리며 가끔씩 언론에 주목을 받던 윤여준이 다시금 세간에 화제를 뿌리는 사건이 일어나니 여러분들이 다 아시는 '안철수 사태'다.

안철수 사태로 윤여준은 치명상을 입었다. 사실상 재기가 불가능한 사태까지 갈 수 있다고도 보인다. 이제 그가 전면에 등장해 무엇을 하려고만 하면 세간의 온갖 비난이 그에게 쏠릴 것이다. 그렇기 때문에 보수의 장자방이라 불리던 그가 이 사태를 어떻게 돌파하는지 눈여겨보는 것도 정치를 보는 하나의 재미가 될 것이다.

이번 대선에서 새누리당과 박근혜가 지금 같은 대세론을 끝까지 밀어붙일 수 있다면 윤여준이 설 땅은 없을 것이다. 그러나 만일 새누리당과 박근혜가 어려워지면 보수는 반드시 윤여준을 다시 찾을 텐데, 그때 윤여준이 어떻게 움직일지…… 재미있게 지켜볼 일이다.

정치과외
제1교시

경제

권력 유착 재벌의 탄생

우리는 흔히 재벌을 동경한다. 한편으론 부러워하고 한편으론 그들의 부도덕함을 공격하기도 한다. 그리고 '어떻게 그 위치에 오를 수 있었을까?' 궁금해 하기도 한다.

한국의 재벌들이 어떻게 부를 축적했는지는 이미 많은 사람들이 책으로 엮어낸 바 있다. 그러나 이런 책들은 하나같이 그들의 근면성과 과감성, 결단성 등만 높이 사 재벌 총수들의 공만 나열하였다. 그래서 모두가 다 천편일률적이고 흡사 위인전처럼 되어 버린 것들이 많다. 한때 인기를 끌었던 MBC의 '성공시대'라는 다큐프로그램도 마찬가지였다. 범인凡人들은 성공한 사람들이 어떻게 그 자리에 올랐는지 궁금했는데, 방영된 내용은 본인들의 뼈를 깎는 노력, 인내를 이겨낸 의지, 과감한 결단력 등에만 초점을 맞춘 것이다. 성공한 사람들, 그 주인공들과 주변 사람들의 주장과 증언을 바탕으로 프로그램을 만들었으니 어쩌면 당연한 것인지도 모르겠다.

그러나 성공이라는 것은 본인의 노력만으로 이루어지지 않는다. 세상에 노력 안 하고 사는 사람 있나? 독자들은 인생을 대충대충 설렁설렁 사시나? 그렇지 않을 것이다. 모두들 각자 나름대로 최선을 다해 인생을 산다. 그러나 성공이란 과실은 아무에게나 돌아가지 않는다. 성공의 조건은, 특히 재벌과 같은 대성공의 조건은 '노력'이라는 당연한 명제에 '운'과 '조력자'가 필수적으로 따라와야 하는 것이다.

대한민국의 재벌들은 이 세 가지 공통점을 모두 가지고 있다. '운'과 '조력자'가 없으면 그 어떤 뛰어난 인물도 성공과 출세의 가도를 달리지 못한다. 그러니 "나는 아무리 노력해도 성공하지 못한다"고 좌절하는 독자가 계시다면 아직 희망을 버리지 마시라. 언젠간 당신에게도 도와주는 사람과 운이 따르는 날이 있을지 모르니 말이다.

롯데그룹, 신격호, 그리고 부동산

신격호는 영산 신씨인 아버지 신진수와 어머니 김순필 사이에서 1921년 11월 맏이로 태어난다(호적에는 1922년으로 되어 있음). 태어난 곳은 경남 울주였고 밑으로 동생이 아홉이나 되었다. 신격호는 다섯 살 되던 해에 큰아버지 신진걸이 세운 '둔기의숙'에 들어가 한문과 신학문을 배우고 언양의 6년제 보통학교를 졸업한 뒤 2년제인 울산농업학교로(지금의 울산농고) 진학한다. 학교를 졸업하고 경남도립 종축장(축산)에서 기사 생활을 했으나 생활에 만족하지 못해 1년 만에 관두고 일본으로 떠난다. 이때가 1941년, 그의 나이 스물한 살이었다.

일본으로 가기 전인 1940년, 신격호는 부친의 권유로 동네 처자 노순화와 결혼하지만 부인을 두고 홀로 일본으로 떠난다. 이후 노순화는 시댁에서 아이를 키우며 남편이 돌아오기를 기다 렸으나 신격호는 일본에서 일본 여자와 재혼했고, 결국 노순화는 남편의 얼굴도 보지 못한 채 젊은 나이에 사망하고 말았다.

노순화와 신격호 사이에서 태어난 자식이 현재 롯데쇼핑, 롯 데면세점 사장인 장녀 신영자다(롯데그룹의 가계도는 나중에 자세히 언급하 겠다. 당연히 독자 여러분이 기다리시는 미스롯데 서미경, 혹은 서승희 얘기도 그때 나 올 것이다. 물론 개차반 신동학 얘기도).

일본으로 갈 때 신격호는 아버지로부터 단돈 100원을 받아 가지고 왔기에 친구의 자취방에서 '빈대' 생활을 해야 했다. 돈 이 필요했던 신격호는 이튿날부터 바로 우유배달을 시작했다. 새 벽에는 우유를 배달하고 끝나면 공부를 하는 주경야독의 고단 한 생활이 시작된 것이다. 그런데 신격호의 이 우유배달이 동네 에 소문이 나기 시작했다. 왜? 항상 한 치의 오차도 없이 정확한 시간에 우유를 배달했기 때문이다(신격호의 우유배달 소리가 시계를 대신 했다는 얘기도 있는데 이건 좀 오버 같다).

이렇게 되자 신격호에게 우유를 배달해 먹는 사람들이 자연 스레 늘어났고 혼자서는 감당이 안 되는 지경에까지 도달한다. 결국 우유배달원이 자신 밑에 또 다른 우유배달원을 고용하는 초유의 사태까지 다다랐다. 업주의 입이 찢어진 건 말할 필요도 없을 것이다. 그러면서 신격호는 틈틈이 헌책방으로 달려가 문학

서적을 탐독했다. 이때 그의 꿈은 '작가'였다. 가장 감명 깊게 읽은 작품이 괴테의 『젊은 베르테르의 슬픔』이었는데, 특히 작품의 여주인공인 '샤로테'를 무척 좋아해 나중 자신의 회사 이름을 지을 때도 '샤로테'에서 따와 '롯데'라고 한 것이다.

그러나 부인과 딸, 연로하신 부모님, 아홉이나 되는 동생들을 고국에 두고 온 신격호로서는 그들의 뒷바라지를 위해서라도 작가의 꿈을 포기할 수밖에 없었고, 이공계로 진로를 바꿔 와세다대학 이공학부로 입학을 하게 되었다. 그러던 중 신격호의 일생을 뒤바꾸는 일이 일어나니, 평소 신격호의 성실함과 똑똑함을 눈여겨보던 하나미츠라는 사람이 그에게 파격적인 제안을 한 것이다. 하나미츠는 당시 전당포와 고물상을 운영하고 있었다.

"어이, 시게미쓰!(신격호의 일본 이름이 시게미쓰 다케오임) 요새 전쟁에 필요한 선반용 기름(기계 자르는 커팅오일)이 부족해서 난리인데 자네가 한번 만들어 보지 않겠나? 생각이 있다면 자금은 내가 빌려주지. 물론 만들기만 하면 판매처도 적극 알아봐 주고."

신격호는 오오모리에 건물을 빌려 공장을 차린다. 그러나 기계 한번 돌려보지 못하고 미군의 폭격에 공장은 잿더미가 돼 버리고 만다. 다시 하치오지에 공장을 설립하고 생산을 시작했으나, 역시 며칠 못 가 폭격으로 공장은 폐허가 되고 말았다. 신격호에게 남은 거라곤 하나미츠에게 갚아야 할 빚 5만 엔뿐이었다. 그러나 죽으라는 법은 없다고 얼마 뒤 일본이 패망을 하고 만다.

빚이고 뭐고 그냥 한국으로 도망가면 끝이었다. 그런데 신격호는 한국으로 돌아가지 않았다. 위기가 기회라는 말처럼 일본의 패전을 기회로 멋지게 재기의 발판을 마련한 것이다.

배운 게 도둑질이라고 신격호는 다시 사업을 시작하는데, 예전에 했던 선반용 기름 제작이 기초가 되었다. 1946년 도쿄에 '히카리 특수화학연구소'를 차린 신격호는 커팅오일을 원료로 빨랫비누, 세숫비누, 포마드, 크림 등을 만든다. 그의 전공이 응용화학이었던 것도 많은 도움이 되었다. 그리고 이렇게 만든 제품들은 초초초대박을 친다. 패전 후 생필품이 절대 부족했던 일본 시장에서 엄청난 히트를 친 것이다. 없어서 못 팔 지경에까지 다다랐다. 당연히 사업 개시 1년 만에 하나미츠에게 빌린 5만 엔을 갚고(이자까지 두둑이) 여유 자금까지 확보한 신격호는 다른 곳으로 눈을 돌린다. 공업용품이 아닌 식품업계에 뛰어들 생각을 한 것이다. 그렇게 해서 탄생한 것이 오늘날의 롯데그룹을 있게 만든 '롯데 껌'이었다.

"껌이라면 역시 롯데 껌 (ガム は…… やっぱり ロッテ……)."

한국전쟁 후 한국의 아이들에게 가장 인기 있던 게 미군들이 건넨 초콜릿이나 껌이었다. 이는 일본도 마찬가지였는데 특히 한번 입에 넣으면 며칠을 씹을 수 있는 껌은 매혹적인 기호식품이었다. 이에 당시 일본에서는 300개가 넘는 소규모 껌 공장들이 도처에 즐비해 있었다. 그러나 소규모 가내 수공업 형태의 껌 공장이 대부분이었기 때문에 제품은 조악하기 그지없었고 디자인도 엉망이었다. 신격호는 여기에서 아이디어를 얻는다.

"제품의 질을 높이고 포장도 예쁘게 꾸미자. 그러면 분명 승산이 있다."

그 즉시 신격호는 약제사를 한 명 고용하고, 껌 성형 등에 활용하기 위해 국수 기계를 사들인다. 그렇게 해서 첫 번째 껌인 풍선껌을 만들어 냈다. 시장의 반응은 뜨거웠다. '히카리 특수 화학연구소'에서 나온 신제품 풍선껌의 소문은 금방 도매상들에게 퍼졌고 불티나게 팔려 나간다. 원료가 부족해서 못 만들 정도였다. 점차 직원들이 부족해지기 시작하자 신격호는 공장 주변의 일반 주부들을 일꾼으로 채용하다가 그래도 손이 모자라자 과거 자신의 경험을 떠올려 신문배달부, 우유배달부 등 일본에서 공부하며 일하는 고학생들을 직원으로 채용해 장학금을 주며 일을 시켰다. 이에 감동한 고학생들은 모자라는 원료를 직접 발품을 팔아가며 구해오는 성의를 보였다.

껌을 생산한 지 1년 만에 엄청난 돈이 신격호의 수중으로 들어왔다. 이에 신격호는 공장의 몸집을 불리게 된다. 법인 사업체로 전환을 시도한 것이다. 롯데그룹 탄생의 서막이 오른 이때가 1948년, 도일한 지 8년째로 그의 나이 28세 때였다.

신격호의 제1목표는 '타도 하리스'였다. 롯데가 어린이를 대상으로 한 풍선껌 판매에 국한하고 있을 때, 하리스는 니이다카, 도리스, 사쿠라 등의 성인을 대상으로 한 일반 껌도 시판하고 있었고 포장도 획기적이었다. 당연 하리스는 당시 일본 껌 업계 1위를 달리고 있었다.

하리스를 꺾기 위해서는 공장의 규모를 넓혀야 한다고 생각한 신격호는 롯데 창립 당시 100만 엔이었던 자본금을 500만 엔으로 늘리고 공장은 도쿄 신주쿠의 허허벌판을 매입하여 사세를 확장시킨다. 지금이야 신주쿠가 일본 최고, 나아가 아시아에서 가장 번화한 동네지만 당시만 해도 아무것도 없는 허허벌판이었다. 그러니 땅값도 당연히 쌀 테고 이렇게 싼 가격에 매입한 공장지대이니 나중에 얼마나 땅값이 올랐겠나? 땅의 위력을 신격호가 알게 된 것이다. 그래서였나? 나중 신격호는 롯데부동산이라는 부동산 회사도 차리게 된다.

성공한 사람이 누구나 그렇듯 운도 그의 편이었다. 이듬해 일본 정부는 불량식품 일제 단속을 벌이고 나아가 식품위생법까지 제정하는데, 이에 기존의 중소 껌 공장들은 모조리 단속에 걸리거나 기존의 제조방식을 바꾸어야 했다. 당연히 소비자들은 이들이 만든 껌을 외면하기 시작했고, 반대로 최신 공장에서 좋은 원료로 만든 롯데 껌의 인기는 급상승하게 되었다.

그러나 아직 업계 1위 하리스와의 격차는 너무나 컸다. 제품만으로 승부해서는 하리스를 이길 수 없다고 생각한 신격호는 젊은 나이와 창의력을 바탕으로 여러 가지 아이디어 제품을 내놓는데 역시 신제품을 출하할 때마다 공전의 히트를 친다. 당시 대표적인 상품으로는 '샌프란시스코 강화조약'을 기념해서 만든 '강화 껌', '크리스마스 껌', '카우보이 껌', '주사위 껌', '그린 껌' 등이 있었는데 강화 껌과 크리스마스 껌, 카우보이 껌은 반짝 특수를 생각하고 만든 것이고(카우보이 껌은 당시 일본에서 유행하던 서부영화에 착안하여 생산된 제품), 주사위 껌은 포장지를 파격적으로 바꾸어(종이 포장이 아닌 셀로판 포장) 고객들의 눈을 사로잡았고, 그린 껌은 입 냄새를 제거하는 엽록소를 포함시킨 껌이라는 요즘 말로 기능껌을 만들어 공전의 히트를 기록한다.

제품들의 연속 히트로 롯데의 시장 점유율은 어느덧 20% 선까지 올라갔다(당시 하리스는 40%). 신격호의 파격 행보는 여기서 그치지 않는다. 유통망 개선에도 손을 대 직영제를 도입하고 도매상에게서 올라오는 반품을 전면 새것으로 교환해주기 시작한 것이다. 타 업체에서는 반품 제품은 회사가 50, 도매상이 50을 부담했다. 이러니 도매상들이 롯데 제품을 안 받을 이유가 없었다. 그렇게 롯데 껌은 전국으로 유통망을 넓힌다. 그러나 아직 끝나지 않았다. 신격호는 마지막으로 마케팅에도 손을 댄다. 왜 그를 유통의 '끝판왕'이라고 하는지 다 이유가 있는 것이다.

1953년 일본 문화방송이 개국하자 신격호는 스폰서로 참가

해 미인대회인 '미스롯데'를 개최한다. 미스롯데 대회도 신격호의 머리에서 나왔는데, 그러니 당연히 대회에 애착을 가질 수밖에 없었다. 그래서 나중 한국에 진출해서도 미스롯데 대회를 지속적으로 개최했고, 미스롯데 출신 중에 가장 예뻤다고 알려진 서미경과 혼외정사를 통해 딸까지 둔 것이다. 비록 혼외정사였지만 신격호는 의리는 있었다. 나이 차이가 무려 40년이나 나는 어린 애인, 자기를 위해 잘나가던 연예계 생활도 접은 그만의 샤로테를 지금도 무한 애정으로 보살피고 있는 것이다. 여성을 쾌락의 상대로만 대했던 다른 재벌과 정치인들에 비하면 대단하다고 할 수 있기는, 뭐가 있나! 나이 차가 40년이나 되는 그 예뻤던 손녀 같은 여인을……

어쨌든 이런 파격적인 행보, 제품의 차별화, 공격적인 마케팅에 견디다 못한 업계 1위 하리스는 결국 타 회사로 넘어가 버리고 만다.

제1목표를 완수한 신격호는 곧장 새로운 제품으로 눈을 돌리니 바로 초콜릿이다. 당시 일본의 초콜릿 시장은 '모리나가'와 '메이지사'가 양분하고 있었는데 이들 두 기업이 너무나 탄탄해 신생 업체가 발을 붙이기 매우 힘들었다. 그러나 주변의 반대에도 불구하고 신격호는 밀어붙여 신제품을 만들어 내니 그것이 바로 '롯데 가나 밀크 초콜릿'이었다. 가나의 생산으로 롯데는 껌이란 단일 품목에서 벗어나 종합제과회사로 발돋움하게 된 것이다.

당시 일본은 한국 전쟁을 계기로 산업이 다시 발전하고 수출이 호조를 보이며 서서히 선진국 대열에 들어서고 있었다. 이에 정부는 '소비가 미덕'임을 강조하며 국민들의 소비를 촉진시켰다. 그렇게 해서 TV의 보급이 상당히 이루어지자 신격호는 이것을 활용한다. TV에 초콜릿 광고를 대대적으로 실시한 것이다.

신격호는 당시 민간 TV 3개 사에 주당 5백 회나 초콜릿 광고를 쏟아부었다. 엄청난 물량이 아닐 수 없었으나 신격호는 선발 업체를 잡으려면 이것이 가장 확실한 방법이라고 생각했다. 당연히 가나도 롯데 껌과 마찬가지로 전국적인 유통망을 확보하게 되었다. 껌에 이어 초콜릿마저 성공시킨 롯데는 이후 캔디, 아이스크림, 비스킷 시장에도 차근차근 진출하며 완벽한 종합제과 회사로 일어설 수 있었다.

신격호는 '롯데제과'에만 만족하지 않고 여러 계열사를 만들어 나가면서 몸집을 키워 10년 만에 '롯데상사'를 만들게 되고, 롯데상사는 롯데가 만드는 제품들의 판매만 전문적으로 담당함으로써 롯데가 성장할 수 있는 밑거름을 제공했다. 이렇게 '롯데'를 뒷받침하는 계열사는 롯데상사 이외에도 수출입 업무를 담당했던 '롯데물산', 원자재를 조달하기 위해 만든 '롯데자재', 광고를 도맡았던 '롯데아도', 계열사가 가지고 있는 부동산들을 관리했던 '롯데부동산', 전산을 담당했던 '롯데데이터', 롯데의 이미지 재고를 위해 인수한 '롯데오리온스(지금은 지바 롯데마린즈)' 등이 있었고, 롯데와는 무관히 운영되었던 계열사도 있었는데 패스트푸드업체였던 '롯데리아', 종합레저센터인 '롯데회관', 리스회사였던 '롯데서비스', '롯데전자' 등이 있었다.

이중에서 눈여겨보아야 할 계열사는 역시 '롯데부동산'이다. 신격호는 유통의 귀재이기도 했지만 동시에 부동산의 귀재이기도 했다. 최초 도쿄 근교의 허허벌판이었던 신주쿠에 공장을 차렸던 신격호는 돈을 벌면 그 즉시 공장 주변과 신주쿠 일대의 땅을 조금씩 사들였다. 나중에 이 땅들의 값어치가 천문학적으로 치솟으면서 롯데와 신격호의 자산은 눈덩이처럼 불어나는데, 이에 땅의 중요성을 알아챈 신격호는 이를 전문으로 관리하는 주식회사를 따로 만든 것이다. 다른 기업들은 전혀 생각하지 못하는 일을 신격호가 한 것이다.

땅을 보는 눈은 그가 한국에 진출하면서도 당연히 계속된다. 지금 서울의 금싸라기 땅에 롯데호텔, 롯데월드, 롯데백화점, 롯데칠성물류센터 등이 자리한 것은 바로 이런 점이 작용한 것이다. 그러나 땅 문제로 동생들과 한바탕 진흙탕 싸움을 벌이기도 했는데, 그 문제는 롯데 가계도를 이야기하며 다시 다루겠다.

롯데그룹 형제의 난

일본에서 성공한 기업가로 우뚝 선 신격호에게(일본에서 성공하기까지 일본인 처가의 도움도 단단히 한몫했다. 그 문제도 역시 가계도를 이야기하며 다루겠다) 쿠데타로 집권한 박정희가 도움을 청하게 되고, 신격호도 박정희의 요청을 받아 '한일국교정상회담'의 막후에서 활동했다.

당시 부총리였던 장기영은(경제 부총리, 〈조선일보〉 사장, 〈한국일보〉 창간) 신격호에게 국내에 들어와 산업을 일으켜 달라고 부탁하며 기간산업 특히 군수산업에 투자를 해 달라고 요청한다. 그러나 군수산업에 투자하는 것은 신격호로서는 받아들이기 힘든 제안이었다. 국적이 한국이었던(두 아들은 일본 국적, 나중에 일본 국적 포기) 재일교포 신격호가 일본에서 소비산업으로 돈을 벌어 한국의 군수산업에 투자한다고 알려지면 일본 내 여론이 나쁘게 흘러갈 것은 당연지사였기 때문이다.

신격호는 제안을 거절하지만, 한국 정부의 요청을 마냥 거절할 수만도 없었고, 어쨌든 자신도 고국에 투자를 하고 싶었기 때문에 고심을 거듭했다. 일본에서 벌이고 있는 사업을 고스란히 들고 가면 이번에는 고국에서 욕을 얻어먹을 수밖에 없는 상황이었다. 외국에서 번 돈으로 전쟁으로 황폐해진 고국을 일으키는 기간산업에 투자하지 않고 소비산업을 한다고 하면 국내 여론이 나빠질 것은 당연했다. 결과론적으로 그렇게 되어 지금도 신격호와 롯데그룹은 욕을 먹고 있는 것이다.

신격호는 군수산업이 아닌 기간산업, 그중에서도 돈이 될 것 같은 제철·제강 분야에 투자를 생각한다. 절대 손해는 보지 않겠다는 이야기인데, 이게 바로 신격호와 롯데그룹의 경영 이념이다. 신격호는 다른 대기업처럼 문어발 확장도 하지 않고, 잘 모르는 분야에 무리하게 뛰어들지도 않으며, 성공 가능성이 없으면 애초 시도조차 하지 않고, 특히 빚으로 하는 경영은 시작조차 하지 않는다. IMF 때 수많은 그룹이 허망하게 쓰러졌어도 롯데만큼은 끄떡없이 견딜 수 있었는데, 이유가 이 때문이다. 아마 10대 그룹 중에서 현금 보유량이 가장 많은 기업이 롯데일 거다. 장담컨대 한국 경제에 대형 쓰나미가 몰아쳐 삼성이 쓰러지는 한이 있어도 롯데는 쓰러지지 않을 것이다. 물론 신격호가 사망하면 어떻게 될지 모르지만 말이다.

어쨌든 결심이 서자 신격호는 일본 가와사키제철의 도움을 받아 설계도면, 자금조달방법, 사업계획, 운영계획 등을 작성해 한국 정부에 '제철공장설립안'을 제출한다. 그러나 박정희의 대답은 'NO'였다. 왜? 박정희도 알고 있었던 거다. 현 단계에선 제철산업만이 한국을 이끌 수 있는 기간산업이고, 제철산업이 나중에 엄청난 돈을 갖고 오리라는 것을……. 박정희는 신격호에게 제철산업은 나라에서 할 테니 다른 기간산업이나 중공업 분야를 알아보라고 권하고, 이에 신격호는 제철산업이 아니면 안 한다고, 중공업 분야는 아무것도 모르고, 모르는 분야에 투자 따윈 안 한다고 완강히 버텼다.

"나는 내가 제일 잘 알고 잘할 수 있는 분야에만 투자해. 시장에 뛰어들어서 점유율 60%를 달성 못할 것 같으면 애초에 시작도 안 해. 중공업? 난 그런 거 몰라. 제철이 안 되면 내가 잘 아는 식품, 유통, 이쪽으로 투자할 거야."

그렇게 되어 롯데의 한국 진출은 '롯데제과주식회사'로 시작된 것이다. 신격호는 동생들을 통해 이미 한국에서 사업을 하고 있었으나, 신격호 본인이 전면에 등장한 것은 이때가 처음이었다.

1967년, 신격호는 고국인 한국에 진출해 '롯데제과주식회사'를 설립한다. 자신은 회장으로 있으면서 오랜 동지이자 파트너였던 유창순(은행가이자 관료, 재정부 장관, 앞서 언급한 프로야구 창설 때의 국무총리)을 대표이사로 내세웠다. 그리고 이때부터 유명한 신격호의 셔틀경영(한 달은 일본, 한 달은 한국에 체류하며 양국의 롯데그룹 경영)이 시작된다. 그러나 롯데의 실질적 한국 진출은 이때보다 2년 앞서 이루어졌는데 '롯데공업주식회사'가 그것이다.

롯데공업은 신격호의 넷째 동생 신춘호가 만든 회사로 신춘호는 형의 도움으로 한국에서 대학까지 마친 후 일본으로 건너가 일본롯데에서 이사까지 역임한 인물이다. 그는 형에게 "이제 한국에 건너가 사업을 해보고 싶다"라고 말하고 한국으로 넘어와 롯데공업을 세웠다.

롯데공업을 세운 신춘호는 라면사업을 해보고 싶어 신격호에게 도움을 요청했다. 그러나 신격호는 "일본과 한국은 달라. 뭔 라면이야? 하지 마"라며 동생의 라면사업을 반대하며 별 도움을 주지 않았다. 그러나 신춘호는 끝끝내 라면사업을 시작했으니 이 롯데공업이 바로 지금의 '농심'이다.

결과적으로는 신춘호의 생각이 옳았다고 볼 수 있는데, 나중 신춘호가 농심으로 독립하고 나서도 롯데가 라면을 만들지 않은 이유는 이렇듯 농심과 롯데가 형제 기업이기 때문이다. 그런데 요사이 롯데가 라면시장에 진출하려는 모습을 보이자 두 기업이 내분에 휩싸인 것 아니냐는 관측이 나오고 있는데, 사실 신격호와 신춘호의 사이는 신격호가 라면사업을 하지 말라고 했던 그 시점부터 이미 틀어져 있었다. 신춘호는 도와주지 않는 형이 섭섭했고, 신격호는 자신의 돈과 명성으로 사업을 시작한 동생이 자기만 잘났다고 하고, 롯데 계열사임에도 불구하고 롯데공업의 내부를 잘 파악할 수 없자 불만이었던 것이다. 그런 상황에서 신춘호가 롯데와 결별, 농심으로 독립을 했으니……. 그렇기에 이후 두 사람 사이는 계속 껄끄러울 수밖에 없었다. 이야기가 나온 김에 여기서 롯데의 가계도를 조금 분석해 보자.

신격호는 10남매 중 장남이었다. 신격호 밑으로 아홉이나 되는 동생이 있는데, 첫째 동생이 롯데그룹 사장 신철호(작고, 신철호도 신격호와 사이가 좋지 않았는데 여기에 건강 문제까지 겹쳐 일찍 그룹 경영에서 손을 떼었다. 신철호는 법조계 인사들에게 자식들을 시집 장가보냈다)고, 둘째, 셋째는 여동생이고, 넷째 동생이 농심의 신춘호다.

신춘호는 큰형 신격호가 일본으로 떠나고, 작은형은 허약한 몸이었기에 어렸을 때부터 실질적인 가장 노릇을 한 것으로 보인다. 형의 만류에도 불구하고 라면사업을 시작할 수 있었던 것도 이러한 성장 배경 때문인 것으로 보이는데, 이 탓인지 그의 혼맥도 화려하다. 신춘호의 장남 동원(농심 부회장)은 민철호 동양창업투자의 딸인 민선영과 결혼했다. 둘째 동윤(율촌화학 부회장)은 동부그룹 회장이자 국회의장 출신인 김진만의 딸 김희선과 혼인했는데, 희선의 큰오빠가 김준기 동부그룹 회장이고 둘째 오빠는 전 국회의원 김택기다. 셋째 동익(메가마트 부회장)은 신명전기 노홍희(영국 대사 노창희와 형제)의 딸 노재경과 결혼했고, 장녀 신현주(농심기획 부사장)는 박남규 조양상선 회장의 넷째 아들 박재준과 연을 맺었다. 막내딸 윤경은 태평양그룹 서성환의 둘째 아들 서경배(태평양 사장)와 결혼했다.

신춘호의 자식들은 장녀인 '현주'만 이화여대 출신이고, 나머지는 모두 우리의 위대한 영도자 MB와 같은 고려대 출신이다. 그리고 모두 아버지의 자택이 자리한 한남동 부촌 일대에 모여 살고 있다. 한때 이건희가 자택 신축 공사를 하며 서로 으르렁거려 세간에 화제가 되기도 했다.

신격호의 다섯째 동생은 신경숙(한일향료 박성황 사장과 결혼)이고, 여섯째 동생이 일본산사스 회장 신선호다. 신선호는 한때 일본에서 신격호의 일을 도우며 롯데리아 창립에 큰 역할을 했다고 알려졌는데 지금은 독립하여 산사스식품을 맡고 있다. 이 신선호의 딸인 신유나가 태광그룹 이임룡의 아들 이호진(태광그룹 회장)과 결혼을 했다. 롯데의 홈쇼핑 인수문제로 사돈기업인 태광그룹이 섭섭해 했다는 후문이 한때 파다했다.

일곱째 동생은 NK그룹 최현열과 결혼(전 치안국장 최두열의 동생)하는데 장녀 은영이 한진그룹 조정훈의 아들 조수호(한진해운 부회장)와 혼인을 맺었다. 둘째 딸 은정은 정주영의 동생 정상영 KCC

회장의 아들 몽익과 결혼했고, 셋째 딸 은진은 김유진 재원테크 사장과 연을 맺었다.

여덟째 동생이 말도 많고 탈도 많은 푸르밀의 신준호다. 푸르밀은 롯데유업으로 시작해 롯데햄·우유를 거쳐 신준호가 롯데에서 독립하여 만든 회사다. 앞서 언급한 대로 신격호는 한일협정 이전부터 국내에 동생들을 앞에 내세워 투자도 하고 부동산도 사들였는데(한일협정 이전에는 일본 기업이 한국에 돈을 투자할 수 없었기 때문) 당연히 신준호 이름으로도 땅을 매입했었다. 그 땅이 나중세상을 시끄럽게 했던 롯데제과 양평동 땅이다.

김영삼이 금융실명제에 이어 부동산실명제도 실시하자 신격호는 동생들 명의로 된 땅을 롯데그룹 명의로 바꾸라고 지시한다. 그러나 신준호가 이를 거부하고 나섰다. 양평동 땅은 형의 땅이 아니라 아버지가 자기에게 물려준 땅이라는 논리였다. 이런 말이 나올 수도 있는 게 신격호는 아버지 앞으로 돈을 송금하면서 동생 명의로 어디어디 땅을 살 것을 부탁했기 때문이다. 그러니 신준호 입장으로서는 아버지가 나에게 땅을 물려준 것이라고 이야기할 수 있는 거다. 거기다가 땅의 값어치를 생각하면 신준호가 쉽게 땅을 포기할 수는 없었다.

결국 이 문제는 소송까지 가게 되었고 법정은 신격호의 손을 들어준다. 소송에 진 후, 신준호는 형을 찾아가 사죄를 했으나 이미 틀어진 형의 마음을 돌릴 순 없었다. 결국 신격호는 롯데그룹 부회장 직함에서 그를 빼 버렸고, 신준호는 롯데햄·우유를 들고나올 수밖에 없었다. 그러나 배신감에 치를 떨던 신격호는 뒤돌아서는 신준호의 뒤통수를 한 방 더 후려갈긴다.

"이 새끼, 먹고살라고 보내주긴 보내주는데 네 회사에 롯데란 말은 쓰지 마. 알았어?"

그렇게 해서 신준호의 회사가 푸르밀로 바뀌었다는 전설 같은 이야기가 전해진다.

그런데 신준호의 이름을 대내외적으로 널리 알리게 된 것은 형 신격호가 아닌 아들 때문이었다. 신준호는 한순용 전 현대산업개발 회장의 딸 한일량과 결혼을 했고, 둘 사이에서 낳은 장남이 바로 신동학이다. 이 신동학이 세간에 유명세를 떨치게 된 사건이 1994년에 있었으니 바로 '오렌지족 사건', 혹은 '프라이드 사건'이라 불리는 일이다. 오렌지족이라고 불리던 친구들과 함께 당시 최고급 세단이었던 뉴그랜저를 타고 압구정동 거리를 활보하고 있던 신동학이 소형차인 프라이드가 앞을 가로막자 "감히 어디 프라이드가 뉴그랜저의 앞길을 막아!" 하고 격분하며 프라이드 운전자를 폭행한 것이다.

세상이 시끄러워졌다. 사건 자체도 어처구니없었지만, 폭행의 가해자가 롯데그룹의 후계자 중에 한 명이라는 사실이 알려지자 온갖 비난이 롯데에 쏟아진 것이다(그러나 이전부터 신동학은 폭행 건으로 말썽이 많았다).

롯데에서는 조용히 근신할 것을 지시했지만 한번 양아치는 영원한 양아치인 것을 증명이라도 하듯이 프라이드 사건 발생 2년 후, 신동학은 동거녀와 마약 흡입신공을 보여주다가 다시 구속된다. 그러나 여기가 끝이 아니었다. 99년에 신격호의 아버지인 신진수의 묘가 도굴을 당하는 사건이 일어나는데, 결국 범인은 잡히고 현장검증 자리에 따라간 신동학이 분을 참지 못해 도굴범에게 라이트훅을 냅다 꽂아 버렸고, 이 장면을 사진기자가 멋지게 포착해 신문 헤드라인을 장식해 버리고 말았다. 롯데와 신격호, 신준호 입장으로서는 낳아 놓은 게 자식이 아니라 원수로 느껴질 정도가 돼 버린 것이다. 그러나 신동학의 만행은 그 다음 해에도 어김없이 이어진다. 혈중 알코올농도 0.246 상태로 (이건 뭐, 만취 수준이 아니라 사망 수준이다) 운전 중 음주단속을 하는 경찰관을 매달고 질주, 전치 12주의 상처를 입히고 차량 3대를 추돌하는 사건을 일으킨 것이다.

롯데에서 완전 눈 밖에 난 신동학은 이후 그 어떤 직책도 맡지 못하고 외국을 떠돌며 술에 찌든 생활을 할 수밖에 없었다. 다른 사촌 동생이나 형들이 착실히 후계자 수업을 받는 모습을 보며 스스로도 많은 자괴감에 빠졌을 거라고 생각이 들지만 누가 시킨 것도 아니고 스스로 그렇게 만든 것을 누굴 탓하겠는가?

결국, 2005년 신동학은 한국도 아닌 이국 땅 태국에서 싸늘한 시체로 발견된다. 사망 당시 그의 나이 36세였다.

롯데, 돈과 권력의 호형호제

신격호의 10남매 중 막내는 동화면세점 사장 신정희다. 남편은 김기병 롯데관광 회장으로, 롯데관광은 롯데 계열사는 아니고 이름만 빌려다 쓴 관광회사라 일본 최대 여행업체와 손잡고 관광회사를 한국에 차리려던 신격호는 김기병에게 롯데 로고와 이름을 사용하지 말 것을 요구한다.

막내 동생 입장으로서는 열 뻗치는 상황일 수밖에 없었다. 큰오빠라는 사람이 막내가 면세점을 하고 있는데 도와주지는 못할망정 롯데면세점을 차리지를 않나, 뻔히 여행사업 하고 있는 거 알면서도 이름까지 사용 못하게 하면서 경쟁을 하려고 하니 미치는 상황인 것이다. 그러나 신격호도 할 말은 있다.

"니들 나 아니었으면 지금 뭐 하고 있을 거라 생각하나? 내가 있었으니깐 니들이 지금 그나마 배 두드리고 사는 거야. 잊었어?"

앞서 언급한 대로 신격호는 한국에서 스무 살 때 동네 처자 노순화와 결혼을 했다. 그러나 결혼 후 1년이 안 돼 일본으로 밀항을 했고, 노순화는 장녀 신영자를 낳는다. 신영자는 장오식 선학알루미늄 회장과 결혼했으나 이혼 후 롯데로 돌아와 롯데쇼핑과 롯데호텔 면세점을 맡으며 오랜 시간 독신으로 지낸다. 재계 라이벌 삼성의 이명희와는 대학교 동창이다.

남편을 일본으로 떠나보낸 뒤 혼자 신영자를 기르던 노순화는 남편에 대한 그리움 때문인지 어쨌는지 병을 얻어 20대 후반의 어린 나이에 삶을 마감하고 만다. 신격호를 일본으로 떠나보낸 뒤 단 한 번도 신격호의 얼굴을 본 적이 없으니 그녀의 운명도 기구하다고 할 수 있겠다.

노순화 사망 이후 신격호는 일본에서 재혼을 하는데 배우자는 다케모리 하츠코라는 일본 여자였다. 여기서 눈여겨볼 점은 다케모리 하츠코의 집안 배경이다. 다케모리 하츠코의 모친은 시게미쓰 마모루의 딸이다. 즉 다케모리 하츠코의 외할아버지가 시게미쓰 마모루인 것이다.

시게미쓰 마모루는 2차 대전 중 일본 외무대신이자 대동아

장관을 지낸 인물이다. 패전 후 일본의 항복문서에 직접 사인을 한 사람도 바로 그였다. 시게미쓰 마모루가 항복문서에 사인을 하러 가는 장면은 지금도 기록영화에 남아 있는데, 이때 시게미쓰는 다리를 절뚝거리면서 항복문서에 사인을 한다. 이때 왜 다리를 절었을까? 바로 윤봉길 의사가 상해 홍구공원에서 폭탄을 던졌을 때, 그 자리에 있다가 폭탄의 파편에 맞아 다리를 절게 되었던 것이다. 정말 흥미진진한 역사 아닌가!

도쿄 전범재판에서 A급 전범으로 기소된 시게미쓰는 가석방 이후 54년에 다시 일본 외무대신 자리에 올랐는데, 그의 후임이 박정희가 그렇게 존경해 마지않던 기시 노부스케다. 역시 우리와 일본의 역사는 떼려야 뗄 수 없는 관계인 것 같다.

다시 신격호 이야기로 돌아가서, 신격호는 52년에 다케모리 하츠코와 재혼을 하는데 재미있는 것은 신격호의 일본 이름도 시게미쓰였다는 것이다(시게미쓰 다케오). 이것은 무엇을 의미할까? 우연이었을까?

신격호가 다케모리 하츠코와 결혼을 하게 된 계기를 두고는 여러 가지 설이 있다. 신격호가 일본에서 힘든 시기일 때 과자공장에 취업을 했고, 그 과자공장이 다케모리 하츠코의 집안이었으며 신격호의 성실함과 영리함을 높이 여긴 하츠코의 아버지가 둘을 연결시켜주었고 자연스레 신격호가 공장을 이어받아 지금의 롯데를 일구었다는 설이 있고, 신격호가 살던 집의 집주인이 하츠코의 아버지였다는 이야기도 있다. 어쨌든 분명한 것은 하츠코의 집안에서 신격호의 성실함과 비상한 머리를 높이 샀다는 것이다. 그가 조선인임에도 불구하고 귀한 딸과 결혼을 시켰다는 것을 보았을 때도 이건 분명해 보인다. 그리고 또 하나 분명한 것은 신격호의 사업 초기 신화 달성에는 하츠코의 집안 배경이 단단히 한몫을 했다는 것이다.

다케모리 하츠코는 신격호와 결혼을 하며 시게미쓰 하츠코로 성이 바뀌었다(일본은 미국처럼 결혼을 하면 여자 성이 남편 성으로 바뀐다). 신격호와 하츠코는 54년에 첫 아들을 낳으니, 그가 바로 신동주다(시게미쓰 히로유끼). 동주는 대학 졸업 후 롯데에서 일하지 않고 특이하게도 미쓰비시 상사에 입사, 평범한 샐러리맨으로 10년을 보낸 후 롯데로 돌아왔다. 배우자는 재미 교포 사업가의 딸 조은주다.

차남은 신동빈이다(시게미쓰 아키오). 동빈은 지바롯데마린스 구단주 대행으로 언론에도 자주 모습을 드러내는데(이승엽의 지바 행도 신동빈의 입김이 많이 작용했다는 후문이다) 미국 MBA 출신이고 역시 형처럼 졸업 후 롯데로 가지 않고 노무라 증권에 입사 후, 롯데로 돌아왔다. 부인은 일본 최대 건설사인 타이세이 건설 오고 요시마사의 딸 오고 마나미인데, 마나미는 일본 황실의 며느리 후보로 거론되기도 한 인물이었다. 둘의 결혼은 일본의 전직 총리들이 대거 참석하는 등 한일 양국의 뜨거운 관심을 끌었다.

이렇게 첫째 부인과의 사이에서 딸을 낳고, 둘째 부인과의 사이에서 아들 둘을 낳은 신격호는 이후 정실부인이 아닌 혼외 정사를 통해 딸을 낳았다. 바로 신유미다.

신유미의 모친은 제1회 미스롯데 출신인 영화배우 서미경(서승희)이다. 유명한 미스롯데 출신으로는 서미경 외에 원미경, 이미숙, 이미연 등이 있다. 40년 가까운 나이 차가 있었으나 두 사람의 만남은 지속되었고, TV와 CF, 영화에서 맹활약하던 서미경은 80년대 초반 갑자기 미국 유학을 간다며 연예계 은퇴를 선언하고 세인들의 관심에서 사라진다. 그리고 83년에 딸 신유미를 낳은 것이다. 신유미는 88년에 신격호의 호적에 입적, 정식 딸로 인정받았다. 현재 서미경과 신유미는 롯데의 주식을 사들이고 롯데시네마 매점 운영권을 확보하는 등 서서히 지분과 경영에 참여하고 있다. 아마 신격호가 고령인 자신의 나이를 감안하여 사망 전에 두 모녀의 살길을 열어 놓고, 사후에 말썽을 없애기 위해 의도적으로 한 게 아닌가라는 생각이 든다.

1967년, 신격호는 드디어 한국에 진출해 '롯데제과주식회사'를 설립한다. 일본에서 성공한 노하우를 바탕으로 한 식품사업은 경쟁업체(오리온과 해태)를 물리치고 나날이 발전해 음료(롯데칠성), 아이스크림(롯데삼강), 유제품(롯데우유, 롯데햄), 패스트푸드(롯데리아), 주류(롯데주류 : 양주, 소주, 맥주 분야 모두 진출) 등 거의 모든 분야를 섭렵, 부를 쌓았다. 그리고 이렇게 벌어들인 돈을 재투자한다. 일본으로 가지고 간 것이 아니라 고스란히 한국에 다시 투자한 것이다. 여러 이유로 신격호가 욕을 먹고 있지만, 확실히 한국에 재투자한 건 마땅히 칭찬받을 만한 일이다. 다국적 기업들이 하는 짓거리와 비교해 보면 충분히 박수를 받아야 하는 일이다.

앞에서 언급하길 신격호는 롯데제과의 대표를 자신이 맡지 않고 오랜 지인이었던 유창순을 앉혔다고 했다. 유창순은 원래 은행가로 나중에 경제부 수장에 올랐다가 국무총리까지 한 인물인데 어떻게 유창순과 신격호는 막역한 사이가 되었을까?

유창순이 한국은행 도쿄지점장을 하면서 두 사람은 친분을 쌓는데, 유창순의 한국은행 도쿄지점 VIP고객이 바로 신격호였던 것이다. 신격호는 일본의 은행들을 제쳐 놓고 한국은행과 거래를 하고 있었다. 그가 일본인과 혼인을 했음에도 불구하고 끝내 국적을 바꾸지 않은 점이나, 유창순과의 일화, 한국에서 번 돈을 일본으로 보내지 않고 재투자하는 점 등을 보았을 때, 신격호에게 '애국심'이라고 하는 것이 있기는 한 것 같다. 그렇게 재투자해서 벌인 사업들이 유통(롯데백화점, 롯데쇼핑, 홈쇼핑, 롯데닷컴, 롯데상사, 롯데마트, 롯데시네마 등), 중화학(롯데건설, 롯데알루미늄, 롯데기공, 롯데전자, 호남석유 등), 금융(롯데카드, 롯데손해보험, 롯데캐피탈 등), 정보통신(롯데캐논, 롯데정보통신, 한국후지필름, 마이비 카드 등), 광고(대흥기획), 관광(롯데

호텔, 롯데면세점, 롯데월드, 롯데제이티비, 롯데CC 등) 등의 분야였다.

신격호는 사업을 확장하면서도 은행 부채를 최소한으로 했다. 다른 여타 대기업들의 부채 비율이 300%니 500%니 하는 것은 신격호에게는 먼 나라 이야기다. 신격호는 기업의 부채는 사람이 아플 때 나는 '열'과 같다고 규정한다. 열이라고 하는 것이 처음엔 대수롭지 않게 여길 수도 있지만 결국 이 열이 큰 병을 불러온다는 얘기다.

신격호 말대로 다른 대기업들은 이 부채 때문에 IMF 때 숱하게 무너졌다. 그러나 부채 비율이 현저히 낮았던 롯데만큼은 끄떡없었다. 지금 롯데의 부채 비율은 40% 안팎으로 알려져 있는데 이 수치도 대단히 낮은 것이라고 볼 수 있다. 현금 유동성은 롯데가 대한민국에서 1등이다. 앞서 삼성이 무너져도 롯데는 안 무너진다고 한 이유가 바로 여기에 있다.

그러나 롯데의 이런 초고속 성장에는 당연히 한국의 권력자들의 도움이 있었다. 박정희는 직접 신격호에게 롯데호텔을 건설할 것을 요청했고(한국에서 과연 고급호텔이 먹힐까? 고민도 있었지만 결국은 시작한다. 그것도 당시로선 엄청난 규모. 신격호는 롯데호텔의 롤 모델을 일본의 제국호텔로 삼았다. 그러면서 호텔을 바탕으로 레저관광산업의 연계를 구상하게 되니 지금의 롯데월드가 바로 그것이다. 그러나 신격호가 롯데월드를 구상할 때 임원들은 모두 반대했다. '애들이나 가는 곳'이라는, 한마디로 돈이 안 된다는 거였다. 그러나 신격호는 밀어붙였고 역시 보기 좋게 성공했다), 전두환이나 노태우도 다각도로 신격호의 사업을 도왔다. 물론 그 대가로 정치자금이 흘러들어갔음은 당연하다. 같은 동향인 김영삼과도 친분을 유지했고, 노무현 캠프에도 돈을 건넨 것이 롯데였다.

롯데의 초고속 성장에는 이런 권력자들의 도움 외에도 외국기업이라는 특수성이 있었는데 신격호는 이를 충분히 활용했다. 롯데는 사업자금을 끌어들이면서 국내 은행과 거래를 하지 않고 일본 은행과 거래를 한다. 당시 국내 은행은 10% 안팎의 높은 이자를 받고 있었지만, 일본은 저금리 정책으로 4~5% 정도의 금리밖에 되지 않았기 때문이다. 따라서 국내 은행보다 일본 은행으로부터 사업자금을 빌리는 게 너무나도 당연했다. 게다가 엔화의 위력이라는 것도 있으니 일본 은행에서의 차입금은 여러모로 롯데에게 도움이 되었다.

또한 박정희 정부는 외국기업의 활발한 투자 유치를 위해 '외자도입법'이라는 것을 만들었다. 쉽게 말하면 세금 면제 같은 당근 많이 줄 테니 한국에 투자 좀 해 달라는 얘기다. 그러니 당시 외국기업이었던 롯데로서는 엄청난 특혜를 받을 수밖에 없었던 거다.

이렇게 총수의 모국인 한국에서 눈부신 성장을 이룩한 롯데는 자산 규모 67조 원으로 재계 서열 5위에 랭크돼 있다(일본 롯데와 합치면 100조 정도 될 듯. 67조 중 부동산이 12조).

지금까지 신격호와 롯데에 대해 다루어 보았다. 살펴본 바와 같이 신격호는 대단히 뛰어난 인물임에 틀림없다. 그러나 그가 단지 자신의 노력과 열정, 재능만으로 지금의 위치까지 올랐을까? 필자는 아니라고 본다. 세상에 설렁설렁 사는 인간은 없다. 다 나름대로 열심히 살아간다. 그러나 세상살이는 뜻대로 잘 이루어지지 않는다. 성공을 하기 위해서는 신격호처럼 스스로의 능력도 중요하지만 운도 있어야 하며, 조력자도 있어야 한다.

　운과 도와주는 사람이 없었다면 절대 신격호는 지금의 위치에 있지 않았을 것이다. 모든 성공한 사람들이 이를 알아야 한다. 내가 잘나서 성공한 게 아니라, 남들의 도움과 운이 많이 작용했다는 것을 말이다. 이런 것을 자각해야만, 자기가 쌓아올린 부와 명성을 사회에 나눠주게 된다. 노블레스 오블리주가 성립되는 것이다.

YH사건

봉제·합섬 제조업체인 YH무역이 경영난을 이유로 폐업한데 항의하는 여공 2백여 명이 79년 8월 9일 오전, 서울 마포의 신민당사에 몰려와 농성을 벌이기 시작했다.

수출이 호황을 부리던 70년대 초반에는 실적이 좋았으나 78년부터 한국 경기가 극도로 침체되고 회사에 노조가 설립되자 당시 미국 시민권자였던 창업주는 수주대금을 빼돌리는 수법으로 자신의 이익을 채운 뒤 회사를 부도 처리시켰다. 이후 노조는 회사를 살리기 위해 갖은 애를 썼으나 회사 측이 은행 부채, 이자 등으로 더 이상 경영을 할 수 없어 폐업은 불가피하다면서 직장을 떠날 것을 강요하자 8월 7일부터 회사 기숙사에서 항의 농성을 계속하다가 경찰이 투입될 것으로 보고 이날 신민당사로 몰려간 것이다.

하루 전인 8월 8일, 고은 시인, 문동환 목사, 이문영 교수 등 이 김영삼의 집을 찾아 여공들이 신민당으로 갈 테니 보호해줄 것을 요청했었다. 신민당사로 농성장을 옮긴 여공들은 김영삼 총 재와의 면담을 요청하고, 김영삼은 여공들이 항의 농성 중이던 강당으로 들어가 다음과 같이 말했다.

"여러분들이 마지막으로 신민당사를 찾아준 것을 눈물겹게 생각합니다. 여러분들의 피와 땀과 눈물이 없었다면 오늘의 한국 경제는 없었을 것입니다. 신민당은 억울하고 약한 사람의 편에 서서 끝까지 투쟁할 것입니다."

이튿날인 8월 10일, 정부는 김재규 중앙정보부장 주재로 관 계자 대책회의를 열어 여공들을 강제 해산할 것을 의결하고 박 정희는 이를 재가한다. 이날 밤 10시 40분, 여공들 사이에서 이 상한 분위기가 감지되었다. 경찰이 들이닥칠 거라는 얘기가 여기 저기서 들리고 흥분한 여공들은 울며불며 안절부절못했다. 4층 에 모여 있던 여공들은 경찰이 투입되면 뛰어내리겠다며 흥분을 감추지 못하는 상태였다. 이렇게 여공들이 안절부절못하자 김영 삼은 다시 한 번 여공들을 찾아 안정을 시킨다.

"경찰이 신민당사에는 절대 들어오지 못합니다. 나와 서른 명의 신민당원들이 여러분을 지키고 있으니 걱정하지 마십시오."

그러나 11일 새벽, 경찰이 신민당에 최후통첩을 전달하며 이순구 서울시경 국장이 전화를 걸어 "총재를 바꾸라"고 당직자에게 요구했다. 이 말을 들은 YS가 어디 가만히 있을 위인인가. "건방지게 누가 누구 보고 전화 받으라 카노? 머 이런 게 다 있어?" 하며 당사 밖으로 나간 김영삼은 마포경찰서 보안과장 김준기 경정이 서성대는 것을 보고 냅다 뺨을 후려갈겼다. 이어 당사 정문 앞에서 황용하 정보1과장과 마주치자 멱살을 잡고 발로 차기까지 했다(황용하는 훗날 김영삼 정부가 탄생하고 경찰청장에 올랐다). 또한 작전지휘에 나선 마포경찰서장을 만나자 "느그들이 저 여공을 다 죽일라 카나 어이? 머, 이런 게 다 있어?" 하며 역시 따귀를 올렸다. 그러나 곧바로 2천 명이나 되는 엄청난 경찰 병력이 신민당 당사로 투입, 여공들을 끌어내기 시작했다. 여공들뿐만 아니라 신민당 당원, 국회의원, 심지어 YS까지 개 끌리듯이 끌어내려졌다.

작전은 딱 23분 만에 끝이 나고 상황은 종료되었다. 그러나 경찰이 얼마나 무자비한 폭력을 휘둘렀는지 경찰 진압과정 중 김경숙이라고 하는 21세의 꽃다운 나이의 젊은 여공이 사망하게 된다. 신민당 대변인 박권흠은 심하게 맞아 갈비뼈가 골절되고 얼굴을 알아보기도 힘든 상황이었고, 박용만 의원은 다리가 부러졌으며, 황낙주 의원도 어깨와 다리에 심한 구타를 당했다. 김영삼도 예외가 아니었다. 총재실로 들어온 경찰은 당직자들을 마구 폭행한 뒤 김영삼의 멱살을 잡고 개 끌듯이 끌어내 차에 태운 뒤 곧바로 상도동 자택으로 데려가 가택연금을 시켰다.

경찰은 이날 172명을 연행했으며 농성 주동자 세 명과 문익환, 이문영, 고은, 인명진, 서경석 등 다섯 명을 배후조종혐의로 구속했다. 신민당 의원들은 김경숙 양의 사인 규명과 경찰 책임자의 문책을 요구하며 18일간이나 농성을 벌였다.

그런데 여기서 우리가 주목해야 할 것이 바로 미국의 움직임이다. 11일, 미국은 국무성 대변인 성명을 통해 경찰의 강제해산 조치는 "분명히 지나치고 잔혹한 행동이었다"고 밝히며 책임자의 징계를 강력히 촉구하는 성명을 발표한다. 박 정권을 음으로 양으로 지원하던 미국의 이 같은 반응은 무척이나 이례적인 일이었다. 미국의 강도 높은 논평에 박정희 정권은 내정간섭이라며 글라스틴 미국 대사를 불러 강력한 항의를 하게 된다. 이를 전해 들은 미국은 국무성의 잭 캐넌 동아시아국 대변인을 통해 "국무성은 지난번 성명의 입장을 고수한다"면서 "미국은 한국 당국이 관련자를 징계하는 적절한 조치를 취하기 바란다"고 다시 한 번 경고성 논평을 날린다.

인권이라는 게 뭔지도 모르는 정부가 불과 30년 전 이 땅에 존재했다고 하니 기가 찰 일이다. 이 일로 인해 미국이 박 정권에게 등을 돌리기 시작했다고 하는 게 세간의 정설이다. 김재규가 10월 26일 박정희를 암살한 것에 미국의 개입이 있었다는 의혹이 제기되는 것도 이 논평을 통한 유추인 것이다.

당시의 여공들은 최소한의 근무 여건이 보장되지도 않은 닭장 같은 공장에서 살인적인 노동 시간을 견디며 일을 했다. 그러나 사업주와 정부는 자신들의 배만 채울 줄 알았지 노동자들의 가난하고 헐벗은 삶은 신경 쓰지 않았다.

오늘날의 우리가 이만큼 살 수 있게 된 것은 당시 저렇게 목숨 바쳐 일한 우리의 언니, 오빠 덕분인데도 이 사회는 박정희 때문에 그렇게 되었다고 잘못된 진실을 주입시킨다. 독재자의 딸이 대통령이 되어야 하겠는가?

YH사건은 30년 전 일어난 과거의 일일뿐인가? 그렇지 않다. 지금도 쌍용차 사태로 노동자들은 죽어가고 있고, 용산 사태 같이 경찰의 과잉진압으로 귀한 생명이 개죽음으로 매도되고 있다. 이에 대해 박근혜는 무어라 자기의 신념을 밝혔는가? 새누리당과 이명박 정권은 어떤 자세를 취하고 있는가?

앞으로도 얼마나 많은 가난하고 헐벗은 밑바닥 인생들과 어려운 환경에서 묵묵히 일하는 노동자들이 쓰러져야 이 나라는 바뀔 것인가? 그 대답을 박근혜가 줄 수 있을까? 아서라. 그 아버지에 그 딸이지 그 피가 어디 가겠는가 말이다.

대한전선 창업주
설경동 X파일

40년대에서 60년대까지 대한민국 최고 거부를 꼽으라고 하면 화신백화점 박흥식, 삼호방직 정재호, 삼성 이병철, 그리고 대한전선의 설경동을 들 수 있다.

설경동은 1903년 평안북도 철산의 설씨 집성촌에서 형제가 없는 외아들로 태어났다. 외아들이라 부모의 사랑을 한껏 받으며 자랐으리라 생각되지만, 세 살 되던 해에 부친이 사망한 뒤 그는 홀어머니 밑에서 어렵게 자랐다. 설경동은 당시의 아이들처럼 서당에서 글을 익히고 보통학교를 졸업한 뒤 어린 나이에 일본 유학길에 올랐다. 당시 젊은 조선인들이 출세하기 위한 첫 번째 관문이 바로 일본 유학이었다. 그가 10대 중반에 일본 유학길에 오른 것으로 보아 가세가 그렇게 어려웠다고는 생각되지 않는다.

일본에 도착한 설경동은 당시 고학생들이 다 그렇듯 신문배달 등 각종 아르바이트를 하면서 어렵게 공부를 했다(중학 과정을 5년 만에 마침). 중학교를 졸업한 설경동은 동경의 오쿠라상고(대창상고)에 입학하였으나 중간에 학업을 그만두고 조선으로 돌아왔다. 중학교를 5년 만에 마쳤는데 고등학교는 어떻게 다닐 것이며, 조선에 홀로 두고 온 모친 생각도 많이 났을 것이다. 그리고 일본상고 중퇴 학력 정도면 조선에 돌아가도 충분히 먹고살 수 있지 않겠나, 하고 생각을 했을 것 같다.

조선으로 돌아와 취직한 설경동에게 첫 번째 기회가 찾아왔다. 그의 유창한 일본어와 성실함을 눈여겨보았던 일본인 운송업자가 자기 밑에서 일을 해보라고 권유를 한 것이다. 이렇게 해서 '부춘운송점'에 입사한 설경동은 운수업, 나아가 사업이라는 데 눈을 뜨기 시작한다.

롯데와 신격호 이야기를 할 때도 언급했지만 나만 열심히 한다고 성공할 수는 없다. 성실함에 더해 운과 조력자가 있어야 하는 것이다. 일본인들 곁에 있었다는 것, 이 자체가 설경동이나 신격호에게는 굉장한 운이었다. 왜냐? 일본인들은 스폰서 관계를 아주 좋아하기 때문이다. "내가 키워줘서 성공한다"는 것 자체에 보람을 느끼는 것이다. 역도산도 일본인 스폰서가 없었다면 성공할 수 없었다. 지금은 덜하지만 80~90년대 아카사카의 고급 클럽에서 밤에는 웨이터나 점장을 보고 낮에는 학교를 다니며 열심히 산 친구들에게는 대부분 한두 명의 일본인 스폰서가 있어 그들의 도움으로 대학교, 대학원을 무사히 마치는 경우가 허다했다. 요사이 대한민국에선 '스폰서'라는 단어가 나쁜 의미로 쓰이고 있지만, 실은 좋은 점이 훨씬 많은 것이 바로 스폰서다.

어쨌든 부춘운송점에 입사한 지 1년 만인 1921년, 설경동은 운수업을 통해 알게 된 일본인의 투자를 받아 '삼광운송점'과 '삼광상회'를 설립, 본격적으로 사업에 뛰어들게 된다. 여기서 나름 성공의 발판을 삼은 설경동은 1934년 일본인과 합작으로 '함북약유지 주식회사'를 차리고 2년 뒤인 1936년엔 '동해수산'을 설립, 부를 축적하는 데 성공한다. 연이어 '조선수산', '대한산업', '한국원양어업' 등 수산업과 창고업에 치중, 이북에서 손꼽히는 부자 반열에 올라섰다. 한때 그가 가지고 있던 배만 70척이 넘었다고 한다.

그러나 승승장구하던 그에게도 첫 번째 위기가 찾아온다. 바로 사업기반이 있던 이북에 소련군이 진주를 한 것이다. 결국 설경동은 버티지 못하고 혈혈단신 서울로 월남을 하게 되고, 가지고 내려온 돈으로 적산가옥과 적산토지를 불하받아 되파는 방법으로 다시금 장사 수완을 발휘한다.

일본인들이 해방 후 일본으로 돌아가면서 남긴 일본인 소유의 땅과 집은 나라로 귀속되었는데 국가는 이를 다시 일반인들에게 되팔았다. 설경동은 이런 집과 땅들을 헐값에 사들여 수리·보수 후 고가로 다시 되팔았던 것이다. 가옥이나 토지뿐만 아니라 적산기업을 불하받은 사람들도 많았는데 특혜 시비, 즉 낮은 가격과 은행의 저리대출 등으로 많은 문제점이 발생했다. 당시 돈 좀 있는 사람들은 일제가 남긴 이런 적산기업들을 헐값에 사들여 손쉽게 기업가 행세를 한 것이다. 몇몇의 예를 들어보면 한화의 창업주 김종희는 조선화약공장을 불하받았고, 두산의 박두병은 기린맥주, 백낙승은 태창방직, 동림산업의 함창희는 모리나과 제과(방성자 사건에서 방성자의 남자가 바로 이 함창희의 아들이다)를 불하받았다.

적산가옥과 적산토지로 재미를 본 설경동은 아예 '원동흥업'이라는 부동산 회사를 차리고 본격적으로 부동산 사업에 뛰어들었다. 그러면서 적산기업을 불하받았는데, 수원에 있던 성냥공장이 그것이었다. 설경동은 성냥공장을 되팔지 않고 직접 운영해 엄청난 성공을 거둔다. 그 성냥이 바로 '쌍록표 덕용성냥'이다. 1946년에 성냥공장을 인수한 설경동은 특유의 사업 수완을 발휘, 몇 년 만에 대한민국 성냥업계 넘버원이 되었다.

그러나 화무십일홍이요 달도 차면 기운다고 했던가? 언제나 승승장구할 것 같던 사업에 두 번째 시련이 닥치게 된다. 한국

전쟁이 터진 것이다. 동란으로 인해 그의 사업기반은 모두 잿더미가 되었고 재기는 힘들어 보였다.

월남 후 승승장구하던 설경동의 사업기반은 한국 전쟁으로 인해 순식간에 잿더미가 되었다. 대한민국 성냥업계 1위를 굳건히 지키던 성냥공장도 폐허가 돼 문을 닫을 수밖에 없는 상황이었다. 그러나 이때 설경동을 지옥에서 도와주는 구세주가 나타나니 바로 대한민국 정부였다.

정부는 전쟁이 끝나고 아직 불하하지 못한 일제의 기업들을 계속해서 민간에 불하했는데, 설경동이 조선방직 대구공장을 불하받아 '대한방직'을 설립한 것이다. 애초에 설경동이 월남하면서 재산을 불린 것도 일제가 남긴 적산토지와 적산가옥을 싼값에 불하받아 다시 되파는 방법이었고, 그의 경영 능력이 발휘된 성냥공장도 적산기업을 불하받은 것이니 설경동의 돈 버는 재주가 어디서 나왔는지 쉽게 알 수 있다고 하겠다.

대한방직을 인수한 설경동은 얼마 뒤 '대한전선'도 불하받았다. 나중에 상업은행도 정부로부터 인수했다. 어쨌든 설경동은 대한방직을 인수하자마자 노동자 2천 6백 명을 전원 해고한다(나중에 2백 명을 복직시키고 어용노조를 설립한다). 당연히 노동자들은 복직을 위한 투쟁으로 맞섰으니, 이 사건이 그 유명한 '대한방직 노동쟁의'다.

대한방직 노동자들은 사활을 건 투쟁을 벌였고, 사업자인 설경동도 이에 맞서 해고와 고발 조치 등을 취하니 양측의 대립은 걷잡을 수 없이 격렬해졌다. 결국 보다 못한 국회가 중재에 나서 국회, 보건사회부, 중앙노동위원회가 조정안을 만들어 중재안을 제시한다. 그러나 당시 자유당 재정위원장이었던 설경동은 국회의 중재안을 가볍게 무시하고 계속해서 노동자들을 억압했고 검찰과 경찰도 노동자들의 편이 아니었다. 결국 노조는 서울지방법원에 설경동을 상대로 '복직 및 해고 후의 임금지불 청구'의 민사소송을 제기한다.

대한방직 노동쟁의는 설경동이 노동자 2천 6백 명 전원을 해고한 1955년부터 민사소송이 한창이던 1960년까지 무려 5년간 이어졌는데, 재판 중 5.16 쿠데타가 발발했다. 결과적으로 말하자면 쿠데타 발발로 설경동은 한마디로 좆 돼 버리고 말았다.

쿠데타로 정권을 잡은 박정희는 정통성 없는 정권이 다들 그러하듯이 정권 초 국민의 지지를 받을 수 있는 초헌법적 일들을 하는데 그중 하나가 '부정축재자 처벌'이었다.

자유당 재정위원장이자 거대 재벌이었던 설경동은 당연히 부정축재자 명단에 들어갔고, 그의 재산 상당 부분과 땅(워커힐 호텔 부지가 설경동의 땅이었다), 그리고 경영권까지 내놓아야 했던 것이다. 그러나 5.16 쿠데타 후 숨죽이던 설경동은 박정희의 중화학공업·기간산업 집중육성 정책에 의해 다시 살아난다. 정부의 지원과 텔레비전, 냉장고 등 가전제품의 수요가 급증하면서 그의 기업체들이 다시 빛을 내기 시작한 것이다(이 업체가 후에 대우전자가 되었다).

이를 발판으로 조선 최고의 부자 중 한 명이었던 설경동은 다시 일어설 수 있었다. 요사이 언론에 설경동의 손자인 설윤석이 대한전선 사장으로 초고속 승진해 언론에 자주 등장하고 있는데 자신의 할아버지가 맨손으로 기업을 일군 '자수성가형'이 아니라 정부의 특혜와 비호, 그리고 노동자들의 피와 땀으로 사업을 일군 것을 망각하지 말았으면 한다.

삼성의 사카린 밀수사건 내막

태조 이성계의 다섯째 아들 이방원은 친위 쿠데타를 일으켜 직접 왕위에 올랐다. 그리고 자신의 후계자로 장남인 양녕대군을 배제하고 셋째인 충녕대군을 후계로 내세웠는데, 이가 바로 세종대왕이다.

과거부터 어떤 왕조든 장남이 권력을 승계하지 못하면 권력 다툼으로 왕권은 여러 어려움에 처하곤 했다. 그러나 꼭 장남이 후계를 물려받아야 한다는 룰은 없다. 장남보다 뛰어난 자식이 있다면 그를 후계로 삼고 싶어 하는 게 아비 된 심정일 것이다. 그리하여 지금 북한에서도 김정일이 장남인 김정남이 아닌 김정은을 후계로 삼은 것이다. 삼성도 마찬가지다. 이병철은 박두을과의 사이에 7남매를 뒀는데(3남 4녀) 장남 이맹희가 삼성을 물려받은 게 아니라 삼남인 이건희가 후계를 물려받게 되었다.

태종이 양녕을 배제하고 충녕을 후계로 삼은 것은 충녕이 여러모로 뛰어난 재능을 보여주었기 때문이기도 하지만, 양녕이 태종의 기대에 미치지 못했기 때문이다. 아버지의 큰 그림자, 장남에 대한 과도한 기대, 거기에 부응해야 한다는 조급증 등이 '장남 콤플렉스'를 만들었던 것이다.

삼성도 이건희가 여러 방면에서 뛰어난 점을 보이기도 했지만, 장남 이맹희와 차남 이창희가 이병철에게 여러 번 실망을 안겼는데, 그중 하나가 바로 '한국비료 사카린 밀수사건'이다. 이 사카린 밀수사건에 이맹희와 이창희가 연루돼 삼성의 기업 이미지는 수직 하락하였으며, 이병철 개인도 한국비료 주식을 정부에 헌납하는 등 재산상의 손해를 봤기 때문에 삼남 이건희가 이후 후계 구도에서 앞서 나갈 수 있었던 것이다. 2012년 4월 24일, 삼성 본관에서 이건희는 기자들에게 "그 양반은 30년 전에 나를 군대에 고소하고 아버지를 형무소에 넣겠다고 청와대 박정희 대통령한테 고발을 한 양반이 돼서 우리 집에서는 퇴출된 양반이다"라며 격앙된 어조로 자신의 친형인 이맹희를 맹비난했는데 여기서 나오는 30년 전 사건이 바로 '사카린 밀수사건'이다(청와대 투서사건도 있었음). 그럼 문제의 사카린 밀수사건은 무엇이었나?

한국비료 공장을 짓기 전, 삼성의 주력 상품 대부분은 내수 시장을 겨냥한 것이었다. 그러나 집권한 박정희는 수출 위주의 경제 정책을 펴게 된다. 이를 위해서는 대기업의 협조가 반드시 필요했고, 박정희는 이병철에게 비료공장을 건설하자고 제안했다. 물론 이병철은 전부터 비료공장을 지을 생각을 하고 있었다. 정부에서 최대한 도와주고, 이병철의 일본 인맥을 동원하여 일본에서 기술과 차관을 도입해 공장을 짓는다는 계획이었다.

그리하여 삼성은 일본의 미쓰이 물산으로부터 상업차관 4천만 달러를 들여와 공장을 짓기로 한다. 그러나 일본은 같은 조건의 비료공장을 러시아에는 2천 8백만 달러에, 일본 국내에는 2천 2백만 달러로 지었다. 이런 사정은 당시 야당 의원이었던 김대중이 밝힌 것인데 김대중은 이렇게 남긴 1천만 달러가 고다마 요시오를 통해 일본의 흑막정치로 흘러들어갈 것이라며 우려했다. 일본은 공장을 지어주며 1천만 달러 이상의 엄청난 폭리를 취한 것이다. 그렇기 때문에 삼성과 한국 정부에 감사한 미쓰이는 리베이트 명목으로 1백만 달러를 바치려고 했다. 그럼 이 1백만 달러를 받아 어디에 쓰려고 했을까? 다음은 사카린 밀수사건을 주도한 것으로 알려진 장남 이맹희가 자서전에서 밝힌 내용이다.

"아버지(이병철)는 이 사실을 박 대통령에게 알렸고, 박 대통령은 '여러 가지를 만족시키는 방향으로 그 돈을 쓰자'고 했다.

현찰 1백만 달러를 일본에서 가져오는 게 쉽지 않았다. 삼성은 공장 건설장비를, 청와대는 정치자금을 필요로 했기 때문에 돈을 부풀리기 위해 밀수를 하자는 쪽으로 합의를 했다. 밀수 현장은 내가 지휘했으며 박 정권은 은밀히 도와주기로 했다. 밀수를 하기로 결정하자 정부도 모르게 몇 가지 욕심을 실행에 옮기기로 했다. 이참에 평소에 들여오기 힘든 공작 기계나 건설용 기계를 갖고 오자는 것이다. 당시 밀수 총액은 요즘으로 치면 2천억 원이나 되었다. 밀수한 주요 품목은 세탁기, 냉장고, 에어컨, 변기, 스테인리스판, 사카린 원료 등이었다."

이맹희의 주장을 온전히 믿기에는 미심쩍은 부분이 없지 않아 있다. 우선 이병철과 박정희는 둘 다 전혀 몰랐던 사실이라며 펄쩍 뛰었다. 사건이 불거지자 박정희는 청와대로 이병철을 불러 한국비료의 주식을 국가에 바치라고 화를 내기도 했고, 장준하가 "박정희가 밀수의 두목"이라고 했을 때는 국가원수모독죄로 그를 구속시키기도 했다. 이병철도 자신은 모르는 일이라고 했는데, 아무리 비정한 아비라도 자기가 한 일을 자식에게(이맹희) 뒤집어씌우는 경우가 있을까? 이런 의문이 드는 것도 사실이다. 그리고 이 사건으로 이맹희는 아버지의 눈에서 완전히 멀어졌고 동생만 챙기는 아버지에 대한 불만이 항상 쌓이게 되었으니…….

어쨌든 밀수를 한 것은 틀림없는 사실이며, 주된 밀수품은 사카린이었다. 사카린은 고가인 설탕을 대신해 음식 첨가물이나 공업용으로 사용되다 인체에 해롭다고 하여 한때는 쓰이지 않다가 최근 다시 인체에 무해하다는 연구 결과가 나온 물질이다. 사카린 이외에도 앞서 언급한 대로 냉장고, 에어컨, 전화기는 물론 변기까지 밀수 대상이었고, 이렇게 세금 한 푼 안 들이고 들여온 완제품을 비싼 값에 팔아넘기다가 딱 걸렸으니 국민들의 분노는 이루 말할 수가 없었다.

게다가 이 밀수를 부산세관에서 적발했음에도 불구하고 고작 벌금 2천만 원만 때렸고, 〈경향신문〉이 이를 특종 보도하는 바람에 국민들의 분노에 기름을 끼얹은 꼴이 되었다는 사실이다(최초 보도는 〈경남일보〉).

재미있는 것은 〈경향신문〉 보도에 〈중앙일보〉가 발끈하며 삼성을 편드는 기사를 썼다는 것이다. 〈중앙일보〉는 언론의 중요성을 일찍이 깨달은 이병철이 일제 강점기 판사 출신이자 이승만 정권에서 내무부 장관을 지낸 홍진기(홍라희, 홍석현의 아버지, 즉 홍진기는 이건희의 장인이 된다)를 앞세워 세운 신문사로 이런 탄생 배경 때문인지 연일 지면을 활용하여 삼성의 밀수사건을 옹호했다. 〈중앙일보〉뿐만 아니라 같은 계열사인 '동양방송'도 특집프로그램을 마련하여 삼성은 죄가 없다고 항변했는데, 방송을 보고 대통령인 박정희조차 진노했다고 하니 프로그램의 내용이 어땠는지는 어렵지 않게 짐작할 수 있을 것이다.

사회의 공기公器라고 할 수 있는 언론사를 개인이 사유화했다는 비판을 면키 어려운 장면이다. 훗날 〈중앙일보〉의 홍석현 회장이 탈세 혐의로 검찰에 구속될 때도 〈중앙일보〉 기자들이 현장에 나와 "사장님 힘내세요!" 구호를 외쳤으니 이 나라의 언론 현실은 예전이나 지금이나 별반 차이가 없어 보인다.

결국 검찰이 재수사에 들어가게 되고, 삼성의 조직적인 밀수 개입이 밝혀지기 시작하자 국민은 물론이고 국회까지 분노로 들끓게 된다.

66년 9월 22일, 6대 국회 14차 본회의장.

대정부 질문 첫 타자로 나선 공화당 이만섭은 여당 의원임에도 불구하고 삼성 문제를 화두로 올려 정부와 삼성을 매섭게 비판했다. 뒤이어 연단에 오른 야당 의원 김대중은 '주성치의 구품지마관은 내가 원조다'라는 것을 보여주며 국무위원들과 여당 의원들을 그로기 상태로 만들어 버렸다. 그리고 김대중에 이어 연단에 오른 인물이 있으니 바로 또 다른 야당 의원 김두한이었다.

김두한은 흰 보자기로 싼 네모난 상자를 들고 연단에 올라갔는데 상자 안에는 인분, 즉 사람 똥이 가득 담겨 있었다. 김두한은 훗날 3.1 만세운동이 있었던 파고다 공원의 공중화장실에서 똥을 퍼왔다고 말하고 다녔지만, 실제는 자신의 집 화장실에서 퍼온 것이다. 발언대에서 사카린 밀수사건을 비판하던 김두한은 갑자기 흰 보자기를 풀더니 국무총리 이하 장관들을 향해서 "똥이나 처먹어. 이 새끼들아!"라는 말과 함께 냅다 똥을 뿌려 버리고 말았다. 국회의사당이 아수라장이 된 건 물론이다. 다음은 당시 있었던 김두한 의원의 발언 중 마지막 부분이다.

"(상략) 이승만 대통령의 때와 무엇이 역사가 다르냐는 것입니다. 그렇기 때문에 시간이 없어서 나는 대통령이 여기에 나왔으면 호되게 한번 따지고 싶지만 국무총리가 대통령을 대리하고 여기 장관이 나와 있으니까 나는 이 사람을 내각으로 보지 않고 오늘날 삼십 몇 개월 동안 부정과 불의를 하는 것을 합리화를 시켜 버린 하나의 피고로서 오늘 이 시간서부터 다루겠습니다. 이것이 도적질 해 먹는, 국민의 모든 재산을 도적질해서 합리화하고 합리화시키는 이 내각을 규탄하는 국민의, 국민의 사카린이 올시다. 그러니까 이 내각은 고루고루 맛을 보아야 알지. 똥이나 처먹어 이 새끼들아!"

정일권 총리를 비롯해 민복기 대법원장, 경제기획원 장기영 장관 등의 국무위원들은 김두한이 뿌린 똥을 머리부터 뒤집어쓰고 기겁을 하며 의사당을 뛰쳐나갔고, 이 소식을 들은 박정희는 분기탱천하여 김두한을 잡아들이라고 엄명했다.

남산으로 끌려간 장군의 아들 김두한은 들어갈 때는 호기롭게 들어갔지만 나올 때는 반병신이 되어 기어 나왔다. 그가 그 어두운 남산 지하에 끌려들어가 어떤 고초를 겪었을지는 상상

안 해도 충분히 그림이 그려질 것이다. 얼마나 모진 고문을 받았던지 김두한은 그날 이후로 폐인이 되고 말았다. 이후 다시는 정치판에 발을 들여놓지 못하고 야인으로 살다가 생을 마감했다.

국회에서까지 삼성의 밀수사건으로 떠들썩하게 되자 여론은 더더욱 들끓는다. 국민들은 삼삼오오 모여 다음과 같은 말로 화를 삭였다. "대한민국에서 돈이 젤 많다는 돈병철이가 밀수까지 해서 돈을 벌어야 되겠나?" "도둑도 이런 도둑이 없는 기라!" "자기들만 돈 벌고 작은 회사들은 다 죽이겠다는 속셈 아니야?" 이렇게 되자 박정희는 "밀수는 매국 행위"라며 공개적으로 삼성을 공격했다. 그러면서 이병철을 청와대로 호출한다.

"이 회장, 대한민국 최고의 재벌인 회장께서 밀수를 하면 되겠소? 한국비료를 국가에 헌납하시오."

그러겠다고 대답하고 청와대를 나온 이병철이지만 속이 상할 수밖에 없었다. 같이 하기로 해 놓고 이제 와서 청와대는 발을 빼고 비난은 자신과 삼성이 고스란히 다 떠맡았기 때문이다. 게다가 이미 차남인 이창희가 모든 책임을 지고 감옥으로 들어가 있는 상태였기 때문에 더더욱 이병철의 마음은 괴로웠을 것이다.

그렇다면 박정희도 안 했다고 주장하고, 이병철은 실무 책임자가 허락 없이 독단으로 벌인 것이라 주장하고, 이맹희는 아버지와 박정희가 시키고 자기가 주도했다고 주장하고, 이창희는 자신의 책임이라며 감옥에 가고, 중앙정보부는 박정희와 이맹희는 아무것도 모르고 이병철이 이창희에게 시켰다고 주장하는 이 징글징글 복잡한 사건의 전말은 도대체 무엇일까? 관련자들의 주장이 제각각이고 이미 고인이 된 사람도 여럿 있으므로 정확한 실체 파악은 쉽지가 않다. 여러 가지 사료를 바탕으로 각자의 추측만 있을 뿐이다.

우선 박정희. 박정희 자신은 이 일과 연관이 없다고 말했지만, 이병철의 장남 이맹희의 말을 전혀 무시할 수는 없을 것이다. 그리고 이병철이 박정희에게 정치자금 준 것이야 두말할 나위 없는 사실 아닌가? 그러니 박정희도 사건과 연관은 있었을 것이다.

다음은 이병철. 이병철은 실무자가 독단으로 한 것이라며 자신은 책임이 없다고 했다. 또 처음엔 한국비료 주식 51%를 국가에 헌납한다고 했다가 시간이 지나자, 자신은 죄가 없으며 정치논리에 당한 것이라고 말하며 국가에 헌납하겠다는 약속을 차일피일 미루었다. 그러다가 중앙정보부가 본격 사찰에 들어가고 박정희에게서 압력이 다시 들어오자, 그제야 주식 51%를 국가에 헌납하고 삼성의 경영 일선 전반에서 물러나게 된다. 그러나 이렇게 자신은 몰랐다고 하는 이병철의 말을 액면 그대로 받아들이기에는 문제가 좀 있다. '관리의 삼성'이라고 불리는 그룹의 특성상, 이병철에게 알리지 않고 이런 중대한 일을 실무진에서 독단으로 처리했다는 것이 상식적으로 납득이 가지 않기 때문이다. 물론 장남 이맹희가 충성 경쟁에서 앞서 나가기 위해 오버한 것이라면 그럴 수도 있겠으나 나중에 밀수한 품목이 제대로 팔리지 않아 한국비료 공장 마당에 가득 쌓여 있을 정도였다는데 이병철이 몰랐다고 하는 것은 언뜻 납득이 되지 않는 부분이다.

다음은 이맹희. 이병철의 장남 이맹희는 앞서 언급한 것처럼 자서전에서 밀수는 자기가 주도적으로 했고, 아버지와 박정희도 알고 있었다고 썼다. 아들이 의도적으로 아버지를 공격하지는 않았을 테지만 이후 이맹희가 후계 구도에서 멀어진 것으로 봤을 때는 아버지 사후에 이렇게 폭로를 할 수도 있다는 생각도 든다. 판단은 독자 여러분이 각자 알아서 하시길 바란다.

그리고 차남 이창희. 이창희는 이 사건으로 집안에서는 유일하게 법정 구속되는데, 이맹희가 주도적으로 하되 앞에 나서서 한 것은 이창희가 아닌가 생각된다.

어쨌든 이런 복잡다양한 관계 속에서 앞서 언급했듯이 이병철은 한국비료 주식 51%를 국가에 헌납하고 삼성의 경영 일선에서 물러났다. 그러면서 갖고 있던 언론사(〈동양방송〉, 〈중앙일보〉) 소유 지분도 내놓는다고 했으나 결국 약속은 지켜지지 않았고, 훗날 이병철은 다시 일선으로 복귀했다.

이병철이 일선으로 복귀한 뒤 장남 이맹희는 그룹 경영 전반에서 손을 뗀다. 원래 이병철은 장남에게 그룹을 맡기려는 의도가 있었고, 이맹희도 나름 야망이 있는 사람이었다. 그러나 몇 차례 이병철의 시험에 이맹희는 통과하지 못했고 사카린 밀수사건은 치명타가 돼 버리고 말았다.

결국 이맹희는 제일제당을 가지고 나왔는데 경영에서 손을 떼고 삼남 건희가 그룹을 물려받아 총수 자리에 오르자 비운의 황태자는 그때부터 방황하며 여기저기를 떠돌았다. 그러나 이맹희의 아들 이재현이 훗날 CJ그룹 회장에 취임함으로써 울분은 조금 풀어졌을 것이다.

이 사건에 국민이 분노한 것은 거대 재벌이 밀수라는 범죄를 저질렀다는 데 있다. 당시 박정희는 밀수를 '사회의 5대 악'이라고 규정하여 강도 높게 단속하고 적발 시 특정범죄가중처벌법을 적용, 최고 사형까지 내릴 수 있도록 했다. 그랬음에도 불구하고 삼성은 벌금 2천만 원을 내는 데 그쳤고, 범법 행위도 모자라 특혜까지 받았다는 데 국민들은 분노한 것이다.

그러나 이병철은 벌금을 냈으니 문제가 없다고 항변했고, 삼성의 계열사였던 〈중앙일보〉와 동양방송은 이 논리에 입각, 일사부재리의 원칙에 어긋난다고 삼성 편을 들었다. 이런 것이 문제가 되어 나중 〈중앙일보〉는 신문윤리위원회로부터 편파 보도를 했으니 지면에 사과문을 실으라는 통고까지 받게 되었다.

하지만 이병철과 삼성은 자신들의 죄가 부풀려졌고 음모에 빠진 것이라고 지금까지 주장한다. 이병철은 밀수사건이 폭로되기 전 정부 고위 관료가 찾아와 한국비료 주식 30%를 요구했으나 이를 들어주지 않자 사건이 쟁점화되었다고 주장했다. 또한 여론이 나쁘게 흘러간 것도 〈중앙일보〉의 성장을 두려워한 타 언론사들이 노골적으로 삼성을 비하했기 때문이라고 말하며 법정에서는 사카린 원료의 밀수는 합법이었다는 어처구니없는 주장도 했다. 자신들의 죄는 전혀 없고 억울하게 당했다는 논리인데 한국 최대 재벌의 양면성을 보는 것 같아 얼굴이 화끈거린다.

그런데 문제는 지금 삼성의 모습도 당시와 별반 다르지 않다는 데 있다. 이병철은 문제가 터지자 개인 재산을 국가에 헌납하여 위기를 탈출했고 여론이 좋지 않게 흐르자 잠시 경영에서 물러났다가 조용해지자 다시 복귀하는 수순을 밟았다. 그런데 훗날 그의 아들 이건희도 아버지가 했던 것을 그대로 배워 답습했으니 그 아버지에 그 아들이 아닐 수 없다.

삼성은 분명 이 나라를 이끌었고, 지금도 이끌고 있고, 앞으로도 선두에 서서 이끌 것이다. 그러나 분명한 것은 삼성이 대한민국 최고기업이라는 위상에 합당한 모습을 보여주지 못하고 있다는 것이다. 자신들에게 비판적인 신문에 광고를 주지 않고, 자신들의 회사에 충성을 다해 몸이 부서져라 일한 노동자들이 병에 걸려도 나 몰라라 하는 것은 대기업이 할 짓이 아니라 양아치나 할 짓이다. 그런데 과연 이런 것들을 이건희 모르게 밑에 애들이 알아서 할 수가 있을까?

대한민국 최고의 부자, 한때 이병철이 아닌 '돈병철'이라고 불렸던 회장이 밀수를 하고, 얄팍한 수법으로 은퇴 후 복귀를 하고, 아들이 그대로 따라 하고 비판에 대해 귀를 닫고 모든 것을 독단적으로 결정해 지속해 간다면 앞으로 삼성은 돈은 많이 버는 기업이라도 존경받는 기업은 되지 못할 것이다.

김대중이 김우중과 대우그룹을
공중분해한 까닭

1936년생인 김우중은 대구 출신으로 경기 중·고등학교, 연세대학교를 졸업했다. 태생이나 학력은 한마디로 대한민국의 주류, 성골이라고 볼 수 있다. 외적으로 성공의 요건을 완벽히 갖추었다고 할 수 있는 것이다. 여기다가 워커홀릭(일중독자)이라고 불리던 근면성은 자수성가할 수 있는 가능성을 더욱 키우게 하는 요인이 되었다.

김우중만큼 대한민국에서 신화적인 존재는 없다. 이명박이 샐러리맨의 신화로 불리지만 이명박의 성공은 정주영이라는 '산'이 있었기에 가능한 것이었다. 그러나 김우중은 좋은 머리, 근면성, 타고난 장사꾼 근성, 운, 사람을 보는 눈 등을 복합적으로 갖추고 그것을 활용해 신화를 완성했다고 하는 것에 차이가 있다.

　김우중은 연세대를 졸업한 1960년 의류업체인 한성실업에 입사, 6년 동안 성실히 근무했다. 얼마나 일을 잘했던지 한성실업 사장은 말단사원이었던 그를 6년 만에 이사로 파격 승진시킨다. 그러나 김우중은 월급쟁이의 한계를 실감, 과감히 회사를 때려치우고(독자 여러분이라면 이런 선택이 가능하겠는가? 30대 초반의 젊은 나이에 회사의 꽃이라는 이사직을 과감히 박차고 나와 실패할지도 모르는 회사를 설립한다는 게. 안정적이라는 이유로 능력 있는 대부분의 젊은이들이 공무원 시험에만 매달리는 작금의 대한민국에서 다시는 김우중 같은 신화는 탄생하지 못할 것이다. 그의 인생은 '젊음'이라는 무기와 창의력, 도전정신이 만들어낸 성공기이다) 친구와 함께 자본금 500만 원으로 충무로에 '대우실업'이라는 회사를 차린다.

　김우중은 회사를 다니며 얻은 정보와 노하우를 자신의 회사에 쏟아부었다. 때마침 섬유제품의 수출이 활발히 이루어지고 있었던 터라 김우중의 대우실업은 대성공을 거두었다. 물론 운만 따른 것은 아니었다. 김우중은 서류가방 하나를 들고 단신으로 동남아시아 전역을 훑으며 세일즈를 펼쳤다.

　어느 정도 사업이 궤도에 오를 때쯤 하늘이 다시 한 번 김우중을 돕는다. 대우실업과 김우중이라는 이름이 박정희의 귀에 들어가게 되었는데, 알고 보니 김우중의 부친이 박정희가 학창시절 가장 존경하던 선생님이었던 것이다. 이때부터 박정희는 은

사에 대한 보답 차원으로 김우중과 대우실업에 특혜를 주고 물심양면으로 지원했다.

타고난 머리, 근면성, 수출 호조의 시기, 최고 통수권자의 도움 등이 기가 막히게 맞아떨어지면서 김우중의 사업은 승승장구하게 된다. 대우실업을 차린 지 10년 만에 대우건설, 대우증권, 동양증권, 새한자동차, 대우조선, 한국중공업, 대우중공업, 한국기계, 신진자동차, 대한전선, 한미금융 등을 창업하거나 인수·합병해 사장 자리에 오르게 된 것이다.

이것 역시 정권과의 유착 덕이라고 볼 수 있는데 신생회사 설립이야 김우중의 능력이지만, 부실기업을 인수할 수 있었던 것은 정부와 김우중의 이해타산이 맞았기 때문이었다. 박정희는 부실기업을 싼값에 대우가 인수하도록 도와줬고, 김우중은 대우의 덩치를 불려나갔던 것이다. 그러나 김우중은 정부가 부실기업을 제발 좀 맡아달라고 요청해서 내키지 않았음에도 나라를 위해 떠맡은 것도 있다고 얘기한 적이 있다. 이에 관해 현대의 정주영은 김우중에게 "대우는 벽돌 한 장 쌓지 않고 기업을 일구었다"고 비아냥대기도 했다. 정주영과 김우중의 사이는 좋지 않았는데 이유는 역시 취급 품목이 중복돼 여러 곳에서 경쟁을 할 수밖에 없는 사이였던 탓도 있지만, 김우중과 정주영의 기업을 키운 방식이 전혀 달랐기 때문이기도 하다.

이렇게 거칠 것 없이 단기간에 재벌의 명성을 쌓은 김우중은 세계로 눈을 돌린다. 김영삼의 '세계화 선언'이 나오기 훨씬 전에 김우중은 스스로 세계화를 선언하며 공격적인 마케팅을 벌였다(결과적으로 세계경영이 대우를 몰락하게 만든 결정적인 요인이 되었다). 그러면서 젊은이들을 위해 책을 한 권 쓰니 그것이 바로『세계는 넓고 할 일은 많다』였다.

책에 대한 반응은 가히 폭발적이었다. 시중에서는 책이 없어 못 팔 지경이었고, 젊은이들에게는 반드시 읽어야만 하는 필독서가 되었다. 김우중의 이 책이 요즘 유행하는 자기계발서의 시초가 아닐까? 이후에 정주영의『실패는 있어도 시련은 없다』(이 역시 베스트셀러에 오른다), 이명박의『신화는 없다』등의 책들이 쏟아져 나오기 시작했다.

김우중은 책의 열풍에 힘입어 아무것도 가진 것 없는 젊은이들에게 우상이 되었다. 책에는 김우중이 "어릴 때 가난하여 신문팔이를 했었다"는 등의 내용이 나오는데, 한마디로 "개천에서 용 났다", "신문팔이 소년에서 재벌그룹 총수가 되었다", "좌절하지 마라. 당신들도 할 수 있다" 같은 내용들로 젊은이들에게 희망의 상징이 되었던 것이다.

김우중은 사업도 성공하고 사회적으로도 존경받는 사람이 되자 서서히 야망을 드러내기 시작한다. 정치에 관심을 두기 시작한 것이다(여기에 대해서는 견해가 여럿이다. 분명 김우중은 92년 대선에 출마

할 생각이 있었다. 그러나 정말 정치를 하고 싶어서였는지 정주영과의 경쟁 때문이었는지, 혹은 그를 이용하여 장사를 할 생각이었는지-김우중은 뼛속까지 장사꾼이었다-는 아무도 모른다).

전두환 정권에서 막대한 정치자금을 정부에 줄 수밖에 없었던 김우중은 의외로 야당 정치인인 김대중에게도 정치자금을 주기 시작했다(야당, 특히 김대중에게 정치자금을 준다는 것은 재벌로서는 자살행위일 수도 있었다. 물론 보험용일 수도 있지만).

특히 88년 총선을 앞두고는 상당한 금액을 김대중에게 지원했다. 이렇게 김대중과 인연을 맺은 김우중은 지속적으로 김대중을 지원한다. 물론 김영삼에게도 도움을 줬다. 특히 92년 대선 시 김영삼이 민자당 경선에 출마했을 때, 경쟁자인 민정계의 이종찬을 낙마시키기 위하여 김우중이 움직였다는 이야기도 있다. 그리고 97년 대선은 한마디로 '돈의 전쟁'이었다. 돈 없이 대선을 치를 수는 없다는 말이다. 그러나 정치자금은 여당에 집중돼 김대중이 받을 수 있는 돈은 이회창과 비교했을 때 잘 해봐야 5~10% 정도밖에 안 되었다.

세간의 소문대로 아무리 김대중이 그동안 공천 장사하고 어찌어찌해서 돈을 모아 놨어도 택도 없단 얘기다. 그런데 이때 김대중을 돈의 어려움에서 구해준 사람이 바로 김우중이었다. 그리고 결국 김대중이 대통령에 당선되었다.

어떻겠는가? 김대중으로서는 김우중이 고맙지 않았겠는가?

이런 분위기를 웬만한 사람들은 다 알고 있었다. 그래서 "새 정부에서는 대우가 재벌을 이끌 것이다", "전경련 회장은 김우중이 맡을 것이다(실제로 김우중은 김대중 정부에서 전경련 회장을 했다)"라는 이야기들이 여기저기서 흘러나왔다.

그러나 당시 대한민국은 IMF 상황이었고, 대우도 심각한 자금난을 겪고 있었다. 어려운 상황이었지만 김우중은 김대중 당선자와의 돈독한 관계를 과시하며 공격적인 마케팅을 펼쳤다. 대통령에 당선된 김대중은 97년 말 재벌총수들과 면담을 가지고 적극적인 구조조정을 실시해줄 것을 요청했지만, 김우중은 이 자리에 없었다. 김우중은 다음 해 1월에 김대중과 일대일 독대자리를 마련하여 따로 김대중을 접견한 것이다. 그의 세를 대내외에 과시한 것이었다. 은행 같은 곳에서 이 장면을 어떻게 봤겠는가? 당시에 김우중도 돈이 궁할 때였는데 말이다.

상황이 이렇게 되자 김우중은 오버페이스를 하게 된다. 당선자가 자신을 믿고 있다는 데 탄력을 받은 김우중은 당시 모든 재벌들이 소극적으로 몸을 사릴 때, 김대중과 정부에 "이런 때일수록 더더욱 공격적으로 세계 시장을 공략할 필요가 있다. 현 상황은 달러가 비싸니까 우리 제품을 헐값으로라도 넘기면 그 돈으로 유동성 위기를 벗어날 수 있다"며 '500억 달러 수출론'을 제시한다. 그러나 정부 관료들은 김우중의 제안을 강하게 반발하며 일축했다. "지금은 구조조정이 우선이다"는 얘기였다. 김대중이 자신의 등에 있다고 생각한 김우중은 정부 관료들에게 김대중 면전에서 직격탄을 날렸다.

"당신들은 모두가 책상물림들이다. 대통령 참모들은 사기꾼밖에 없다."

이러니 정부 관료들이 김우중을 좋아할 리 있었겠는가? 거기다가 김대중이 매일 머리 맞대고 의논하는 상대는 김우중이 아니라 관료들이었다. 이때부터 관료들은 김대중에게 김우중과 대우에 대해 좋지 않은 말들을 쏟아내기 시작한다.

김대중 시절 재경부 장관과 경제수석을 했던 민주당 강봉균의 김우중에 대한 다음과 같은 말은 당시 관료들이 김우중을 어떻게 생각했는지 단적으로 보여주는 예이다.

"김우중은 산업화 시대의 인물일 뿐이다."

강봉균은 김우중과 김대중이 독대할 때마다 김대중 곁에 항상 동석했는데, 김우중이 김대중에게 뭔가 요구하려고 하면 중간에서 말을 가로채거나 김우중의 논리를 반박했다. 그러나 김대중은 정권 초기에는 주변의 반대에도 불구하고 대우에게 특혜를 줬다. 혹자는 오히려 더 빨리 대우를 정리했어야 하는데, 김대중과 김우중의 밀월관계 때문에 늦춰졌고 그것이 한국 경제에 더 타격이 됐다는 이야기도 한다.

역시 문제는 돈이었다. 자금 조달이 안 된 것이다. 당시 대우는 세계경영이니 뭐니 해서 폴란드를 비롯한 동구권, 페루를 비롯한 남미, 동남아시아 등에 공장을 세우며 무리하게 사세 확장에 나서고 있었다. 그러나 97년 전 세계적으로 경제 한파가 몰아닥치자 자금 조달이 힘들어진 것이다. 이 위기상황을 김우중은 '빅딜'로 타계하고자 했다.

삼성이 삼성자동차를 대우에게 주고, 대우는 대우전자를 삼성에게 준다는 '빅딜'은 김대중 정부도 구조조정의 일환으로 강력히 추진했고, 김우중은 이를 발판으로 자금 유동성을 확보하려고 했다. 삼성 쪽도 처음에는 빅딜에 합의를 했으나, 결국은 삼성의 거부로 이루어지지 않았다. 돈도 못 버는 대우전자를 인수하고 삼성자동차를 넘겨주며 운영자금을 대는 것은 삼성의 손해였기 때문이다.

급해진 김우중은 98년 12월 아세안회의 참석을 위해 베트남에 도착한 김대중과 하노이 대우호텔 스위트룸에서 다시 면담을 한다. 이 자리에서 김우중은 "6조 정도면 문제를 해결할 수 있다"며 도움을 요청했다. 김대중은 "생각해 보자. 강봉균 수석에게 이야기해 보겠다"고 그를 달랬다. 그러나 강봉균은 일언지하에 거절했다. 말도 안 된다는 소리였다. 그렇게 대우는 몰락해 갔다. 돈이 급해지자 대우는 회사채를 무리하게 발행했고, 이것은 부실을 더 키운다. 금감원에서 제동을 걸기 시작하자 대우의 위기는 더더욱 가속 페달을 밟았다. 결국 부채가 60조 원이나 됐던 대우는 대우사태로 몰락했다. 조사를 해보니 분식회계가 41조 원이나 됐고, 은행을 이용한 사기 대출 금액도 10조 원이나 되었다. 진즉에 무너졌어야 정상이었던 것이다.

대우가 망하며 남긴 빚은 전 세계에 유례가 없을 정도로 부실덩어리였다. 그럼 김우중은 왜, 김대중에게 섭섭함을 표시하고 일부 국민들은 왜 김대중이 잘나가던 대우를 죽였다고 생각할까?

우선, 김우중은 김대중에게 당연히 섭섭한 마음을 가질 수 있다. 인간적으로 말이다. 서슬 퍼런 군부독재 시대는 물론이고 문민정부 때도 물심양면 도와줬는데 김대중은 자기가 위험할 때 도와주지 않았다는 것이다. 사실, 김대중이 맘만 먹으면 대우를 살릴 수도 있었다. 물론 엄청난 공적자금을 지원했어야 하지만 말이다. 실제로 다른 부실기업들은 이런 식으로 살려줬다.

새누리당의 원내대표 이한구(대우그룹 회장 비서실 상무, 대우경제연구소 소장 출신) 같은 사람은 "김대중이 현대는 살리고, 대우는 죽였다"며 차별론을 내세웠다. 또 김우중이 대우사태가 터지고 외국으로 출국할 때 우리 정부에서 그냥 보고만 있었는데, 나중에 김우중은 이에 대해 "김대중 대통령이 직접 나에게 전화를 걸어 잠깐 나가 있으라고 했다"고 증언했다. 이 말이 사실이라면 김우중의 배신감은 더 할 것이다. 잠깐 나가 있으라고 해 놓고서 그 사이에 대우를 죽였으니 말이다. 게다가 그 후 10년 가까이 해외를 떠돌아 다녔으니…….. 당연히 인간적인 섭섭함이 있었을 거라고 생각된다.

　그러나 김대중 입장에서 보자면 김대중은 대통령이다. 대통령은 인간적인 관계보다 더 큰 걸 생각할 수밖에 없는 자리라는 것이다(노무현이 해외 파병한 것, 노무현의 지지자들도 반대하는 정책이었으나 대통령 입장에서는 이런 논리로 강행했다고 이해하고 있다). 오랜 야당 지도자로 있으면서 김대중은 이런 모습을 한두 번 보여준 게 아니다. 영원한 동지라던 김상현도 팽시켰고, 조윤형도 팽시킨 게 김대중이다. 김우중이 너무 순진했던 것은 아닐까?

　그리고 일부 국민들이 말하는 "잘나가는 대우를 김대중이 죽였다"라는 것은 전제가 잘못된 것이기에 사실도 틀릴 수밖에 없다. 대우는 앞서 언급했듯 잘나가기는커녕, 부실덩어리였다. 김대중이 인간적인 정 때문에 끝까지 살렸다면 국민들의 세금은 어마어마하게 대우로 끌려들어갔을 것이다. 그러니 주위에서 그 따위 얘기를 하는 사람이 있으면 "좆 까는 소리는 달나라 가서 하고, 말 타는 소리는 서부에나 가서 해라"며 질러 주시기 바란다.

현대건설 압구정동 아파트
특혜분양사건

앞서 소개한 '성낙현 스캔들'은 박정희 정권 말기인 1978년, 대한민국을 떠들썩하게 했던 '3대 부정사건'의 하나로 다른 하나는 '공무원 부정사건'이었고, 또 다른 하나는 '현대건설 압구정동 아파트 특혜분양사건'이었다. 공무원 부정사건은 경상북도 교육위원회가 돈을 받고 가짜 중등교사 자격증을 발급, 교육감 등 무려 121명이 피고 자격으로 재판을 받은 공무원 기강 해이와 타락을 여실히 보여주는 스캔들이었고, 현대건설 특혜분양사건은 현대건설이 특정계층에게 아파트를 특혜로 분양해 사회문제가 된 사건이다. 이 사건으로 정주영의 차남 정몽구는 아버지를 대신하여 감옥에 가기도 했다. 이야기가 나온 김에 사건의 내막을 살짝 들여다보자.

1970년대 말 아파트 붐이 일며 강남의 땅값이 올라갈 즈음, 현대건설은 정부로부터 경부고속도로 건설대금으로 한강공유수면을 받는다. 현대는 이곳을 매립해 아파트를 짓게 되는데, 처음 정주영은 아파트 건설에 큰 매력을 느끼지 못했으나 차남 정몽구가 적극 주장하여 아파트를 짓게 되었다.

문제는 분양에서 터진다. 원래 현대는 아파트를 지을 때만 해도 1,512가구를 건설, 952가구는 현대의 무주택 사원에게 분양하고 나머지 560가구만 일반에게 분양한다는 조건으로 당국으로부터 허가를 받았다. 그런데 아파트를 짓게 되면서 아파트 투기 광풍이 불기 시작하자, 압구정 현대아파트의 분양권에 보통 아파트 한 채 값의 프리미엄까지 붙으며 인기를 끌게 된 것이다.

당연히 힘깨나 쓴다는 사람들이 현대의 고위 관리자들과 정부 관계자들에게 "나도 분양권 좀 얻게 해 달라"고 사정과 협박을 일삼았고, 결국 무주택 사원들에게 돌아가야 할 952가구 중에서 291가구만 사원들에게 분양되고 나머지는 고위 공직자, 국회의원, 경제인, 언론인, 현대 임원들의 친인척, 동창들에게 분양이 되었다.

1977년 11월, 청와대로 현대아파트 특혜에 관한 투서가 올라가고 언론은 이 사건을 크게 터트린다. 그러자 검찰이 즉각 수사에 착수, 정몽구 한국도시개발사장, 곽후섭 서울시 부시장, 주택은행 임원 등 다섯 명을 구속했다(한때 정주영도 구속해야 한다는 여론이 있었지만, 정주영은 자신은 모르는 일이라고 했고, 아들도 이미 구속된 상태였기 때문에 구속되지 않았다). 그러나 당연히 함께 처벌해야 하는 특혜분양자들에게는 아무런 책임도 묻지 않았으니 일반 국민들의 여론은 들끓었다. 여론에 못 이겨 일부 전·현직 공직자들은 분양권을 되팔기도 했지만, 나머지 사람들은 끝까지 버텨 아파트를 분양받아 엄청난 폭리를 취했으니, 대한민국이 부동산 공화국인지 아파트 공화국인지 모르겠다.

그런데 여기서 우리가 주목해야 할 점이 있다. 이때의 현대건설 사장이 누구였는지 아시는가? 바로 이명박이었다. 이명박은 이 사건으로 사법 처리는 되지 않았지만, 그가 이 사건과 직간접으로 관련이 있는 것만은 분명하다. 왜? 이명박도 이때 특혜분양을 받았기 때문이다. 이명박 본인은 특혜분양이 아니라고 하지만 소가 웃을 일이다. 앞서 언급했지만 이 아파트는 분명 현대의 무주택 사원들을 위해서 지어진 것이다. 그런데 이때 이명박이 무주택자였나? 그리고 또 의심스러운 점. 아파트를 분양받은 사람이 이명박뿐만 아니라 그의 친지 가족들도 똑같이 분양받았다는 데 문제가 있는 것이다. 그럼 누구? 당연히 이명박의 형, 이상득이다. 이상득은 이때 코오롱 사장에 재직 중이었는데 65평형을 분양받았다(당시만 해도 대형 평수의 아파트가 없었기에 압구정 현대아파트는 대형 아파트의 시초라고 할 수 있다). 또 있다. 김윤옥의 부친, 즉 이명박의 장인도 아파트를 분양받았다. 그리고 이명박의 처남도 아파트에 전입기록이 있다. 이명박은 아파트 2채를 분양받았는데 전입은 하지 않았다. 그래서 처남이 살지 않았나 생각된다.

물론 이명박이 "왜 그래? 우리 가족들은 다 정당히 일반분양할 때 분양받은 거야"라고 한다면 할 말은 없지만, 몇 가구 안 되는 일반분양권을 얻으려고 난리를 쳐도 태반이 못 받고 돌아서는 바람에 프리미엄이 붙고 특혜분양까지 이루어졌는데 이명박 가족만 무슨 복이 있다고 줄줄이 분양권을 손에 넣을 수 있었을까? 당연히 의심할 수밖에 없는 상황이다. 그러나 지금 그 양반은 우리의 대통령이다.

참고로 당시 아파트 시세는 얼마나 됐을까? 1972년 평당 27만 원 선이었던 시세는 이 사건이 일어날 즈음인 1978년에는 평당 70만 원으로 올랐다. 압구정 현대아파트의 분양가 프리미엄만 40만 원이었다. 최초 분양가가 44만 원이었으니 현대아파트의 인기가 얼마나 대단했는지 실감하게 되는 순간이다.

정주영의 자식들

대한민국 최고의 기업 현대, 그리고 현대를 맨손으로 일군 정주영, 진정한 자수성가란 무엇인가를 알려준 정주영의 자식들에 대해서 이야기해 보자.

알려진 바에 의하면 정주영은 부인 변중석과의 사이에서 총 아홉 명의 자녀를 낳았다. 딸은 한 명이고 나머지는 모두 아들이다. 정주영이 한창 잘나갈 때 항간에는 정주영과 변중석 사이에서 낳은 친자식은 차남에서 4남까지 단 세 명에 불구하고, 나머지는 모두 데려온 자식이라는 이야기까지 있었다. 이에 대해 정주영은 개소리라며 일축하고, 막내 정몽일만 변씨 소생이 아닐 뿐 나머지는 다 변씨 소생이라고 했지만 이는 사실이 아니다.

첫째 아들은 정몽필이다. 몽필 역시 변중석 여사가 낳은 아들이 아니라는 설이 있었지만 확인되지는 않았다. 변중석이 22년생이고 몽필이 36년생이니 이상하지만, 불가능한 것만도 아닌지라 넘어가겠다.

몽필은 언제나 아버지의 카리스마에 짓눌려 살았다. 정주영은 왕회장이라는 별명답게 강단 있고, 소신 있고, 무대포적인 면모도 있어 가신들이나 자식들에게는 항상 무서운 존재였다(몽준은 제외. 어린 몽준은 아버지를 무서워하기는커녕 아버지랑 장난치고 노는 걸 좋아했다고 한다). 그러니 장남인 몽필은 아버지의 카리스마에다가 장남으로서 느끼는 부담감, 동생들보다는 나아야 한다는 의무감 등이 겹쳐 항상 스트레스의 연속이었다. 그러다 보니 실수도 잦았고 아버지에게 좋은 인상을 심어주지 못하였다. 정주영도 이런 장남이 맘에 들지 않아 항상 잔소리를 해 대었다.

그런데 장남인 몽필이 교통사고로 그만 사망하고 만다. 82년의 일이었다. 정주영으로서는 하늘이 무너지는 느낌이었을 것이다. 연약한 장남이 항상 꼴 보기 싫었지만 열 손가락 깨물어서 안 아픈 손가락이 어디 있겠는가? 거기다가 제대로 사랑 한번 못 준 자식이 자기보다 먼저 세상을 떠나자 정주영의 마음은 괴롭기만 했다. 그렇게 해서 정주영은 남은 몽필의 가족에게 몽필에게 못 준 정을 쏟았다. 정주영은 몽필의 처남, 즉 몽필의 부인인 이양자의 동생인 이영복을 동서산업 사장으로 파격 승진을 시킨다. 몽필의 처남이라고 해봐야 정주영으로서는 피 한 방울 섞이지 않은 사돈총각에 불과했다. 그러나 몽필에 대한 애틋함이 남아 있던 정주영은 사돈총각에게 사장 자리를 주면서 미망인인 며느리를 위로한 것이다.

둘째는 정몽구다. 몽구는 어렸을 적부터 아버지를 닮아 보스 기질이 남달랐다. 거기다가 운동도 잘하고, 싸움도 잘해 고등학교 시절에는 지금으로 말하면 학교 짱이었다. 툭하면 싸움질을 했지만 그를 따르는 사람들이 많았다.

정주영 일가의 자식들은 아버지에 대한 정이 남다른데 그중에서도 몽구가 단연 일등이었다. 효심 하나는 대한민국 넘버원이라고 해도 과언이 아니다. 몽구는 78년에 있었던 압구정동 현대아파트 특혜분양사건으로 아버지가 구속 위기에 몰리자 모든 것은 자기가 한 일이라며 구속을 자처해 아버지 대신 감옥에 들어가기도 했고, 훗날 소위 '왕자의 난'이 있었을 때도 "아버지의 뜻이 그러하다면 따른다"며 동생 몽헌에게 모든 것을 넘기고 현대차만 가지고 그룹을 나올 정도로 아버지의 말이라면 다 따르는 사람이었다.

몽구의 아들인 의선이 다음 현대·기아차의 오너로 올라설 것이 확실해 보이지만 삼성의 이재용처럼 하는 짓마다 다 말아먹을 조짐을 보이고 있으니 오히려 전문경영인에게 맡기는 게 옳지 않나, 앞에 있으면 충고해 주고 싶다.

셋째는 정몽근이다. 몽근은 바로 윗형인 몽구와 여러 면에서 많이 닮았다. 성격은 물론이고 심지어는 고등학교, 대학교도 같은 곳을 나왔고 고등학교 때 쌈질하고 다닌 것까지 자기 형과 똑같다. 몽근은 현대백화점을 물려받았고 아들들도 현대백화점에서 일하고 있다.

넷째는 유일한 딸인 정경희다. 경희는 일본에서 공부를 했는데 정주영이 직접 딸의 중매를 섰다. 경희의 남편 정희영은 65년 현대건설 공채로 입사를 했다(이명박과 동기). 그런데 워낙 일을 잘해서 정주영의 눈에 띄었고, 희영의 능력을 높이 산 정주영은 딸인 경희를 맺어주기 위해 일부러 희영을 경희가 공부하고 있던 일본으로 보내 둘을 맺어 주었다.

이처럼 현대가의 혼인은 재벌가들끼리 주고받는 결혼이 아니었다. 정주영은 자식들의 결혼에 왈가왈부하는 스타일이 아닌 "니들 좋으면 그냥 살아라" 하는 스타일이었기 때문에 평범한 집안과 결혼한 사람도 많았다. 몽헌과 몽준 정도만 재벌가와 결혼했으나 3세들에게까지 오면 상황은 바뀐다. 대부분의 3세들은 재벌이나 명문가와 결혼을 한다(아나운서랑 결혼한 대선은 제외하고).

다섯째는 정몽우다. 몽우도 학교 다닐 때 쌈질 좀 했었는데 조금 심하게 싸웠던지 머리에 부상을 입었다. 이게 괜찮다 싶다가도 어느 순간에 고통이 오고 발작이 찾아와서 힘든 생활을 겪었다. 몽우는 당시 한양대 퀸이었던 이행자를 꼬셔 결혼을 하게 된다. 그리고 현대알루미늄 회장직을 맡았지만 고등학교 때 다친 머리 부상이 계속 도져 우울증으로까지 발전해 정신분열 상태까지 가자 1990년 강남의 한 호텔에서 독극물을 마시고 음독자살을 한다.

몽우의 삼남이 대선으로 노현정과 결혼을 했다. 네티즌들 사이에 떠도는 말에 의하면 현정은 원래 사귀던 남친이 있었으나 대선과 만남이 깊어지자 남친에게 "잠시만 시간을 갖자"는 드립을 치고 얼마 안 있다가 대선과 결혼을 하게 되었다고 한다. 이에 열 받은 전 남친이 뿌린 건지, 그 지인들이 뿌린 건지, 어쨌든 남친과 현정이 다정히 찍은 사진이 웹에 유포되기도 하였다.

여섯째는 정몽헌이다. 몽헌은 현대전자를 맡아 실력을 뽐내면서 정주영의 눈에 들었고, 이를 기특히 여긴 정주영은 평생의 숙원사업인 대북사업을 맡기며 몽헌을 신임했다.

왕자의 난이 벌어졌을 때 정주영은 몽헌이 후계자라고 직접 발언을 했으며, 이 발언이 전해지자 아버지 말이라면 뭐든 듣는 후계 1순위 몽구는 "알겠다"며 자동차 분야만 가지고 현대에서 물러나게 된다.

아버지의 숙원사업인 대북사업을 정주영 사후에도 계속 추진하던 몽헌은 대북사업이 계속 적자에 시달리고 엎친 데 덮친 격으로 대북송금 문제까지 불거져 검찰수사를 받게 되자, 계동 사옥에서 몸을 던져 자살로 생을 마감했다.

　몽헌의 처는 신한해운 현원형의 큰딸 현정은으로 몽헌과 결혼 이후 줄곧 집안 내조에만 힘썼으나 남편 사망 후, 전권을 물려받아 주위의 우려와 아주버님들의 태클에도 불구하고 경영권을 방어, 우수한 경영 능력을 보여주어 대장부란 별명을 얻었다. 몽헌과 정은의 맏딸이 정지이로, 77년생인 지이는 정주영 회장이 유난히 예뻐하여 어디든 데리고 다녔다고 한다. 아마 지이가 정은이 물러나면 그 자리를 꿰차지 않을까 생각된다.

　일곱째는 정몽준이다. 몽준은 변중석이 낳은 자식이 아니라 데리고 온 자식인데 어렸을 때부터 데리고 왔기 때문에 몽준은 이십대 중반까지, 변중석이 친엄마인 줄 알고 살았다. 이런 것을 보면 변중석이 대단한 여자라고 할 수 있는데 몽준이 가족들에게 따돌림을 받거나 할까봐 사진 등을 찍을 때도 어린 몽준을 변중석이 직접 품에 안고 찍을 정도로 친자식처럼 길렀다. 다른 자식들은 아버지 정주영을 어렵게 생각했지만 몽준만 아버지의 카리스마에 압도되지 않고 어리광을 부리기를 좋아해 정주영이 예뻐했다고 한다.

몽준은 미국 유학시절 한 통의 편지를 받는다. 편지는 "내가 네 친엄마다"라는 내용이었다. 변중석이 친엄마라고 알고 있었던 몽준에게는 마른하늘에 날벼락 같은 얘기였지만 어쨌든 귀국 후, 이 여인을 찾아갔다. 아파트에서 자신의 친엄마를 약 20여 분간 만난 몽준은 뭐가 진실인지 이해하기 어려워 아버지인 정주영에게 직접 그 연유를 물었다.

"아버지, 제 생모라는 사람이 나타났는데 이게 어떻게 된 일입니까?"

"그런 일 없다. 잘못 알은 거다."

"제가 직접 만나고 왔습니다."

"넌, 신경 쓰지 마라, 그건 내 일이다. 내가 알아서 한다. 네 엄마는 지금껏 네 옆에 있는 사람이다. 그렇게 알아라."

그럼, 몽준의 생모는 도대체 누구인가? 아직 시원하게 밝혀진 것은 없다. 아마 몽준은 알고 있을 것이다. 세간에는 국악인 안비취가 생모라는 주장이 있었다. 이것은 정주영이 병석에 있을 때 안비취를 찾았다는 점, 그리고 몽준의 생모가 안 씨라는 점, 그리고 예술 계통의 사람이었다는 점 등이 결합되어 안비취가 몽준의 생모일 것이라는 이야기가 나왔으나 안비취 쪽에서 강력 부인했으므로 확인할 수는 없다.

다음으로 정주영과 같은 이북 출신의 국악인 안군자가 생모일 것이라는 설이 있으나 이 또한 확인되지는 않았다. 안비취도 이북 출신이고 국악인에다가 안 씨고, 방금 언급된 안군자도 그러하니 그런 얘기가 나온 것 같다. 그리고 마지막으로 역시 안 씨인 부산의 한 사채업자가 몽준의 생모라는 설이 있다. 전쟁 후 부산으로 피난을 간 정주영이 이곳에서 유명한 안 씨 성을 가진 사채업자를 만나 몽준을 낳았다는 이야기가 있으나 역시 밝혀진 건 아무것도 없다. 2002년 대선 때 이 문제 때문에 몽준도 끊임없는 질문에 시달렸으나 변중석이 친엄마가 아니라는 것만 인정했지, 생모에 대해서는 더 이상 언급을 하지 않았기에 그의 생모는 밝혀지지 않았다. 또한 남의 가정사를 일일이 캐고 묻는 것도 실례가 될 테니, 필자도 이쯤에서 그만두겠다.

여덟째는 정몽윤이다. 몽윤은 현대종합상사에서 일하다가 뒤늦게 학업에 열중, 경영 일선에서 물러났다가 다시 컴백, 또 일선 후퇴 등을 하다 현대해상으로 복귀했다. 몽윤은 연애 결혼을 한 후 슬하에 1남 1녀를 두었다.

아홉째는 막내인 정몽일이다. 몽일은 정주영이 살아생전 유일하게 인정한 데리고 온 자식이다. 그러나 그의 생모에 관해서는 알려진 바가 없다. 몽일은 연세대를 졸업하고 미국 유학길에 오르는데 여기서 지금의 부인을 만나 결혼을 하고 슬하에 1남 1녀를 낳았다.

정주영의 현대가는 대한민국 최고의 거부임에는 틀림없지만 앞에서 보았듯이 순탄치 않은 가정사를 겪었다. 이건희의 딸도 자살로 생을 마감한 것을 보면 결코 돈이 행복의 척도는 아니라는 생각이 든다. 이 글로 우리 모두 돈의 노예가 되지 말고, 진정으로 가치 있는 것이 무엇인지 다시금 생각해 보는 계기가 되었으면 한다.

삼성가家의 혼맥

'정주영의 자식들' 편에서 현대가는 정주영이 혼사에 관여를 안 하기 때문에 집안끼리의 정략결혼이 많이 없다고 했는데, 이번에는 삼성가는 어떤지 한번 알아보자. 삼성도 다른 명문가들에 비하면 정략결혼이 그리 많은 편은 아니다.

이병철이 항상 "자가 아들로 태어났으면 얼마나 좋겠노!"라고 했다던 장녀 이인희는 경북 지방의 대지주 조범석의 막내아들 조운해와 결혼을 했다. 이병철이 대구에서 최초 사업을 일으켰으니 지방 토호와 연결되는 것은 어쩌면 당연한 것 같다. 조운해는 강북삼성병원 원장을 역임했다. 이인희는 한솔그룹을 갖고 갔는데 아들 조동길이 한솔그룹 회장이고, 조동길의 처는 안영

주로 그녀의 아버지가 전 동화은행장 안영모다. 의외로 한솔은 재벌가나 권력가들과 결혼을 하지 않았다.

장남 이맹희는 부친끼리의 약속대로 손영기 경기도 지사의 딸 손복남과 결혼했다. 그 자식들이 현재 CJ그룹을 이끌고 있는데 특이한 점은 이맹희의 처남, 즉 손복남의 남동생인 손영기가 공동회장을 맡고 있다는 점이다.

차남 이창희는 73년에 아버지와 사이가 틀어져서 혼자 새한 그룹을 이끌고 독립하는데 말년은 그리 좋지 않았다(사카린 밀수사건 때 아버지를 대신해 감옥에 들어갔던 이창희였으나 출소하고 자신의 입지는 점점 줄어들고 대신 동생인 건희와 그의 장인인 홍진기가 경영 전반에 등장하자 이에 앙심을 품고 자신의 부친인 이병철의 치부를 박정희에게 투서 형식으로 고발하였다. 이에 이병철은 이창희를 집안에서 쫓아냈었다). 백혈병을 얻어 숨을 거두었고, 범삼성가 중에서 새한그룹이 유일하게 몰락했으며, 그의 사돈 집안들도 IMF 때 줄줄이 도산했다.

이창희는 집안의 반대에도 불구하고 일본 여성과 결혼을 했다(이영자로 개명). 그녀의 아버지와 할아버지는 일본 천황으로부터 공작과 자작 지위를 받았으니 일본의 명문가라고 할 수 있겠다. 이들 사이에서 재관, 재찬, 재원, 혜진이 태어나는데 장남 재관은 아버지의 후광으로 일어서기 싫다며 스스로 씨티은행에 취직하여 평사원으로 일하는 등 나름 개념을 보여주던 인물로 동방그룹 회장의 맏딸인 김희정과 결혼을 했다. 둘째 재찬은 동아그룹 최원석(최원석은 펄시스터즈의 배인순과 결혼했으나 훗날 이혼하고 아나운서 장은영과 재혼했으나 역시 이혼했다. 배인순이 나중에 자서전을 펴 전 남편의 바람기를 폭로하기도 했다)의 딸 최선희와 결혼을 했고, 재원은 서용주정 김일우의 딸 김지연과 혼인을 맺었다. 막내 혜진은 라이프그룹 장남 조명희와 결혼했는데 사돈 기업들 중 서용주정을 제외한 나머지 기업들은 모두가 도산했다.

둘째 재찬은 생활고 등으로 스스로 목숨을 끊었는데 삼촌인 이건희를 비롯해 숙모인 홍라희, 사촌 동생들인 이재용, 이부진, 이서현 등 그 누구도 빈소를 찾지 않았다. 어려울 때는 핏줄만큼 당기는 것이 없다고 하는데 재벌가의 비정함을 보여주는 것 같아 씁쓸함을 금할 길이 없다.

차녀 이숙희는 LG그룹 창업주 구인회의 셋째 아들 구자학과 결혼했다. 둘 사이에서 낳은 딸 구명진을 한진그룹 조정훈의 막내아들 조정호에게 시집보냈다(메리츠증권 회장).

다음은 삼녀 이순희다(순희는 이병철과 박두을 사이에서 낳은 자식이 아니라는 설이 있다). 이순희는 서강대학교 교수와 결혼을 해서 평범하게 살고 있다.

이병철의 4녀 이덕희는 이병철의 고향인 경남 의령의 토호 이정재의 아들 이종기와 결혼을 했다(4녀 덕희도 삼녀 순희와 마찬가지로 본처와의 사이에서 낳은 자식이 아니라는 설이 있다. 이런 설들이 많이 나오는 것은 이병철이 젊었을 적부터 무시로 기방을 출입하고 유흥을 즐겼기 때문이다. 이병철 스스로도 인정할 정도로 젊었을 때부터 그는 주색잡기를 즐겼다. 마산에서 처음 사업을 시작할 때는 술을 마시면 마산에 사는 한국인 기생, 일본인 기생을 전부 불러서 술을 마실 정도였다). 이병철은 특히 덕희를 예뻐했다는 이야기가 있는데 그래서 그런지 사위 이종기도 삼성에서 〈중앙일보〉 사장, 제일제당 부회장, 삼성화재 사장 등의 요직을 두루 거쳤다. 이종기는 실력도 뛰어났다고 알려졌는데 그래서 그러진 이병철은 사위를 굉장히 신뢰한 듯하다. 이병철의 장남 이맹희는 아버지가 자신을 납치하여 정신병원에 가두려고 했다는 증언을 한 적이 있는데, 맹희는 여동생의 남편인 이종기가 주도적으로 했다고 보았다. 덕희는 이종기와의 사이에서 3남매를 두는데 그중 아들 하나가 교통사고로 먼저 세상을 떠나는 아픔을 겪었다. 아들 사후에 사회에 무려 5,800억 원이라는 단일 사상 최고액을 기부하여 화제가 되기도 하였다.

다음은 끝판왕 삼남 이건희다. 이건희의 부인은 서울대 미술학과를 졸업한 홍라희로 부친은 일제 강점기 때 판사를 했고, 이승만 정권 때 법무부 장관과 내무부 장관을 한 홍진기다(4.19 이후 무기징역을 선고받았으나 이후 석방되어 〈중앙일보〉 사장에 올랐다). 홍진기는 맏

딸을 삼성가로 보내고, 장남 홍석현(《중앙일보》 회장)은 박정희 정권 때 법무부 장관과 중앙정보부 부장을 지낸 신직수의 딸과 결혼시켰다.

홍진기의 둘째 아들 홍석조(광주고검장 출신, 삼성X파일사건 때 언론에 오르내리다 노회찬이 실명 언급 후 사퇴, 현 보광훼미리 회장)는 철도청장, 서울시장을 지낸 양기식의 딸과 혼인을 맺었고, 막내딸 홍라영은 전두환 정권 때 요직을 두루 거치다 국무총리까지 한 노신영 집안에 시집을 보냈다. 홍진기 집안은 대한민국에서 혼맥으로 유명해진 몇 안 되는 가문인데 라이벌로는 이후락, 노신영 가문이 있다.

끝판왕 이건희는 홍라희와의 사이에 1남 3녀를 두는데 장남 이재용은 대상그룹 임창욱의 장녀 임세령과 결혼을 했다. 당시 세령은 어린 나이와 빼어난 미모로 세간의 주목을 받았었다. 그런데 이 결혼은 세령이 대학 중퇴까지 하며 시집간 것도 화제가 되었지만 영호남 기업이 사돈으로 맺어졌다는 점, 그리고 조미료 라이벌이었던 삼성과 대상이 합쳐졌다는 것에 뜨거운 관심을 불러일으켰다. 이병철 삼성 선대 회장은 생전에 농담조로 "세상에 내 마음대로 안 되는 것이 세 가지가 있는데 하나는 자식이고, 둘은 골프며, 셋은 미원이다"라고 했을 정도로 제일제당과 미원의 대결은 심했었다. 결국 나중 이혼을 했는데 세령의 친정아버지 문제를 이건희가 외면한 것이 결정적 이혼 사유라고 하지만 확실한 것은 밝혀진 바 없다.

어쨌든 세령이 재용에게 이혼 청구를 했고 나중 합의를 했는지 소를 취하했다. 이혼 후 세령과 영화배우 이정재의 결혼설이 지속적으로 흘러나왔고 둘은 이를 부정했다. 이런 임세령의 외할아버지는 금호그룹 창업주고 외삼촌이 금호그룹 회장이다. 그러니까 엄마 박현주가 금호그룹 사람인 것이다. 이로서 삼성은 금호와도 연결이 된다. 참고로 대상 임창욱은 아들 없이 딸만 둘을 낳았다. 장녀가 방금 말한 세령이고 둘째가 임상민이다. 상민은 1980년생으로 이화여대를 졸업했는데 주목할 점은 상민이 가지고 있는 재산이 어마어마하다는 점이다. 상민은 한때 대학생 중에 가장 부자로 언론에 오르내렸고 아들이 없는 대상의 후계자로 알려져 있다.

다음은 이건희의 장녀 이부진이다. 이부진은 예상을 깨고 삼성에서 같이 일했던 평범한 회사원과 결혼하여 세간에 화제를 뿌린 바 있다. 혹자는 이부진이 워낙 야심이 강해서 평범한 남편을 얻고 자신이 직접 삼성 경영에 뛰어들 생각을 가지고 있다고 하는데 부진의 뱃속에 들어가 보지 않는 이상 알 수는 없지만 확실한 건 부진이 능력도 있고, 야망도 크다는 것이다.

다음은 차녀 이서현이다. 이서현은 〈동아일보〉 김병관의 아들 김재열과 혼인을 했다. 이렇게 되어 삼성은 〈중앙일보〉와 〈동아일보〉 양대 언론사와 연을 맺게 된다. 김재열의 형, 김재호는 국무총리를 지냈던 이한동의 사위가 되었다.

이서현의 일화 하나, 이건희의 여식들은 엄마의 영향으로 패션에 관심이 많았는데 어느 날 제일모직에서 디자인해서 가지고 온 옷의 가격이 100만 원이라고 하자 "누가 100만 원짜리 옷을 입고 다니냐?"며 화를 냈다고 한다. 그런데 비싸다는 얘기가 아니라 100만 원짜리 싸구려 옷을 누가 입느냐? 라는 얘기였다고 김용철 변호사가 자신의 저서에서 밝힌 바 있다.

다시 이병철의 자식들로 가서 막내딸 이명희이다. 이명희는 국회의원과 대한체육회장, 삼호방직 사장을 지낸 정상희의 아들 정재은과 결혼을 했다. 이명희의 딸인 정유경은 초등학교 동창과 결혼을 했다.

다음은 이병철이 일본인 부인과의 사이에서 낳은 자식이다. 이 일본 여인과의 사이에서 이병철은 1남 1녀를 두었는데 4남 이태휘, 6녀 이혜자다. 이들은 한때 한국에 들어와 삼성 계열사에서 일을 했다고 알려졌지만 부친인 이병철이 사망하자 다시 일본으로 돌아갔다고 한다. 이병철의 장남 맹희는 태휘와 혜자의 모친인 일본 여성과 같이 학교를 다녔고 아버지의 외도를 상당히 못마땅하게 생각했었다. 그래서 그런지 아버지의 외도 상대였던 일본인 여성, 즉 작은집 엄마에게 찾아가 행패를 부린 적이 있었고 이병철이 이를 알고 노발대발했다는 일화가 전해진다. 일본에서의 생활은 알려져 있지 않지만 삼성과 관련된 일을 하고 있다고 전해지고 있다.

　이상으로 삼성의 혼맥을 알아보았다. 역시 끼리끼리 만나는가 보다. 막장 드라마에 나오는 그런 신분 상승의 신데렐라 스토리나 온달 스토리는 현실에서는 절대 나오지 않는 얘기이니 주위의 된장녀들은 제발 좀 정신 차리기를 당부 드린다.

괘씸죄, 국제그룹 해체사건

85년 2.12 총선이 끝나고 열흘 뒤인 2월 21일 고무신 공장 (왕자표 고무신)을 시작으로 승승장구하던 양정모의 국제그룹이 무리한 사업 확장 등으로 인한 경영 부실이라는 구실로 전격 해체되고 계열사들은 타 회사로 인수·합병되었다. 이것이 국제그룹 해체사건이다.

민정당은 전두환이 수차례나 직접 방문해 공을 들였던 부산 총선에서 야당에게 참패하고 말았다. 이 참패로 전두환은 심기가 매우 불편했고 참패 원인 중에 하나를 부산을 모태로 하는 기업들이 선거에서 협조를 제대로 안 했기 때문이라고 결론 내렸다. 그중 부산 지역에서 가장 큰 그룹을 이끌던 국제그룹의 비협조가 가장 컸다고 보았다(양정모는 당시 부산상공회의 대표). 원래부터 양정모에 대한 좋지 않은 감정을 가지고 있던 전두환은 최고권력자인 자신에게 밉보이면 어떻게 된다는 것을 국제그룹을 해체하며 확실히 보여주었다. 이렇게 공산당도 안 하는 짓거리를 한 전두환인데 이 나라는 그를 보수의 거두라고 치켜세우고, 육사에서는 사형수이자 이등병인 전두환에게 사열까지 하고 자빠졌으니 민족의 정기는 어디 쓰레기통에서나 찾아야 할 듯하다.

국제그룹은 양정모가 고무신 공장으로 출발해 1962년 국내최초로 미국에 신발을 수출하고, 중화학공업 분야에까지 진출하는 등 맨손으로 일군 기업이다. 국제상사, 국제종합기계, 국제제지, 조광무역, 국제종합건설, 연합물산, 국제엔지니어링, 국제토건, 국제통운, 동서증권 등 계열사만 23개를 거느린 재계 서열 7위의 대그룹이었다.

박정희, 전두환 시절에 로비나, 혈연, 학연 등 연줄, 혹은 선대로부터 물려받거나 일제가 남긴 적산기업을 값싸게 거두어 기업을 일군 타 그룹과는 달리 혈연, 학연 등 연줄이나 로비 없이 묵묵히 맨손으로 기업을 일군 양정모에게 5공화국의 출범은 재앙과도 같은 것이었다.

전두환의 동생 전경환이 이끄는 새마을운동본부는 농촌 개발을 위한 보조금 지급을 위해 세워졌고, 새마을운동본부의 자금은 기업들이 내는 기부금으로 운영되고 있었다. 당연히 기업들은 그룹의 명성에 걸맞은 기부금을 내야 했고, 여기에 반발하는 기업들도 없었다. 그러나 양정모는 돈을 내는 것을 거부했다.

"나는 누구의 도움 없이 고무신 팔아 여기까지 왔다. 누구에게 돈을 갖다 바치란 말이냐?"

이런 식으로 기업들에게 기부금을 받아 전두환 일당의 사리사욕을 채우는 데 쓰인 단체(결국 전경환은 새마을운동본부 기금을 횡령했다는 혐의로 구속된다. 횡령액 73억)는 전경환의 새마을운동본부뿐만이 아니었다. 기업의 피를 빨아먹는 또 하나의 유명무실한 단체가 있었으니, 바로 전두환의 호를 따서 만든 '일해재단'이다.

일해재단은 '아웅산 폭발테러사건'의 유가족들을 위한 위로금과 장학사업, 아시안게임과 올림픽에서의 선수 지원 및 육성, 통일연구 등을 위해 세워졌으며 발기인에 정주영, 구자경, 김우중, 최종현, 양정모 등 재벌들이 참여했다(그러나 전두환은 일해재단을 바탕으로 자신의 퇴임 후를 그렸다. 즉 자신의 최측근을 허수아비 대통령 자리에 앉히고 자신은 그 뒤에서 상왕 정치를 하려고 했는데 그 모태를 일해재단에 두려 했던 것이다). 일해재단은 설립기금을 모금해 자그마치 4,000만 달러나 되는 큰돈을 모았는데, 이 돈은 당연히 대기업들이 앞 다투어 전두환에게 갖다 바친 돈이었다. 그런데 발기인에 이사로 참여한 양정모는 또다시 기부를 거부했다. 정주영의 현대가 15억, 삼성의 이병철도 15억을 내놓았으나 국제는 5억 이상은 어렵다고 하더니 종래엔 "300억이라는 모금액도 많고 이런 식으로 헌금을 강요하면 나중에 말이 나오기 마련이다"라고 일해재단 이사장이었던 최순달에게 충고까지 했다.

이 이야기를 전해들은 전두환은 그전에 양정모가 골프장 건설 답례로 10억 원의 헌금을 하면서 어음으로 결재한 일과 청와대 오찬 모임에 양정모만 지각했던 일을 떠올리며 대단한 불쾌감을 표시했다. 그래서 다른 기업들도 말은 하지 않지만 이처럼 불만들이 많을 거라고 생각하고 시범 케이스로 국제그룹을 날려버린 것이다(전두환은 쿠데타 때부터 자신의 군 선배인 박정희의 모든 것을 따라 했다. 국제그룹을 타깃 삼아 한 방에 보낸 것도 박정희가 언론을 맘대로 주무르기 위해 〈경향신문〉 사장을 국보법으로 옭아 감옥에 보내고 〈경향신문〉을 강탈해 정수장학회에 넣은 것을 보고 그대로 따라 한 것이다).

나한테 밉보이면 어떻게 되는지 확실히 보여주고 싶던 전두환은 부실기업을 정리한다는 명목 아래 재계 서열 7위, 수출 실적 8억 달러 이상, 매출액 2조, 종업원 숫자 4만 5천 명이나 되는 대그룹 국제를 그렇게 공중분해시켜 버렸다. 계열사의 대부분은 전두환 정권에 호의적이었던 동국제강과 한일그룹에 넘어갔다. 한일합섬은 5공 정권 초반에 30대 그룹이었으나 5공 말기에는 20대 그룹으로 성장했다.

정부는 국제를 인수한 한일에 세금을 깎아 주고 부채를 탕

감해 주었으며 파격적인 조건으로 신규 대출을 알선하는 등 많은 혜택을 주었다. 이에 화답하듯이 한일그룹은 대기업 중 가장 많은 헌금을 납부하여 전두환을 기쁘게 했다(결국 IMF로 부도).

그룹이 해체되던 85년 2월 21일, 임원들과의 마지막 회의에서 양정모 국제그룹 회장은 다음과 같이 말했다.

"모든 것이 내 잘못입니다, 운명에 승복합시다."

최고 통수권자인 대통령이 자기 맘에 들지 않는다는 이유 하나로 거대 기업을 하루아침에 날려버리는 이런 추악한 행위를 하는 나라가 대한민국 말고 또 어디에 있겠는가? 더 기가 막힌 것은 전두환이 기업에서 받은 헌금을 자신의 사리사욕을 채우는 데 썼다고 하는 것이다. 과연 전두환이 이 나라의 대통령이 될 자격이 있었는가? 그에게 애국하는 마음이 있었는가? 다시 한 번 묻지 않을 수가 없다.

양정모는 13대 국회에서 있었던 5공 비리 청문회에 증인으로 참석하여 다음과 같이 증언하였는데 이 증언을 듣다 보면 전두환이라는 인물이 대통령인지 한낱 양아치에 불과한지 헷갈릴 따름이다.

양정모(증인) : 전 전前 대통령이 술이 좀 든 기분으로 '내가 기업을 도와가지고 키워 줄려고 하면 키워 줄 수 있고, 내가 죽일라 하면 죽일 수 있는 그런 힘을 내가 가지고 있소'라고 말했는데 나만 들은 것이 아니라 우리나라 10대 재벌이 다 앉은 자리에서 바로 그 이야기를 했는데, 다 듣고 가슴이 섬뜩할 정도로 느껴졌는데 지금 지나 보니 그게 바로 내 말이라요. 그날 저녁에 이야기한 것이…….

김봉욱(국회의원) : 그것을 그때 못 생각했었어요?

양정모(증인) : 나는 설마 죽인다는 말을 하는가…… 날 보고만 하는 것이 아니고 앞으로 그럴 수도 있다고 하는 말인가 생각을 하고…….

김봉욱(국회의원) : 그때 100억만 갖다 주었으면 문제가 없었습니다. 그런데 그것을 안 갖다 줘서…… 그다음에 또 한 번 묻겠습니다. 혹시 전경련 회의에서는 말이에요. 원로 순서, 나이 먹은 순서대로 좌석 배열을 하였다고 하는데 청와대 만찬장에서는 어떻습니까? 돈 많이 낸 사람, 헌금 순서대로 좌석 배열을 했습니까?

양정모(증인) : 그럴 때도 있고 그렇게 안할 때도 있고 그렇습니다.

그럼, 대통령 전두환은 이 사건을 어떻게 생각하고 있나? 다음은 전두환이 5공 비리 청문회에 출석하여 증인 심문 없이 일방적으로 자신의 주장을 이야기한 것을 옮긴 것이다.

"국제그룹 정리 과정에서도 본인은 당시 재무부 장관으로부터 국제그룹 정리의 필요성과 그 처리 대책을 보고받고 이를 재가한 사실이 있으나 이는 부실기업 정리라는 일반 원칙에 따라 행하여졌던 것이었다고 생각됩니다. 당시 10대 재벌에 속하고 있었던 국제그룹의 정리는 정부로서도 신중한 결정을 필요로 했습니다. 해외에서의 한국 기업의 이미지 실추 등을 고려하여 부도 처리에 의한 정리보다는 부분별 제3자 인수방식을 택하게 되었다고 생각합니다. 국제그룹의 부실은 부채 비율이 거의 1,000%에 이르렀고 그중 상당 부분이 단기 고리인 완매채를 이용하는 등 부실의 성격 또한 악성이었다고 보고 받았습니다."

그러나 전두환의 주장은 명백한 거짓이다. 전두환은 당시 재무부 장관이었던 김만재로부터 국제그룹 정리의 필요성을 보고받은 것이 아니라 전두환 자신이 직접 국제그룹 해체안을 만들어서 올리라고 지시한 것이다.

국제그룹의 양정모는 죄 중에서 가장 악질이라는 '괘씸죄'를 저지른 것이다. 맨손으로 일군 알토란 같은 기업을 하루아침에 빼앗기고 울분으로 남은 인생을 산 양정모는 2009년 3월, 향년 79세의 나이로 세상을 등졌다. 앞서 언급한 대한전선 설윤석의 모친, 즉 설경동의 며느리 대한전선 명예회장 양귀애가 양정모의 동생이다.

정치과외
제1교시

연예

돈과 섹스의 영원불멸한 밀월 관계

권력과 돈이 있는 곳엔 항상 여자가 있다. 아마 인류가 부족이나 부락을 이루며 집단생활을 할 때부터 이런 현상은 존재했을 것이다. 권력으로 여자를 차지하고 돈으로 여자를 사는 야만적인 행태 말이다. 그런데 웃기는 것은 몇 천 년이 지난 오늘날도 이런 일들이 사라지지 않고 있다. 심지어 돈 가진 자들은 권력자들에게 잘 보이기 위해 여자를 바치는 '상납'까지 하고 있으니, 원시 부족 국가와 다를 바가 무엇인가?

허나 필자는 성을 사고 한낱 노리개로만 여기는 남자들만 탓하고 싶은 마음은 없다. 수요가 있으니 공급이 있고, 공급이 있으니 수요가 있는 게 아니겠나? 돈의 유혹에 아무렇지도 않게 넘어가는 여자들도 문제가 있는 것이다.

다른 이유 없이 돈 많은 재벌2세라고 해서 그들이 유부남이든 바람둥이든 범죄자들이든 아랑곳하지 않고, 사치스러운 선물을 받고, 두둑한 용돈을 받고, 잠자리까지 같이 한다면 이게 몸 파는 창녀가 아니고 무엇인가? 그것을 사랑이라고 할 수 있나? 포장지 안에는 똥 냄새가 득시글한데 예쁘게 포장한다고 내용물이 바뀌겠는가!

아서라, 오히려 창녀는 가격이라도 정직하다. 재벌2세뿐만이 아니다. 장차 이 나라를 떠받들 미래 세대의 주인공을 낳아주고 길러줄 지금의 20대 여성들에게 한번 물어봐라. 아주 당연히 사랑보다는 조건이라고 이야기할 것이다. 대기업이나 공무원, 좋은 직장, 높은 연봉, 고가의 승용차를 가지고 있지 않으면 만남조차 시도하지도 않는다니 이것이 원시 부족 국가의 매매혼과 다를 바가 무엇이 있겠나? 이런 여성들은 타임머신을 타고 원시시대의 과거로 가면 아주 잘 살아갈 것이다. 권력과 돈으로 여자를 사는 못나고 더러운 그 남자들과 같이 말이다.

90년, 세상을 떠들썩하게 만든
연예인과 재벌들의 마약파티

박정희 각하께서 서거하실 때 그분은 양옆에 여자를 끼고 술을 마시다 돌아가셨다. 한 여자는 가수고, 한 여자는 대학생이었다. 항간에 떠돌던 박정희의 여성 편력은 사실로 밝혀졌다.

그러나 사실로 밝혀진 건, 딱 이것뿐이다. 다른 것은 소문 그 이상도 그 이하도 아니었다. 전두환이 정권을 잡았을 때도 마찬가지였다. 권력자나 재벌이 연예인들을 수시로 불러 자기 욕구를 채웠다는 '설'만 있었을 뿐, 사실로 입증된 건 한 번도 없었다. 리스트야 항간에 늘 떠돌았다. 박통 시절 영화배우 윤 모 양, 문 모 양부터 시작해 탤런트 김 모, 윤 모, 장 모, 황 모, 금 모 양, 가수 하 모, 정 모, 민 모 양 등 톱 연예인이면 셀 수도 없이 사람들의 입방아에 오르내렸다(이중 한 여성이 영부인 이순자한테 찍혀 자궁 적출 공격을 당하고 미국으로 쫓겨 갔다가 돌아왔다는 충격적인 이야기는 너무나도 유명한데 공교롭게도 이 배우가 아직 결혼을 안 하고 있으니 소문은 지금까지도 사람들의 입방아에 오르내리고 있다. 결혼해서 애 낳으면 이야기는 완전 뻥이 될 텐데 말이다).

그럼에도 확인된 건 하나도 없었다. 그런데 이렇게 항간에 소문만 떠돌던 것이 90년 초에 터지는 마약사건으로 인해 "아, 그게 소문만은 아니겠구나!" 하고 사람들이 생각하게 된다. 물론 거물들이야 당연히 이야기에서 빠지겠고 중산층 부자와 신인급 연예인들과의 관계만 터졌지만 말이다.

90년 새해 벽두, 서울지검 마약반은 마약사범을 구속하며 마약의 종류가 코카인이라는 신종 마약이라며 언론에 크게 터뜨렸다. 이 사건이 세간의 이목을 집중시킨 이유는 마약을 흡입한 사람들이 연예인들이었기 때문이다. 그럼, 이때의 주범은 누구였냐? 30대나 40대의 독자들은 다들 아실 텐데, 바로 당시 톱 모델, 진정한 엄친아 노충량이었다.

노충량이 왜 엄친아인가? 일단 외모가 아주 출중했다. 모델이니 당연 키도 훤칠했다. 집도 잘살았다. 잘사는 정도가 아니라 손꼽히는 부자였다. 일단 할아버지께서 노량진수산시장의 창업자였다(나중 전두환의 형, 전기환이 강제로 강탈). 그리고 본인도 여러 회사를 경영하고 있었다(유명 의류업체인 베네통도 노충량이 수입했었다). 이것뿐만 아니라 서울 시내 유명 레스토랑도 몇 개 가지고 있을 정도로 알부자였다. 그러면서 모델 활동을 병행했으니…….

그러니 뭐가 부족했겠는가? 키 커, 잘생겨, 돈 많아, 직업 좋아, 손가락 하나 까닥하면 그냥 여자 분들께서 따라오는 그런 상황이었던 거다. 이렇게 되니 아마 세상이 재미가 없어졌나 보다. 그래서인지 마약에 손을 댄다. 그런데 혼자 마약을 흡입했다면 자기 인생만 망치는 것이니 사회적 문제가 되지 않았겠지만, 다른 마약사범들이 그러하듯 혼자서 한 게 아니라 여성들과 동침을 하며 쾌락을 극대화시키기 위해 상대 여성들에게까지 마약을 투여했다는 사실이다. 처음에는 콜라나 커피, 술 등에 몰래 타먹였으나 나중에는 떳떳하게 마약임을 밝히고 같이 투약하곤 했는데, 관련된 여자는 거의가 모델이었고 술집 마담, 디자이너 등도 있었다.

사건이 여기서 끝났으면 그러려니 했을 것이다. 돈 많은 재벌 2세가 정신 못 차리고 나쁜 짓 했다는 정도로 끝났을 일이다. 그러나 검찰이 파고들어가자 유명 인사들이 줄줄이 나오기 시작한다. 사건이 터지고 채 한 달도 못 되어 유명 연예인과 중소 재벌들의 이름이 신문지상을 화려하게 장식한 것이다. 그렇게 해서 언론에 명단이 발표되는데 다음과 같은 인물들이었다.

영화배우 전 모 양. 전 모 양은 차세대 연예계를 대표할 선두주자로 언론에 각광을 받고 있었다. 대종상 신인상을 받았고,

흥행 영화에 주연으로도 출연했었다. 그러나 이 사건으로 한 방에 훅 날아가 버렸고 영화판에서 자취를 감추었다. 나중에 유명 작곡가 김 모 씨와 결혼했다가 이혼했다.

탤런트 김 모 양. 인기 TV시리즈 '수사반장'에 조연으로 출연하여 얼굴을 알렸다. 그리고 탤런트 임 모, 이 모, 김 모 양과 이 모 양(MBC 공채 12기), 미스코리아 최 모 양, 모델 명 모 양, 마담뚜 이순희, 영화배우 서 모 양 등이었다.

상대 남자들은 영동백화점 대표 김택(당시 31세). 김택은 마담뚜 이순희의 소개로 영화배우 전 모 양을 만나 강남구 청담동 뉴월드호텔 등에서 히로뽕을 흡입, 성관계를 가졌다.

장자그룹 2세, 일자표연료공업 대표 이정식(당시 40세). 미스코리아 최 모 양과 부산의 글로리콘도 호텔에서 히로뽕을 흡입하고 성관계를 가진 뒤 화대로 1천만 원을 안겨 주었다. 이정식은 89년에도 배우 서 모 양 등과 대마초를 피우고 혼음을 한 사실이 있었다.

태광실업 대표 박연차. 그렇다. 노무현을 파멸로 이끈 바로 그 박연차다. 역시 한번 양아치는 영원히 양아치 티를 못 벗어나는 법이다. 박연차는 이정식과 함께 탤런트 이 모, 임 모, 김 모 양 등과 일본과 부산에서 히로뽕 흡입, 혼숙 등을 했다고 검찰은 발표했다. 박연차 등은 마담뚜 이순희에게 소개비로 1백만 원 등을 주었고, 화대로는 3백에서 1천만 원까지 줬다고 검찰은 밝혔다.

화가 마영범. 당시 32세 영화배우 전 모 양의 친구로 자신의 화실에서 전 모 양과 같이 대마초를 피운 혐의로 구속되었다.

이상으로 살펴본 바와 같이 여배우나 탤런트들은 모두가 20대의 꽃다운 나이를 가진 처녀들이었다. 여자들이 잘했다고 할 수는 없겠으나, 돈과 권력을 가진 남자들의 유혹이 더 컸다고 나는 생각한다. 장자연 같은 사람은 그런 부당하고 불합리한 현실을 고발하려 스스로 목숨까지도 버렸으나 그녀를 그렇게 만든 사람들은 그 누구도 처벌을 받지 않았다. 제2, 제3의 장자연이 나오지 않으리라는 법이 어디에 있겠는가?

필자가 이 글에서 남성들의 실명을 밝힌 것도 그러한 이유에서다. 다시는 돈과 권력으로 여성들의 영혼을 파괴하는 짓은 일어나지 않아야 한다. 요사이 연예인이 되기 위해 젊은 10대들이 모든 열정과 혼을 담아 노력하는 모습을 자주 볼 수 있는데, 연예인이라는 직업이 결코 화려하지만은 않다는 걸 알고 그 세계로 뛰어들었으면 한다.

화려한 곳에는 반드시 유혹이 있기 마련이다. 예쁜 꽃에 나비나 벌이 달려드는 것처럼 말이다. 특히 가치관이 확실히 정립되지 않은 10대에 많이들 데뷔를 하니 노래나 춤, 연기 공부와 더불어 인성 공부도 함께 이루어져야 하지 않을까 생각해 본다.

최악의 재벌2세 엽색 행각,

박동명 사건

1975년 긴급조치가 난무하던 서슬 퍼런 유신시대에 국민들
의 분노를 일으키는 사건이 터진다. 그것이 바로 '박동명 사건',
이른바 '7공자 사건'이다.

시온그룹 박태선(신앙촌 총수)의 장남이자 태광실업 대표를 하
고 있던 박동명(박연차와는 관계없음)이 외화 밀반출 혐의로 검찰에
체포되는데, 문제는 박동명의 깨끗하지 못한 사생활에 있었다.

박동명은 세 곳의 은행을 통해 총 26만 달러를 밀반출했는
데, 이 돈으로 미국에서 벤츠(당시 시가 3만 달러)를 몰며 하루 1천 달
러를 쓰는 등 방탕한 생활을 했고, 한국에서는 오스틴 승용차(시
가 1,500만 원)를 타고 고급맨션에 살면서 연예인, 대학생 등 1백여

명의 여자와 엽색 행각을 벌인 것이다. 당시 국민들은 외화 밀반출보다 재벌2세가 방탕하고 사치스러운 생활을 하며 유명 연예인과 엽색 행각을 벌인 것에 더 분노했다.

검찰이 박동명의 40평짜리 고급맨션(시가 1,500만 원)에 들이닥쳤을 때, 박동명은 영화배우 강 모 양과 함께 자고 있었다(박동명은 보통 일주일에 한번 꼴로 여자를 갈아치웠다고 전해지는데, 강 모 양은 이날이 열흘째 되는 날이었다). 수사관이 놀랐던 것은 맨션에 고급 옷과 넥타이, 혁대, 구두 등은 물론이고 고가의 핸드백, 팔찌, 목걸이, 반지가 끊임없이 쏟아져 나왔기 때문이었다(여자들의 환심을 사기 위해 준비).

그리고 박동명의 집에서 수첩이 하나 발견되는데 수첩에는 여자들의 이름이 빼곡히 적혀 있었다. 그중에는 연예인들의 이름도 30여 명 들어 있었다. 탤런트 양 모, 우 모, 진 모, 정 모, 최 모 양, 영화배우 박 모, 김 모, 지 모, 이 모 양 등이었다. 여대생들은 너무 많아 누가 누군지 헷갈릴 정도였다. 연예인들은 마담뚜 정은혜와 문희순이 박동명에게 소개시켜줬고, 박동명은 재벌2세라는 타이틀과 당시에는 드물었던 외제 승용차, 고급빌라, 핸드백 등으로 환심을 사 여자들을 집으로 데리고 오는 데 성공했다.

여자들은 처음에 재벌2세라는 말에 혹하고, 박동명이 집에 가서 보여줄 게 있다며 데리고 나가 외제차를 보는 순간 한 번 더 혹하고, 맨션에 들어가서 핸드백이나 목걸이 등을 선물로 주며 "미국에 별장이 있는데 같이 살자"는 말에 전부 나가떨어진 것이다.

그런데 앞서 언급했듯 박동명은 여자들과 관계를 오래 갖지 않고 금방금방 갈아치웠다. 그러나 딱 한 명 영화배우 양 모 양과는 한 달 이상 관계를 지속했는데, 왜냐? 그 여인이 너무나 예뻤기 때문이다. 양 모 양은 영화배우 출신이었는데 언론에서 새로운 별이 탄생했다고 난리를 치던 인물이었다. 아마 이 사건이 아니었다면 최고의 배우로 급성장했을 거라고 다들 한마디씩 했을 정도였다. 그러니까 지금으로 따지면 김희선, 김태희 정도가 한창 사람들에게 인기가 있으려는 찰나 사건이 터져 막장을 탄 것이다.

그럼, 박동명이라는 인간은 어떤 인간인가? 이 인간, 원래부터 막 노는 스타일이었다. 장남임에도 불구하고 어렸을 적부터 사고를 쳐서 아버지에게 찍혔다. 그리하여 동생들이 시온합섬에서 이사직을 하고 있을 때 평사원으로 근무했고(당시 태광실업 대표이자 시온그룹 사원으로 있었다. 사건이 벌어졌을 때는 이미 태광실업을 팔려고 시장에 내놓은 상태였다. 당시 시가 4억) 이런 것들이 복합적으로 작용하여 더더욱 삐뚤어지지 않았나 생각된다. 그래서 세간에서는 박동명을 주축으로 문제 있는 재벌2세 일곱 명이 항상 어울려 다니며 연예인들과 문제를 일으켰다고 하여 이 사건을 '7공자 사건'이라고 불렀다(재벌2세 김 모 군, 최 모 군 등 현재는 그룹을 이끌고 있는 사람도 있다).

여하튼 언론에 사건이 보도되자 언론사와 검찰청으로 항의 전화가 빗발쳤다. 연루된 여자 연예인들의 이름도 까라는 것이었다. 검찰도 맞장구를 쳤다.

"확실한 상황이 오면 여자들의 실명도 밝히겠다."

그러나 박동명 리스트는 결국 실체가 없는 것으로 종결됐다. 그럼에도 불구하고 항간에는 계속해서 여배우의 이름이 오르락내리락하였고 이에 영화인협회는 임의로 13명의 배우를 협회에서 제명해 버리고 만다. 웃긴 건 13명 중에 박동명과 관계없는 여성도 있었다는 것이다. 영화인협회가 검찰도 아니고 자기들도 확실히 문제된 연예인이 누군지 몰랐다. 그리고 세간에 오르내리던 인물들은 하나같이 자신과는 전혀 관계가 없다고 강하게 사실을 부인했었다. 그럼에도 불구하고 영화인협회는 13명을 제명했는데 이것은 상당한 문제가 있다. 누가 이런 결정을 내렸는지 모르지만, 한마디로 닭대가리 같은 발상이라고밖에 할 수 없는 것이다.

예를 들면 탤런트 김 모 양 같은 경우는 박동명과는 관계가 없고, 이 시기에 간통죄로 구속이 된 상태였다. 나중에 간통한 남성과 결혼했으니 도덕적으로는 지탄을 받아도 법적 제재를 받을 이유가 하나도 없었던 것이다.

이 사건에서 충격적인 일은 박동명의 수첩에 연예인은 물론이고 무수히 많은 여대생들의 명단도 있었다는 것이다. 순수하고 학문에 전념해야 할 여대생들이 재벌2세의 꾐에 빠져 한낱 노리개에 지나지 않은 생활을 했다고 생각하니 답답할 따름이다.

언제부턴가 우리 사회는 사람의 내면보다는 외향과 물질을 더욱 중요시하는 게 당연시되어 버렸다. 행복은 돈으로 살 수 있는 것이 아니다. 돈을 최고의 가치로 두는 사회는 결코 건강한 사회라고 할 수 없다는 것을 우리 모두는 자각해야 할 것이다.

한밤의 총소리,
방성자 사건

1972년 1월, 당시 50여 편의 영화에 출연하며 인기 절정을
달리던 영화배우 방성자(당시 30세)의 집에 전과 8범의 상습절도
범이 침입한다(도둑은 방성자의 집인지 몰랐음). 그러나 물건을 훔치기도
전에 인기척을 느끼고 화장실 쪽으로 도망치다가 뒤에서 날아온
총을 등에 맞고(하복부 관통상) 쓰러졌다.

범인은 병원으로 후송되었고 경찰은 방성자의 집을 조사한
다. 최초, 방성자의 매니저가 자기가 쐈다고 진술했지만 곧바로
방성자가 부인하며 매니저가 쏜 게 아니라 자신이 쐈다고 주장했
다. 방성자는 몇 년 전 영화 촬영용 소품으로 영화사에서 받았던
권총을 반납하지 않고 집에서 보관하다가 도둑을 보자 무섭고

놀란 나머지 권총을 엉겁결에 발사했다고 진술했다. 그러나 경찰이 수사를 계속하자 권총에서 의문점이 발견됐다.

우선 방성자가 쐈다는 45구경 권총은 무게가 1kg이 넘어 여자가 쏘기에는 무거운 감이 있었다. 게다가 몇 년 전에 받아서 보관만 했다는 권총이 생각보다 수입 상태가 좋았으며 탄창에 남아 있던 탄환들도 새것이었던 것이다(총기 번호로는 총의 출처를 확인하지 못했으므로 총은 군부대나 경찰에서 나온 게 아닌 불법무기였다).

또 하나, 혼자 사는 방성자의 안방에서 남자 옷이 여러 벌 발견되었던 것이다. 이에 의문을 품은 경찰은 방성자의 남자관계에 대해 조사를 벌이기 시작했다. 그런데 때마침 사건 당일, 방성자가 입었던 잠옷에 대한 국과수 감정 결과가 나왔다. 국과수는 잠옷의 팔과 가슴 부위에서 탄흔이 검출된 것을 확인했고, 이는 방성자가 총을 쐈다는 직접적인 증거가 돼 검찰은 즉각 방성자를 살인미수 혐의로 기소한다. 변호인단은 정당방위에 의한 무죄로 맞선다. 톱 배우의 권총저격사건, 세간의 이목은 재판정으로 집중됐다.

그런데 재판정에서 방성자의 진술이 앞뒤가 맞지 않기 시작한다. 방성자는 도둑이 달려들어 엉겁결에 쐈다고 했지만 절도범은 등 뒤에서 총을 맞았다. 방성자의 진술이 사실이라면 총알 방향은 배 쪽에서 등으로 가야 했다. 또 검찰 측이 방성자에게 총을 건네며 직접 시연해 보라고 했지만 방성자는 총을 다룰지 몰랐다. 이로써 방성자가 총을 쏜 범인이 아니라는 것이 밝혀지게 되었다. 수사는 다시 처음으로 돌아갔다.

경찰이 다시 수사를 시작하자 유력 용의자가 떠올랐다. 바로 방성자와 내연의 관계에 있었던 함기준이라는 인물이었다. 함기준은 동림산업(동립산업은 해방 후 정부의 비호 아래 건빵 등을 군부대에 납품하여 상당한 돈을 번 밀가루 재벌이었다. 박정희가 집권하면서 재산을 정부에 헌납하는 등 나름의 고초를 겪었지만, 당시에도 손가락 안에 드는 대기업이었다. 나중에 이 회사를 CJ가 인수 합병한다) 창업주의 아들이었는데, 미국에서 결혼하고 아이 낳고 살다가 군 문제를 해결하지 않아 한국으로 돌아올 수밖에 없었고, 사건이 터졌을 때는 군에 입대해 공군 상병으로 1년 이상 복무하고 있는 상태였다.

함기준과 방성자는 함기준이 국내로 돌아오고 난 뒤 우연히 파티장에서 만나 사귀기 시작했고 이내 동거에 들어갔다. 함기준은 현역 군인임에도 불구하고 군에 있지 않고 매일 출퇴근했다는 이야기가 있었는데, 사건이 일어났을 때는 휴가 중이었다고 증언했으나 의심이 간다.

이미 결혼한 재벌가의 자식, 방성자보다 네댓 살이나 어린 연하의 남자, 그리고 최고의 미모를 뽐내는 영화배우······ 세간에서 어떻게 볼지 뻔했지만 두 사람은 사랑했던 것 같다. 아니, 방성자만 사랑했는지도 모르겠다. 재판 과정에서 방성자는 끝까지 자기가 한 일이라며 함기준을 감싸고 보호하려고 했다. 함기준도 자신이 한 일이 아니라며 잡아떼고 있었다.

그러나 매니저의 결정적 증언으로 함기준이 범인이라는 것이 밝혀진다. 방성자의 매니저는 함기준과 방성자가 오랫동안 동거했었다는 사실은 물론이고 총도 함기준 소유이며 총을 쏜 것도 함기준이고, 사고 이후 방성자와 입을 맞추고 급히 사라진 것까지 죄다 불어버리고 만 것이다. 코너에 몰린 함기준은 "매니저는 방성자를 짝사랑하고 있어 거짓 진술을 하고 있다"며 버텼지만 선고 전에 자신이 한 일이라며 진실을 얘기했다.

선고 결과 함기준은 징역 3년, 방성자는 집행유예로 풀려났다. 함기준은 즉각 항소하였고(상고심에서 집행유예) 방성자는 항소를 포기했다.

이렇게 되자 방성자의 집으로 기자들이 몰려들기 시작했다. 똥파리라고 불리던 기자들은 몇 날 며칠을 방성자의 집앞에서 진을 치면서 사건의 전후 관계, 함기준과 방성자의 연애사를 캐내려고 방성자를 괴롭혔다. 이 자리에서 기자들에게 방성자가 한 말이 그 시대의 유명한 유행어가 되었는데, 다음과 같은 말이었다.

"연예인으로서가 아니라 한 여자로서의 부탁입니다. 이 일을 아름답게 봐주세요. 이 사건을 아름답게 봐주느냐, 추하게 봐주느냐는 전적으로 기자 여러분들에게 달려 있습니다."

이때부터 "아름답게 봐주세요", 간통하고 난 뒤에도 "우리 사이를 아름답게 봐 주세요" 이런 말들이 세간에 유행했었다.

어쨌든 이 사건으로 방성자는 스크린을 떠나게 된다. 부산으로 내려간 그녀는 룸살롱 '고려'에서 마담생활을 했다고 한다.

원래 방성자는 사범대학을 나와서 선생을 하던, 당시에는 보기 드문 재원이었다. 이런 여자가 영화판에 발을 들이고 재벌2세와 부적절한 관계를 맺고 마지막엔 나락으로 떨어졌으니, 인생사 허무하다고밖에 할 수 없을 것이다.

이후 방성자의 행적은 전혀 알 길이 없었다. 그래서 그런지 방성자가 얼마 안 있다가 폐암, 혹은 폐렴으로 사망했다는 소문이 떠돌았는데 80년 후반에 문여송 감독의 영화에 조연으로 출연을 했으니, 죽었다는 설은 헛소문일 것이다. 그러나 이후에 그녀를 봤다는 사람이 없는 것으로 보아 지금 방성자의 생사 여부는 확인할 길이 없다. 살아 있다면 일흔을 넘겼을 나이지만, 옛날의 그 고혹적인 자태를 생각하면 아름답게 늙었을 것 같다.

방성자는 사건이 일어난 직후 곧바로 영화연기자협회에서 제명당했다. 공식적인 영화 출연이 불가능하게 된 것이다. 그러나 제제 발표 전에 벌써 방성자는 스스로 "앞으로 연기를 하지 않겠다"고 선언했다. 그러면서 심경이 어떠냐는 기자의 질문에 "그분의 안위가 궁금하다"며 여전히 자신을 파멸로 몰아넣은 연하의 유부남 애인 함기준을 걱정했다. 안위가 궁금하다고 말한 것으로 볼 때 사랑한 함기준과의 만남은 이후 없었던 걸로 보인다.

함기준은 앞서 언급한 것처럼 최초 3년 형, 나중에 집행유예로 풀려나는데, 함기준의 형인 함동준도 이 사건으로 실형을 선고받았다(나중 집행유예). 이유는 사건 당시 사용했던 총이 함기준의 형, 함동준의 것이었기 때문이다.

또한 아버지인 동립산업 대표 함창희도 검찰수사를 받는데 이유는 아들 함기준이 공군으로 입대할 때 보직 등을 잘 봐달라며 당시 공군작전참모부장 이양명에게 뇌물을 준 혐의가 적발되었기 때문이다(선고유예). 함창희에게 뇌물을 받고 함기준의 보직을 변경함과 동시에 파견명령(앞서 출퇴근했다는 설이 있다고 언급했는데 이양명의 조서를 보면 군대에 적만 두고 파견 형식으로 아예 밖에서만 지낸 것으로 보인다)을 내려 사실상 군무 이탈을 방조한 이양명 준장은 보직 해임되었다.

사건이 있고 다음 해에 함기준의 아버지 함창희는 동립산업 부실 경영에 책임을 지고 경영 일선에서 물러났으니 우연치곤 고약하다고 할 수 있겠다(함창희는 적산기업으로 모리나가 제과를 불하받아 그룹을 키웠다). 그리고 훗날 자유당 시절부터 10대 재벌로 불리던 동립산업은 제일제당에게 인수당하고 그룹은 사라지고 말았다.

박동명 사건에서 언급한 양 모 양도 그렇고 방성자도 그렇고 왜 이렇게 바보 같은 선택으로 스스로를 파멸의 길로 몰아갔는지 모르겠다. 두 사람이 영원한 배우로 끝까지 남아 지금까지 은

막에 모습을 비췄다면 어땠을까 생각해 본다. 그리고 자신의 욕
정을 채우기 위한 남자들의 더러움과 비열함을 다시 한 번 생각
해 보는 계기가 되었으면 한다.

신상옥, 최은희 납치사건

　잘 알려진 대로 김정일은 영화광이다. 외국 영화는 물론이고 한국 영화와 드라마까지 두루 섭렵한 김정일은 한국의 영화 감독, 배우, 코미디언의 이름까지도 줄줄 외고 있을 정도였다. 그런 그에게 북한의 영화는 실망 그 자체였다. 배우는 연기가 안 되고, 감독은 연출이 안 되며, 촬영은 그림이 안 되었던 것이다.

　서방과 남한의 영화를 보며 눈이 높아진 김정일에게 북한 영화는 한마디로 수준 이하였다. 그리하여 김정일은 북에서도 우수한 영화를 만들고 싶어 남쪽의 유명 감독이었던 신상옥을 납치하려고 했다. 신상옥이 이북 출신이라는 점도 김정일이 그를 납치하는 하나의 이유가 되었다. 당시 신상옥은 〈상록수〉,

〈사랑방 손님과 어머니〉, 〈빨간 마후라〉, 〈연산군〉 등을 제작한 남한 영화계의 대부였다. 그러나 신상옥의 영화는 엄청난 돈이 들어가기로 유명했고 이 때문인지 항상 자금난에 시달려 당시에도 그의 영화사인 신필름은 부도가 난 상태였다. 김정일은 이 점을 노려 그를 북으로 데리고 와도 큰 저항이 없을 거라 생각한 것이다.

그러나 제삼국에서 건장한 남성을 납치하는 데는 애로사항이 많아 우선, 그의 부인이었던 최은희를 먼저 납치하기로 계획한다. 최은희(〈상록수〉, 〈사랑방 손님과 어머니〉, 〈딸부자집〉 등에 출연한 당대 최고의 배우)는 당시 신상옥과 이혼하고 안양예술고등학교 교장으로 재직하고 있었는데 홍콩의 한 학교와 자매결연 문제로 홍콩으로 갔다가(이때 벌써 북쪽의 공작이 시작되었다. 북한 대외공작기구 35호실에서 납치했다는 것이 정설이다. 공작책 이상희) 그곳에서 납치가 된다.

최은희가 행방불명되자 신상옥은 최은희를 찾아 홍콩으로 간다. 그리고 곧 신상옥도 북쪽으로 납치된다. 그런데 여기서 의문이 드는 것이 신상옥이 이혼한 전 부인이 실종되었다고 굳이 홍콩으로 그녀를 찾아갈 이유가 있었냐는 것이다. 그러나 이는 두 사람의 관계를 잘 모르고 하는 소리다. 신상옥과 최은희는 보통의 부부 사이가 아니었다.

원래 최은희는 신상옥을 만나기 전, 김학성이라는 사람과 사실혼 관계에 있었다. 김학성은 가족 전부가 영화와 관련된 인물로 일제 강점기 때 영화 공부를 위해 일본 유학까지 한 실력 있는 인물이었다(친일 인명사전에 포함). 일본에서 돌아온 김학성은 유능한 촬영감독으로 이름을 날렸고, 47년 〈새로운 맹서〉라는 작품을 최은희와 함께 찍으며 사랑이 싹터 결혼을 했다(혼인신고는 되어 있지 않음). 그러나 김학성은 재혼이었고 전 부인과의 사이에 아이도 하나 있었다. 결국 나이 어린 최은희(둘의 나이 차가 10년 이상이었음)는 이를 감당하기 힘들어 했고, 차츰 둘 사이는 어긋나기 시작했다.

이즈음 최은희는 신상옥 감독의 영화에 자주 출연했는데 남녀가 같이 오래 붙어 있으면 정분이 나는 게 세상 이치가 아니겠는가? 두 사람은 눈이 맞아 결혼을 하게 되었고, 김학성의 분노는 이루 말할 수가 없었을 것이다. 마누라한테 배신당한 것도 억울한 일인데 상대가 영화판의 후배였으니 보지 않아도 그 마음이 어떨지 짐작이 간다. 그래서 김학성은 둘을 간통으로 고소한다. 이것이 대한민국 '간통 1호사건'이라는 이야기가 있다.

그러나 법원은 김학성의 편이 아니었다. 결혼은 했지만 혼인신고가 되어 있지 않다는 이유로 기각된 것이다. 김학성은 괴로움에 매일 술로 지낼 수밖에 없었다. 그러나 여론은 김학성의 편이었다. 남편 버리고 유능한 감독에게로 도망간 최은희와 선배 여자를 뺏은 파렴치한 신상옥으로 낙인찍힌 둘은 영화판에서는 왕따를 당하고 팬들에게는 외면을 받았다.

주위의 따가운 시선이 참기 힘들었지만 그럴수록 두 사람은 서로에게 의지하고 힘이 되어 줬다. 그렇게 신상옥이 연출하고 최은희가 출연하는 영화를 여러 편 찍으며 둘은 다시 재기를 할 수 있었던 것이다. 그러나 세상일이란 게 참 우스운 것이, 얼마 안 있어 최은희는 그녀가 김학성에게 한 것과 똑같은 방법으로 신상옥에게 고스란히 당해 버리고 만다.

한때 최은희가 없으면 죽을 것 같던 신상옥은 72년 〈이별〉이라는 영화를 찍으며 신인 배우였던 오수미를 만나게 되었다(두 사람의 나이 차는 20년이 넘었음). 둘은 곧바로 동거에 들어갔다. 옛날 말에 틀린 말이 어디 있겠는가? 다 뿌린 대로 거두는 것이다. 남의 눈에 눈물 흘리게 하면 자기 눈엔 피눈물이 나는 법이다. 최은희는 이 사실을 모르고 있다가 오수미가 신상옥의 아이를 낳게 되고 언론에서 떠들자 비로소 알고 그녀를 찾아갔다. 그러나 최은희가 뭘 어떻게 하겠는가? 자신이 예전에 저지른 업보도 있고, 이미 오수미는 여론에 의해 마녀사냥을 당한 상태였다. 불임으로 자식을 낳을 수 없던 최은희는 오수미가 신상옥의 아들까지 낳았으니 두 사람을 용서하기로 했다. 그런데 신상옥과 오수미는 헤어지기는커녕 계속 바람을 피우며 아이를 하나 더 낳았다. 최은희는 결국 참을 수 없어 신상옥과 이혼을 하게 된 것이다.

신상옥과 최은희의 관계가 이런 상황이었으니 이혼을 했다고 하더라도 최은희가 행방불명되자 만사를 제치고 신상옥이 최은희를 찾으러 홍콩으로 간 것이 이해가 되는 것이다.

북으로 납치된 신상옥, 최은희는 김정일의 전폭적인 지지와 극진한 대접을 받으며 남한에서 차린 영화사와 같은 이름의 '신 필름 영화사'를 차려 영화 제작에 들어간다. 그렇게 해서 만들어진 영화가 우리에게도 잘 알려진 〈불가사리〉다. 그 외에도 〈돌아오지 않는 밀사〉, 〈소금〉 등을 제작했는데 〈돌아오지 않는 밀사〉는 체코영화제에서 감독상을, 〈소금〉은 모스크바영화제에서 여우주연상을 수상하기도 했다.

한편 신상옥이 갑자기 사라지자(78년에 납치되었는데 안기부의 공식 발표는 84년에 있었다) 오수미는 두 아이를 혼자 키우며 가끔 영화에 얼굴을 내비쳤다(여론재판에 의해 마녀사냥을 당한 상태였기 때문에 과거의 영화를 누릴 수는 없었다). 그러면서 남자를 만나 다시 사랑을 하게 되고 재혼을 하는데, 그 남자가 바로 사진작가 김중만이다.

김중만과 오수미는 신상옥과의 사이에서 낳은 두 아이를 같이 키우며 결혼 생활을 이어갔으나 둘 사이의 만남은 4년 정도에서 막을 내린다. 이혼 이유는 성격 차이 등 여러 가지가 있겠으나 납치되었던 신상옥, 최은희 부부가 북한을 탈출한 것이 결정적 계기가 아니었나 생각된다.

신상옥, 최은희는 앞서 언급한 대로 김정일의 전폭적인 지지를 받고 영화를 찍고 있었다. 남한에서 비용 문제로 여러 차례 애를 먹었던 신상옥으로서는 제약 없이 맘껏 영화를 찍을 수 있는 환경에 놓이게 된 것이다. 그래서인지 김정일은 두 사람을 전혀 의심하지 않았다. 둘이 진정으로 북한에서의 삶에 만족하고 있다고 생각한 것이다. 그렇게 해서 차츰 두 사람에게 외국 방문의 기회를 넓혀준다. 처음에는 같은 공산국가인 동유럽 쪽으로만 그들을 보냈던 김정일은 이후 서유럽 국가까지 자유롭게 보내주었다. 물론 감시자들이 몇 명 따르기는 했지만……

86년 오스트리아 빈의 한 호텔에 묵게 된 두 사람은 감시가 소홀한 틈을 타 미국 대사관으로 탈출에 성공하고, 곧 미국으로 망명을 했다. 미국으로 망명한 신상옥은 오수미에게 연락해 자신과의 사이에서 낳은 아이들을 보낼 것을 요구했고, 오수미는 자식들을 미국으로 보낸다. 그리고 김중만과 이혼을 하게 되었다. 훗날 MBC 예능프로 '무릎팍도사'에 출연한 김중만은 신상옥, 최은희 부부가 탈북하고 난 뒤, 이유도 모른 채 미국으로 추방되었다고 털어놓았다.

이후 오수미는 자식을 떠나보낸 괴로움, 이혼의 상처 등이 깊어서였는지 마약에까지 손을 대었고 결국 이국 땅에서 교통사고로 43년간의 짧은 생을 마감했다.

오수미의 친동생인 윤영실도 영화배우로 활동했는데(오수미의 본명이 윤영희이었음) 신상옥, 최은희가 북한을 탈출했던 86년에 갑자기 실종되고 만다. 이 사건은 미궁에 빠져 사건의 전모가 밝혀지지 않았다. 세간에서는 정권의 실세와 관계가 틀어져 살해당했다는 이야기가 전해진다(정인숙 사건처럼). 소문에 의하면 윤영실은 대통령 별장이었던 청남대에서 살해되었고, 사체는 갈아서 주변에 뿌렸다고 하며, 오수미는 동생의 실종사건을 파헤치다 결정적 단서를 잡고 그것을 해결하기 위해 미국으로 갔다가 의문의 교통사고를 당했다는 것이다. 황당한 소문인지 진실인지는 영원히 알수 없을 것 같다. 어쨌든 윤영실이 지금까지 나타나지 않은 것으로 보았을 땐 그녀가 사망한 것은 틀림없어 보인다.

한편 미국에서 망명생활을 하던 신상옥 부부는 미국에서도 영화작업을 하다가 한국으로 귀국했고, 2006년 신상옥은 사망한다.

신상옥과 오수미는 둘 사이에 아들 하나 딸 하나를 낳았는데, 둘째인 딸 신승리가 부모의 끼를 닮아서인지 동국대 연극영화과를 나와 〈너는 내 운명〉, 〈괴물〉 등에 출연했다. 신승리는 친부인 신상옥이 사망한 해에 결혼을 하는데, 남편의 직업은 운명적이게도 사진작가였다. 이 둘의 결혼식에 신부를 데리고 식장으로 들어간 인물이 다름 아닌 김중만이었으니 정말 파란만장한 가족사라 아니할 수가 없겠다.

한때 남한에서는 신상옥, 최은희 부부가 이중간첩이 아니냐는 설이 있었다. 신상옥의 영화사가 경영난을 겪자 두 사람이 납치가 아닌 자진 월북을 했고 김정일의 지시로 이중간첩 노릇을 하기 위해 다시 탈북한 게 아니냐는 이야기였다. 하지만 김정일의 녹취록 등을 종합해 보면 이는 사실과 다른 것 같다.

어쨌든 두 사람은 8년 동안이나 원치 않는 이북 생활을 했고 그로 인해 주위에 관계되는 여러 사람이 불행한 삶을 살 수밖에 없었으니, 국가가 주도하는 국가 폭력이 얼마나 위험한 일인가를 다시 한 번 생각하게 하는 사건이라고 생각된다.

아직 이북에는 일본과 한국에서 납치된 사람들이 여럿 생존해 있는 걸로 알려져 있다. 이들이 사랑하는 가족의 품으로 꼭 돌아왔으면 하는 바람이다. ■